Frieder Theysohn
Dieter Spazier
Nowhere
Therapeutische Expedition
in die Unwegsamkeit
der Drogenszene

Im Jahre 1979 wurden in der BRD an die 600 Herointote gezählt. Die durch Mißbrauch und Abhängigkeit von Rauschgiften psychisch und sozial Toten gehen in die Hunderttausende. Ungezählte Drogenprojekte sind inzwischen gescheitert, abgebrochen worden, versackt. Eines der ganz wenigen, die sich gehalten haben, ist das 1970 in Ludwigshafen gegründete »Nowhere House«. Frieder Theysohn und Dieter Spazier, zwei der maßgeblichen Mitarbeiter des Nowhere House, berichten und analysieren hier, wie die Kontinuität der praktischen Arbeit mit Drogenabhängigen unter der ständigen Drohung des Scheiterns an den Jugendlichen auf der einen Seite und der Kriminalisierung durch die politischen Instanzen auf der anderen bewerkstelligt werden konnte.

Frieder Theysohn, geboren 1936, studierte 1956–1961 ev. Theologie in Erlangen, Göttingen, Basel und Mainz; dabei wichtige Impulse durch die Theologie Karl Barths. 1963–1975 Stadtjugendpfarrer in Ludwigshafen am Rhein (Entwicklung neuer Formen der Gruppenarbeit, des Gottesdienstes und der Meditation für Jugend- und Gemeindearbeit). Seit 1975 Pfarrer in der Protestantischen Kirchengemeinde Ludwigshafen-Oggersheim. Gründete im September 1970 mit ehrenamtlichen Mitarbeitern der Evangelischen Jugend das Nowhere House und ist seit 1972 Vorstandsmitglied des Trägervereins. Verfasser von »Passion Nachgedacht« (Meditationen zur Passion), Göttingen 1981.
Dieter Spazier, geboren 1934, studierte Medizin in Mainz und Heidelberg, promovierte 1960 bei Paul Christian in Heidelberg, Facharzt für Psychiatrie und Neurologie, Ausbildung in analytischer Psychotherapie. 1966 bis 1969 Leiter der Psychiatrischen Poliklinik der Universität Heidelberg. Seit 1971 Aufbau und Leitung der Psychotherapeutischen Beratungsstelle des Studentenwerks an der Universität Heidelberg. Buchveröffentlichung zusammen mit Jörg Bopp über ein Modell emanzipatorischer Psychotherapie: »Grenzübergänge. Psychotherapie als kollektive Praxis« (Frankfurt 1975). Zahlreiche Zeitschriftenaufsätze. Seit 1971 psychiatrisch-psychotherapeutischer Berater des Nowhere House in Ludwigshafen.

Frieder Theysohn / Dieter Spazier

Nowhere

Therapeutische Expedition in die Unwegsamkeit der Drogenszene

Syndikat

CIP-Kurztitelaufnahme der Deutschen Bibliothek

Theysohn, Frieder:
Nowhere: therapeut. Expedition in d.
Unwegsamkeit d. Drogenszene / Frieder
Theysohn; Dieter Spazier. – Frankfurt
am Main: Syndikat, 1981.
ISBN 3-8108-0180-1
NE: Spazier, Dieter:

Umschlag nach Entwürfen von Rambow, Lienemeyer und van de Sand
Motiv: Ölbild von H. Lehmann während seines Aufenthalts im Nowhere House
Ludwigshafen a. Rh.
Produktion: Klaus Langhoff, Friedrichsdorf
Gesamtherstellung: Fuldaer Verlagsanstalt
Printed in Germany
ISBN 3-8108-0180-1

Weshalb schreiben wir aber darüber mit so langem Anlauf? Eben weil hier etwas umschlug, weil hervorkommt, wohin die Zeit marschiert. Weil Ludwigshafen, das für mehreres steht, plötzlich wichtiger geworden ist, in der neuen Luft, als Mannheim. Da liegt, nein, da *fährt* nun die häßliche Stadt, aber sie spektakelt so roh, Geld kreist und die I. G. Farben dampfen. Da ist etwas zur Front geworden, die alles an den Tag legt und sich nicht mehr gebildet geniert.

(Ernst Bloch)

Inhalt

Dritter Teil

Vierter Teil

Fünfter Teil

Vorwort

Praktischer Dialog und dialogische Praxis haben unsere Arbeit im *Nowhere House*, der Ludwigshafener Einrichtung für drogengefährdete und drogenabhängige Jugendliche, bestimmt. Wir geben Rechenschaft darüber, indem wir sichten und ordnen, interpretieren und gewichten, was in 10 Jahren an- und vorgefallen ist. Selten erlebt man Solidarität so lebensrettend wie in dieser Einrichtung, in der Lebenshilfe unversehens zur Sterbehilfe geraten konnte, aber auch Sterbehilfe Hilfe zum Leben wurde. Hierbei allein zu stehen hätte jeden überfordert. Es bedürfe eigentlich einer ordensähnlichen Gemeinschaft, hat uns jemand geraten. Wir hatten sie mindestens in der Anfangsphase, der schweren und konfliktreichen Zeit des Aufbaus. Wir verdanken sie jenen Mitarbeitern der Evangelischen Jugend Ludwigshafen, die sich im Herbst des Jahres 1970 in einem Wochenplan zum Bereitschaftsdienst eingetragen haben, den sie dann über Monate hin einhielten.

Der Plan stellt fest:

Montag	Dienstag	Mittwoch	Donnerstag	Freitag	Samstag
15–19	15–19	15–19	15–19	15–19	15–19
Ebs	Kurt	Waldi	Dorle	Kurt	Waldi
Gabi			Renate		Harald
		19–23	19–23	19–0.30	19–0.30
		Dorle	Ebs	Renate	Gabi
		Gerdi	Gabi	Ebs	Ebs

Ihnen danken wir für viele Gespräche und Anregungen, für solidarische Mitwirkung und Kritik. In den Dank beziehen wir die hauptamtlichen Mitarbeiter des protestantischen Stadtjugendpfarramts Karin Ramsauer und Heinz Scheuermann ein sowie die Leiterin der städtischen Drogenberatung Bärbel Jung.
Des schon verstorbenen ersten Vorsitzenden des *Nowhere House*-Vereins, Dr. Günter Klingbeil, sei ebenfalls dankbar gedacht.

Den Sozialdezernenten Bürgermeister Günter Janson nennen wir stellvertretend für die Stadt Ludwigshafen, der wir mit Worten ihres Ehrenbürgers Ernst Bloch dieses Buch gewidmet haben.

Ludwigshafen am Rhein, im Oktober 1980

Frieder Theysohn — Dieter Spazier

Einleitung

Im Jahre 1979 wurden in der Bundesrepublik Deutschland an die 600 Herointote gezählt. Hinzu kommt eine beträchtliche Dunkelziffer. Aber das ist nicht alles.
Die durch Mißbrauch und Abhängigkeit von Rauschgiften psychisch und sozial Toten gehen in einige Hunderttausend (die an der »Volkskrankheit« Alkoholismus Leidenden nicht mitgerechnet).
Diese ganz grobe, aber auch so schon schreckliche Bilanz steht für ein seit Ende der 60er Jahre dauerakutes Problem unserer Gesellschaft. Sein Opfer ist unsere Jugend. Dieses Problem nicht zu verdrängen, sondern sich ihm zu stellen ist schwer. Das Auf und Ab seiner Publizität in den vergangenen zehn Jahren war, wie Insider wohl wissen, in Wahrheit nur der Ausdruck einer stark schwankenden kollektiven Verdrängungsleistung in bezug auf ein ebenso lastendes wie hilflos machendes Thema. Sich ihm zu stellen bedeutet immer wieder Enttäuschung und Scheitern.
Die meisten Initiativen, die sich der Aufgabe des Helfens verschrieben haben, sind denn auch gescheitert: Hoffnung, Scheitern, Resignation, Abbruch, Rückzug. Kaum blieb irgendwo die Kraft zur Analyse. Denn es sprach einiges für die Hypothese, daß das Scheitern unvermeidlich und dem Problem zuzurechnen sei. Seine Analyse barg jedoch die Chance, das Problem besser zu verstehen.
Die Autoren dieses Buches haben an diesem Punkt nicht aufgesteckt, sondern gerade in dieser Erfahrung des »Scheiterns« die Ausgangsbasis für eine Strategie der Hilfe gefunden. Über diese Erfahrung, ihre ständige Reflexion und die mühevolle Rückübersetzung von Deutung in Praxis wird hier berichtet.
Es handelt sich dabei keineswegs um ein akademisch-larmoyantes Stück intellektuell aufgemöbelter Selbstbemitleidung. So damit umzugehen würde Distanz voraussetzen oder, wo nicht, Distanz schaffen: also Rückzug aus der Praxis. Aber die in diesem Bericht erscheinende Praxis besteht fort, und fortbestehende Praxis denkt sich anders. Sie kann sich auch nicht in der Weise abschließen, daß sie zu einem fertigen Begriff wird. Sie präsentiert sich zwangsläufig in aller Unfertigkeit mit Werkstattlärm und -geruch. Sie mutet sich den Lesern wie den Autoren und deren Mitarbeitern als dauernde Herausforderung und Anspannung zu.

Das Spezifikum dieser Praxis ist es, zugleich eine Praxis des »Scheiterns« *und* der kritisch-reflektierenden Aufhebung des Scheiterns, also eine dialektische Praxis zu sein. Ort dieser Praxis ist das *Nowhere House*, ein Nirgendwo als *modellhafte* Einrichtung, als Ort der Begegnung, des Verständnisses und der Hilfe für drogenabhängige Jugendliche, der in Ludwigshafen am Rhein jetzt zehn Jahre gegen alle wechselnden inneren und äußeren Widerstände durchgehalten hat. Diese anhaltende Praxis begründet wesentlich die Sachautorität und Kompetenz des Buches.

Drogenabhängigkeit und die pädagogisch-therapeutischen Versuche ihrer Überwindung werden als Problemeinheit gesehen. Von diesem ebenso komplexen wie immer wieder irritierenden Thema handelt das Buch. Es versagt sich die sensationslüsterne Beschreibung jener Lebensverläufe Drogenabhängiger, die oft genug Selbstmordverläufe sind. Auf klinische Kasuistik wird verzichtet. Wird nicht gerade durch wissenschaftlich versachlichende Distanz Drogenabhängigkeit erst zum erbarmungslosen Schicksal? Und ist nicht Erbarmen die Grundbedingung der Rettung?

Jedenfalls geht es im *Nowhere House* entscheidend auch darum, konkret zu machen und *vor Ort* sich bewähren oder als leere Phrase sich entpuppen zu lassen, was sonst nur als christliche Verbalien in Sonntagspredigten vorkommt.

Hierüber nachzudenken greift nur scheinbar übers Thema hinaus. Wie wir mit unserem Selbst- und Gesellschaftsverständnis auf Drogenabhängige reagieren, gehört dem Problem zu. Wo wir Betroffenheit durch Methode ersetzen, verfehlen wir die Einsicht, daß wir selbst ins Problem verwickelt sind. Aber nur diese Einsicht befähigt uns, Helfer zu sein.

Den Leser erwartet also kein trockener Praxisbericht. Der weitgehende Verzicht auf vorgefertigte Methoden und Techniken macht den Blick frei für tiefer liegende anthropologische Dimensionen. Dabei erhebt sich zwangsläufig die Frage, ob die Wissenschaften und Institutionen, von denen die Autoren (Pfarrer und Psychiater/Psychotherapeut) herkommen, ob Kirche und Psychiatrie den Herausforderungen und Notwendigkeiten dieses extremen Praxisfeldes gewachsen sind.

Tatsächlich zeigt sich, daß da wie dort angesichts all der orthodoxen Starrheit und Borniertheit der Theorien und der institutionellen Unbeweglichkeit dem Gegenstand auf traditionelle Weise nicht beizukommen ist.

Die Herausforderung anzunehmen heißt denn auch, die eigene professionelle Herkunft ein Stück weit, oft vollends, in Frage zu stellen. Man muß wieder heraus auf ein ungeschütztes Terrain, ins Nirgendwo, heraus aus der bürgerlich-satten Wertordnung und Moral, sich auch lösen vom beschwichtigenden Einfluß einer allzu selbstbewußt auftretenden angepaßten Wissenschaft, um die, die ausgestoßen wurden oder ausgestiegen sind, überhaupt zu treffen.

Das *Nowhere House* hat der Versuchung widerstanden, sich unter dem Eindruck der unvermeidlichen Rückschläge und Mißerfolge in starre Hausordnung und pseudo-therapeutischen Drill zu flüchten. Disziplinierende Ordnung, so beruhigend es ist, sie zu installieren, zu überwachen und sich dann auch stets auf sie zu berufen, ist therapeutisch nutzlos und zumeist sogar schädlich. Wo sie eingerichtet worden ist, um äußere Feindseligkeit und Argwohn zu beschwichtigen und einer unaufgeklärten Öffentlichkeit (damit auch tatsächlichen oder potentiellen Geldgebern) zu gefallen, wird auch noch die eigentliche Aufgabe verraten.

Anfechtungen, die es auf diesem besonders schwierigen Arbeitsfeld ohnedies gibt, haben sich im *Nowhere House* dadurch noch verschärft, daß wir tradierte Rollenklischees im Bewußtsein ihrer Untauglichkeit verlassen und uns ohne den Schutz der beruflichen Rolle auf einer Ebene *direkter Kommunikation* sozusagen als Brudermensch zur Verfügung gestellt haben. Gerade das hat von Anfang an die Grundeinstellung jedes Mitarbeiters bestimmt: sich in einem radikalen Verständnis des christlichen Liebesgebotes als Mensch verfügbar zu halten. Rückblickend stellt man zwar fest, daß dieser Verzicht auf Sicherheit und Abschirmung durch den Panzer der Professionalität oft genug auch an die Substanz ging. Aber das wird belohnt durch eine ursprünglichere (wenn auch oft genug brutal ungeschminkte) Erfahrung des Menschen im Mißglücken von Existenz. Das könnte so eindringlich und unmittelbar nie erfahren werden, wenn man sich als Profi im Panzer der Methodik näherte; gar nicht zu reden von Annäherungsweisen, die ihr Objekt psychiatrisieren und kriminalisieren müssen, um es überhaupt erst für die Anwendung selbstgefälliger Karitas erschließen zu können.

Sich solcher Tendenz zu verweigern und aller wohlfeilen Klischees von Hilfe und Rettung zu entraten, statt dessen vor Ort ungeschützt die Tatsachen zu erkunden, schafft erst die Voraussetzungen der in diesem Feld möglichen und notwendigen Pädagogik und Therapie. Das Sich-Exponieren und der Verzicht auf vorurteilhafte, importierte situationsfremde Methodik sind Bedingungen für die unerläßliche Glaubwürdigkeit als Partner. Das ist einer der maßgeblichen Gründe dafür, daß das *Nowhere House* nun schon zehn Jahre durchhält. Seine Abstinenz bezüglich unkritischer methodischer Festlegungen, erst recht bezüglich eines allenthalben üblichen modischen Programmfetischismus hat sich ausgezahlt. An ihrer methodischen Fixierung sind die meisten anderen Einrich-

tungen gescheitert. Viele haben sich schon deshalb für liberal und progressiv gehalten, weil sie nicht wie die herkömmliche Psychiatrie stationär, sondern ambulant gearbeitet haben. Einige haben vollends kapituliert und die Drogenabhängigen wieder in die Zuständigkeit der geschlossenen psychiatrischen Anstalt überantwortet. Ihnen schien Verwahrung schließlich doch wieder der Weisheit letzter Schluß zu sein. Wo zwar die Institutionen geblieben, aber die Konzeptionen total revidiert worden sind, handelt es sich im Grunde um die gleiche behavioristisch-oberflächliche Verhaltensmanipulation, auf der die Rehabilitationsverfahren der herrschenden Sozialpsychiatrie aufbauen.
Fragt man nach einer Erklärung dafür, daß das *Nowhere House* Bestand hat, wo ringsum fast alle vergleichbaren Einrichtungen aufgegeben haben, so stößt man auf einen essentiellen Unterschied zu diesen anderen Projekten: das *Nowhere House* spricht die Noch-Drogenabhängigen an und läßt sich auf sie ein. Da, wo die anderen dem Zufall oder einer anderen modernen Spielart von Darwinismus das Feld überlassen, wird versucht, einen Ort der Begegnung, der Teilnahme, der Erfahrung miteinander, der Beziehung zu schaffen und *vor dem Entzug* einen Lotsendienst zu installieren. Es soll hier gerade nicht fatalistisch oder, was noch mehr zutrifft, gedanken- und teilnahmslos abgewartet werden, bis es einen zwischen den Trümmern seiner zerbrochenen Existenz Herumirrenden entweder in den Abgrund oder an den Rand spült. Statt dessen sollen mit ihm zusammen auf diesem Trümmerfeld – das nicht selten eine Urlandschaft überhaupt noch nicht gelebter Lebensgeschichte ist – das zwischen den Scherben auch herumliegende *utopische Material* aufgesammelt und, im Sinne einer Blochschen Praxis der zu geschichtlichem Handeln werdenden konkreten Utopie, befreiende Wege aus der Abhängigkeit erschlossen werden. Es geht um Motivierung zum Entzug, nicht mit hohlen Worten aus dem Repertoire moralingesäuerter Phrasen einer Aufklärung, die ans soziale und Gesundheitsgewissen appelliert, sondern um eine Motivierung, die die unter der nivellierenden Drogensucht erstickten und verschütteten Wünsche und Träume zutage fördert und den Drogenabhängigen so wieder näher an sich selbst heranführt und ihm zu Vertrauen in die eigenen Möglichkeiten verhilft. Denn um drogenfrei zu werden, braucht er die eigene, nicht eine fremde Motivation.
In der Phase vor dem Entzug ist und war das *Nowhere House* ohne Konkurrenz. Auch die Polizei kann man nicht ernsthaft als solche ansehen. Das *Nowhere House* wirkt in einem Bereich, der aus vielerlei Gründen den meisten anderen Sozial- und Hilfsdiensten unzugänglich ist. Man hat Angst, weil man dem Legalitätsprinzip verpflichtet ist und leicht in den

Verdacht der Begünstigung und Hehlerei geraten könnte; man ist hilflos, weil die eigene »intakte« Moral offensichtlich versagt und das, was man hier gewärtigt, nicht subsumieren kann; und man hat ein schlechtes Gewissen, weil man zumindest ahnt, daß hier stellvertretend gelitten und gestorben wird und dieses Leiden und Sterben ein Preis für unsere Wohlstands- und Überflußgesellschaft sind.

Das *Nowhere House* »profitiert« anscheinend davon, daß es hier in die Bresche springt und etwas zur Besänftigung eines unruhigen und schlechten Gewissens tut. Das wird ihm nicht gerade gedankt, aber dieser offenkundige Schuld- und Gewissenszusammenhang (so unbewußt er sein mag) trägt auch dazu bei, daß das Projekt trotz der unverkennbaren Nähe zur längst kriminalisierten Szene nicht stärker bekämpft oder verboten worden ist.

Ein nicht unwesentlicher Grund fürs Standhalten und Überleben des Modells *Nowhere House* ist sicher auch, daß es sich, freilich nach einigen testartigen Erfahrungen, dagegen gesperrt hat, Experimentierfeld für linke Politpraxis zu sein. Derartige Versuche waren bekanntlich kurzlebig. Und dies aus mehr als einem Grund. Einmal bestand die tiefenpsychologisch nicht uninteressante Überzeugung, progressives politisches Handeln sei nur außerhalb der Legalität möglich; die dieser Überzeugung verpflichteten Praxisansätze mußten entsprechend kurzlebig sein; man konnte sich sehr rasch wieder auf das sichere Podest der Theoriediskussion zurückziehen. Zum anderen kann auch kritische Gesellschaftstheorie, die, wie in der radikalen Wendung des Heidelberger Sozialistischen Patientenkollektivs (vgl. hierzu die Arbeit von J. Bopp, *Antipsychiatrie,* Syndikat, Frankfurt 1980), Krankheit als Politikum par excellence ausweist und folgerichtig das Postulat politisierender Therapie aufstellt, nicht unübersetzt in therapeutische Praxis gebracht werden. Auch hier wird Theorie-Praxis-Vermittlung zum Problem von Kommunikation. Und diese ist, unabhängig von der Qualität theoretischer Leistung, unterhalb dieses Bewußtseinsniveaus dinghafte naive Erfahrung. Wer da ausgerechnet mit Drogenabhängigen, zumal solchen aus unterprivilegierten Randgruppen, ein Exempel »politischer Therapie« statuieren wollte, mußte Schiffbruch erleiden.

Das *Nowhere House* hat sich intensiv mit diesen Problemen auseinandergesetzt und, wie bald deutlich war, in richtiger Einschätzung der Möglichkeiten und Gefahren jedem Versuch abgeschworen, über entsprechend angeleitete politische Interaktionspraxis Drogenabhängige, quasi im Austausch gegen ihre Sucht, zum aktiven politischen Kampf zu agitieren.

Statt dessen wurde auf das vorpolitische Prinzip der direkten Kommunikation gesetzt, im übrigen politische Schulung so weit gefördert, wie sie sich aus der Erfahrung des Kollektivs bei zunehmender Bewußtheit seiner geschichtlichen Struktur von selbst ergab.

Das *Nowhere House* hat jedenfalls das linke Paradeargument widerlegt, daß innerhalb der Grenzen der Legalität in unserer Gesellschaft sinnvolles und politisch aufgeklärtes Handeln nicht möglich sei. Es muß freilich auf konkrete Ziele bezogene Sacharbeit sein.

In zehn Jahren hat sich die Einschätzung des Drogenproblems in der Öffentlichkeit mehrmals gewandelt. Dieser Wandel war nur selten in veränderten Tatsachen begründet. Die Tatsachen waren zumeist schlimmer als ihre Darstellung und Interpretation. Aber es gibt auch echte Veränderungen. Nur waren diese strukturell und nicht prinzipiell. Man konnte nicht von einem Abebben, wohl aber von einem »Symptomwandel« sprechen. Die offene Scene war einem Typus der Verwahrlosung gewichen, der dem »normalen« bürgerlichen Sucht- und Zwangsverhalten nahekam. Aus ehemaligen Drogenabhängigen waren gesellschaftlich integrierte Konsumenten geworden, die (vordergründig zumindest) den legalen und gesellschaftlich legitimen Alkohol- und Tablettenabusus betrieben. Der Wandel bestand nur darin, daß an die Stelle von Haschisch und LSD nunmehr die »gesellschaftsintegrierten« Suchtstoffe als »Einstiegsdrogen« für Fixer getreten sind.

Die zuvor offene Scene war zu einer Schlupfwinkel-Scene geworden. An die Stelle der Drogensubkultur ist der zunehmend krimineller gewordene Drogenmarkt getreten.

Das Verschwinden der Drogensubkultur war gleichbedeutend mit dem Verlust eines Mediums für kollektiven Protest. Hier ist etwas zerschlagen worden, bevor es richtig verstanden war. Der Protest der Jugend, der sich (auch) im Drogenmißbrauch ausgedrückt hat, ist in wachsender Restriktion, Repression und Kriminalisierung erstickt worden. Die Anklage der Jugend gegen die Gesellschaft ist in eine Anklage und Verurteilung der Gesellschaft gegen ihre Jugend verkehrt worden.

In dieser wechselnden »Landschaft« mußte das *Nowhere House* immer wieder seinen Ort finden und halten: auf der Nahtstelle zwischen Gesellschaft und Scene bzw. dem, in das sie sich jeweils verwandelt hatte. Und am Rande weht der Wind rauher. Er stand den Verantwortlichen des Projekts steif ins Gesicht. Latente Konflikte steigerten sich zur offenen Krise. Fragen, die ohnehin den Lebensnerv der Gesellschaft berührten, enthüllten sich unbarmherzig als Existenzfragen aller Beteiligten. Das war so unausweichlich wie letzten Endes auch förderlich. Man mußte, um sinnvolle Arbeit verrichten zu können, die Spannung aushalten: auf der einen Seite die Subkultur (und später die von ihr hinterlassenen namenlosen einzelnen Konsumenten) mit ihrem antigesellschaftlichen Affekt, auf der anderen Seite die Eltern und die Gesellschaft mit ihren panischen und kaum kontrollierbaren Reaktionen.

Wir haben lernen müssen, den Mißerfolg zu ertragen. Wir haben die Stellung gehalten, den einmal gewählten Platz nicht verlassen. Es ist zugestandenermaßen aufreibend, dem Rigorismus und der Gleichgültigkeit, der öffentlichen Moral und dem rein karitativen Engagement nicht nachgeben zu dürfen. Aber Freiheit, auch Drogenfreiheit, kann nicht durch Zwang, Menschenwürde nicht durch Entwürdigung wiederhergestellt werden.

Wir haben auch gelernt, daß jeder Druck von außen und jeder Rückschlag im Innern therapeutisch weiterführt, solange jeweils die Möglichkeit kritischer Reflexion gewahrt bleibt und genutzt wird. Die ständige Reflexion mit den Bewohnern des *Nowhere House* zusammen auf die gemeinsame Praxis schließt kritische Selbstbesinnung keineswegs aus, sondern begünstigt sie geradezu. Folgerichtig spielen bei der Therapie neben Gruppensitzungen und Einzelgesprächen regelmäßige Konzeptionssitzungen der Mitarbeiter, oft unter Mitwirkung der Bewohner, eine große Rolle.

Das *Nowhere House* war, getreu seiner Zwecksetzung, nie drogenfrei. Die therapeutischen Bemühungen setzen beim »user« ein, so daß selbstredend ein vorübergehend fortdauernder Drogenkonsum toleriert werden muß. Gleichwohl ging es kurzfristig darum, zum klinischen Entzug zu motivieren. Dieser konnte freilich nur sinnvoll sein, wenn mittelfristig, d. h. an die Entziehungsbehandlung anschließend, eine soziale Absicherung der Motivation gewährleistet war. Konsequenterweise wurden aus dem *Nowhere House* heraus drogenfreie therapeutische Wohngemeinschaften aufgebaut, die sich allerdings in Bewußtseinsstand und gesellschaftlicher Orientierung von ihrem Ursprungsort deutlich unterschieden.

Im *Nowhere House* selbst wurden, von spontaner Praxis inspiriert, Verfahren kollektiver Kreativität entwickelt, die in anderen Projekten möglicherweise mit ebensolchem Nutzen angewandt werden können: Collective Working, Collective Training, experimentelle Musik, Agitationsgruppen, projektbezogene Gruppen zur Vorbereitung therapeutischer Wohngemeinschaften, Haussitzungen (Großgruppentherapie), mehrtägige Freizeiten außerhalb des Hauses (z. B. im Pfälzer Wald), therapeutische Reisen (Auslandsfahrten mit Kleinbus und Zelten), Mitwirkung an Aktionen von Jugendgruppen (z. B. der Evangelischen Jugend). Auf unsere Erfahrungen mit diesen »Methoden« kommen wir im Dritten Teil des Buches genauer zu sprechen.

Wandlungen der sozialen Struktur der Drogenscene, wie sie im Laufe der Jahre eingetreten sind, haben sich erwartungsgemäß auf Interaktionsformen und Konzept des *Nowhere House* ausgewirkt. Es waren zunehmend die Deklassierten, die den Hauptteil der Bewohner stellten. Oberschüler und Studenten, deren Phantasien ansatzweise eine »Philosophie der Subkultur« begründet hatten, haben sich zurückgezogen. Geblieben sind in ihrer bildungsmäßigen Not und ihrer sozialen Begrenztheit diejenigen, die von den Voraussetzungen her am wenigsten mithalten konnten: die Jugendlichen aus den Randgruppen der Gesellschaft. Diejenigen, die auch ohne komplizierendes Drogenproblem schwerlich über die Mauer ihres sozialen Gettos hinwegblicken können. Für sozialistische Romantik und politisches Abenteurertum waren sie, die nicht selten lebenslange Heim- und Knast-»Karrieren« hinter sich hatten, nicht zu haben. Ihrer inferioren Sozialisation entsprechend suchten sie direkte und tätliche, zuweilen gewalttätige Lösungen und trugen die Brutalisierung der zwischenmenschlichen Beziehungen, wie sie inzwischen längst die Scene kennzeichneten, auch ins *Nowhere House*. Anstelle esoterischer Triperlebnisse setzen nun ordinäre Delinquenz, Strafprozeß und Strafvollzug, mit einem Wort die Erfahrung gesellschaftlicher Realität aus der Kanaldeckelperspektive, die Akzente.

Scene und *Nowhere House* in ihr sind durch diese soziale Entmischung unter der Hand zum Studienobjekt für die Brauchbarkeit von praktischer Seelsorge und Psychotherapie bei Unterprivilegierten geworden.

Aber auch für sie gilt wie für die erste Generation von Drogenabhängigen im *Nowhere House*, daß sie Kinder unserer Zeit sind. Sie sind das Produkt dieser Gesellschaft und ihr Spiegel. Auch wenn sie über die Subkultur oder im leeren Ego-Trip eine scheinbare Distanz zur Gesellschaft erlangt haben, reproduzieren sie doch, und zwar in äußerster Konsequenz, deren Verhaltensmuster: sie sind abhängig, konsumieren exzessiv, frönen dem Warenfetischismus, unterstehen den Prinzipien von Leistung und Konkurrenz, beuten aus, unterdrücken, streben nach Macht, bauen hierarchisch-autoritäre Beziehungsmuster auf, flüchten aus der Geschichte in die Geschichtslosigkeit von Ekstase und Rausch.

Es galt einzusehen, daß die Probleme unserer Patienten unsere eigenen waren, auch wenn wir uns in den Symptomen unterscheiden.

So ist aus der Arbeit, die ursprünglich eine schlichte Praxisbeschreibung sein wollte, unter der Hand etwas anderes geworden: ein neuer Weg der Problemerschließung mit Einsichten, die über den Bereich der Beratung/Behandlung drogenabhängiger Jugendlicher hinausweisen.

Was sich folgern läßt, legt Grundstrukturen einer Anthropologie und

Theologie der Hilfe frei. So versteht sich das vorliegende Buch auch als ein praxisgeprüfter Beitrag zum dialektischen Grundverhältnis von Not und Hilfe. Aber so paradigmatisch es sein mag, das Problem jugendlicher Drogenabhängigkeit ist immer noch so brennend aktuell, daß sich historisierende und theoretisch verallgemeinernde Abhandlungen eigentlich verbieten. Aus dieser Rücksicht verweigert sich dieses Buch der Erwartung, ein befriedigendes Leseerlebnis zu sein. Es will weder Sensation noch Verniedlichung, am wenigsten literarische Verklärung. Es will (wieder) bewußt machen, daß das Unglück einer drogenverfallenen Jugend wahrhaft ein Menetekel für uns alle ist. Darin zeigt sich, wie brüchig und fragwürdig diese Gesellschaft selbst ist. Devianz ist keine pathologische Spielart der Natur. Sie ist, sieht man nur einmal beteiligt und nicht bloß teilnahmsvoll hin, Verhalten gewordener Protest gegen versäumte und vorenthaltene Humanität.

So ist, was sich im *Nowhere House* erfahren läßt und bewährt hat, für alle von Bedeutung, wenn wir nur einsehen, daß diese Unterdrückten und Abwegigen unsere Brüder und Schwestern sind, daß wir mit ihnen krank sind und mit ihnen genesen müssen. Es wird nicht angehen, daß wir uns abseits halten, Scene und *Nowhere House* verdrängen und der Frage ausweichen, wer und was denn schuld sei an den vielfältigen Formen von Abhängigkeit, Zwang und Unterdrückung, Ausbeutung und Entfremdung in dieser Zeit.

Erster Teil

Nowhere House. Die Praxis

Kapitel 1

Im Anfang war die Gruppe. Leitgedanken

Wir waren nicht eigentlich naiv, als wir diese Arbeit anfingen. Freilich konnten wir nicht wissen, was sie alles bringen würde. Wenn man uns gelegentlich als gutmütige, weltfremde Idealisten apostrophierte, fühlten wir uns nicht getroffen. Mancher von uns hatte als sozial engagierter Bürger schon Erfahrungen gesammelt in dieser Gesellschaft, vor allem mit ihren Minderheiten. Das hatte besonders die Jugendarbeit jener heißen und hektischen Jahre der ausgehenden 60er gekennzeichnet.

Wir waren eine achtköpfige Arbeitsgruppe der Evangelischen Jugend Ludwigshafen und hatten schon Übung im Miteinander-Reden und Miteinander-Umgehen. Unser konkretes Thema war das Verhältnis von Jugend und Gesellschaft. Im Frühjahr 1970 beschäftigte uns hauptsächlich die Dritte Welt mit ihren Problemen. Die Diskussionen wurden intensiver, zugleich umgreifender; es ging um Gesellschaft, Subkultur, Gegenkultur, ökonomischen und politischen Radikalismus, Freiheit, Perspektiven, Alternativen. In diesem Engagement wurden junge Leute, Studenten, aber nicht nur sie, unsere Nachbarn.

Die Geschichte ist weitergegangen. Der Umbruch war schon damals spürbar. Die »heißen Sommer« waren vorüber. Die Große Koalition war zu Ende. Der politische Underground begann auszutrocknen, und im Establishment glaubte man immer mehr der resignierenden Schutzbehauptung der Linken, daß die so plötzlich verschwindenden Apo-Leute sich auf den »langen Marsch durch die Institutionen« begeben hätten. Möglich, daß die Ideen der späten 60er Jahre in manchen Institutionen und auf langen Märschen weiterleben. Ihre Träger jedenfalls sind andere als damals. Ihre ursprünglichen Verfechter haben den Konflikt mit der Gesellschaft internalisiert und akademisiert, oder sie haben sich selbst in anarchistisch-chaotischen Aktionen pervertiert.

Damals wie heute erleben wir das als ein tragisches Geschehen. Wir konnten keineswegs sicher sein, daß dabei nicht auch unsere Felle davonschwammen. Wer konnte auch sicher sein, wenn große politische Ideen und echte Leidenschaft im gesellschaftlichen Engagement sich in Hippie-, Pop- und Jesus-People-Utopien ausfransten?

Im Sommer 1970 verfaßte ein Mitarbeiter ein Thesenpapier zu einem *Nowhere House.*[1] Darin hieß es unter anderem: »Wir erkennen, daß sich die ökonomischen Konflikte unserer Gesellschaftsordnung von der Produktions- zur Konsumtionssphäre verlagern...« Dabei seien es vor allem bildungsprivilegierte Gruppen, denen dieser Übergang von der Ausbeutung zur Manipulation und Repression bewußt geworden sei und die dagegen protestierten. Ihrem Protest sei es auch gelungen, Massen zu mobilisieren: »Es war ihnen jedoch unmöglich, diese Mobilisierten zu einer langfristigen Arbeit zu bewegen. Dies lag primär an der Ferne des Ziels (= Aufbau einer kommunistischen Gesellschaft) und den damit verbundenen Rückschlägen (z. B. Verabschiedung der Notstandsgesetze), was bei vielen eine Frustration auslöste. Man hoffte, die entstandene Frustration durch den Aufbau einer Subkultur zu überwinden. Die hier gewonnene ›neue Sensibilität‹ sollte der Ausdruck eines subjektiv bereits antizipierten, aber objektiv noch unterdrückten ›neuen Realitätsprinzips‹ sein. Wir müssen heute feststellen, daß dieses neue Realitätsprinzip nur Symbolcharakter hat, was sich in der irrationalen ›Homo-ludens-Theorie‹ der Hippies ausdrückt. Diese Irrationalität fördert die Flucht der Jugendlichen vor der Auseinandersetzung mittels Rauschmitteln und integriert sie später wieder in das bestehende Leistungsprinzip.« – Es mag dahingestellt sein, ob sich diese Beurteilung, die ja auch für uns nur ein Denkanstoß war, wissenschaftlich verifizieren läßt. Sie zeigt jedenfalls, daß, noch bevor die Linke mit der Parole »Hasch macht dumm« und bevor die Zeitschrift *Konkret* zur Anti-Drogen-Kampagne[2] aufbrach, in unserer Gruppe eine grundsätzlich kritisch-analysierende Einstellung zur Subkultur bezogen worden ist. Es wird aber auch deutlich, weshalb wir die englische Bezeichnung *Nowhere House* dem synonymen, aber philosophisch futuristisch-irrational belasteten »Utopia-Center« vorgezogen haben. Die Beatles mit ihrem »Nowhere Man« schienen uns eine größere Affinität zur Situation des Jugendlichen der beginnenden 70er Jahre zu haben als Thomas Morus.[3] Wir gründeten das *Nowhere House* in dem Bewußtsein, Jugendarbeit in einen Bereich der sozialen Realität hineinzutragen, der durch die eingetretenen Veränderungen zum »Nirgendwo« geworden war, d. h. nicht besetzbar durch die etablierten gesellschaftlichen Gruppen, statt dessen ausgefüllt von einer durch bloße Verweigerung ungenügend bestimmbaren Subkultur. Darüber hinaus schwebte uns auch ein technischer Gebrauch des »Nowhere«-Begriffes vor. Wir wollten nämlich das *Nowhere House* in einem Abbruchhaus einrichten, das den Umständen entsprechend leicht in ein anderes Abbruchhaus verlegt werden konnte, um auf diese Weise für längere Zeit Begegnungsstätte zu werden.

»Begegnung im Nirgendwo« – so pathetisch das auch klingen mag, so nüchtern sachlich war es doch gemeint. Die Gruppe war sich bewußt, daß sie hier nicht ein Modell startete, sondern ein Experiment wagte. Dabei würde sie es nicht mit den heroisch-tragischen Veteranen einer revolutionären Bewegung zu tun bekommen, sondern mit Jugendlichen, die man damals weithin schon als »ausgeflippt« bezeichnet hat, junge Leute, die das Elternhaus, oft aus kleinlichen Anlässen, bei näherem Hinsehen aber mit schwerwiegenden Gründen verlassen und kurzschlüssig ihre Schule und Berufsausbildung in Frage gestellt hatten.
Bevor er zur Gruppe der Mitarbeiter stieß, hat einer der Autoren (D. S.) seine Vorstellungen wie folgt artikuliert: »Das Unternehmen soll auf jeden Fall nicht ritualisiert und vor der Zeit in Ordnungskategorien gezwängt werden. Denn es muß Luft bleiben für echte Erfahrungsbildung. Der experimentelle Charakter, d. h. ein durchaus labiler Zustand mit fortwährendem Infragestellen und Basiskritik ist am ehesten geeignet. »Nowhere Häuser« als Institution in dieser Gesellschaft würden zum Widerspruch ihrer selbst geraten, sie müssen in gesellschaftlicher Perspektive nirgendwo bleiben, sich selbst aufhebende geistige Aktion, gesellschaftliche Antithese: Chance der Rettung, Praxis von Menschlichkeit gegen die Gesellschaft und trotz der Gesellschaft. Mir kommt an dieser Stelle die Assoziation des ›Zwischen-allen-Stühlen‹ als Existenzmodus! Immer wieder Anfang der Geschichte, Begegnung stets als Neubeginn und Neuerschaffung des Menschen aus der Verantwortung für und der Einsicht in die gegenseitige und gemeinsame Bedürftigkeit.«
Konzeptionslosigkeit zum Konzept zu machen, Anspruchslosigkeit zum Anspruch, das hat – wie sich im nachhinein deutlich feststellen läßt – dem *Nowhere House* seinen Platz im Nirgendwo bewahrt, die Begegnung mit der Drogenscene ohne Zeitdruck und ohne Auflagen vonstatten gehen lassen und das Haus offengehalten für viele, die es seither besucht und benutzt haben. So wurde das *Nowhere House* das »Haus in der Scene«.

Kapitel 2

Das Haus in der Scene. Historische Entwicklung

1. Die Freaks

Die Drogenscene, jene Subkultur Jugendlicher, die mehr und mehr ein bewußtseinsbestimmender und Orientierung gebender Faktor im Bereich jugendlicher Gesellungsformen wurde, war, obwohl selbst topographisch schwer auszumachen, das Gelände, auf dem das *Nowhere House* stand. Von der Absicht her, ein Haus in der Scene zu sein, war es selbstverständlich, daß die Scene ins Haus kam und es prägte. Diese Scene galt für viele damals als geschlossene Gesellschaft. Wer sie näher kennenlernte, entwickelte bald ein differenzierteres Bild. Geschlossen – ja, dabei ständig wachsend, die Gesellschaft verachtend, aber mit einer geradezu penetranten Gleichgültigkeit der Welt der Erwachsenen gegenüber. Sie hatten eine eigene Mode, aber eine, die niemand kreiert hatte, einen eigenen Stil, der aber darin bestand, keinen zu haben. Gute Bekannte hatten sie auch, ihre Freundschaften waren jedoch zufällig, kurzlebig und ohne besondere Intensität. Ihr politisches Interesse beschränkte sich auf politische Parolen, mit denen sie verdeckten, daß es genügend Fragen gäbe, wenn man nur Lust und wenn es nur Sinn hätte, sie zu stellen. Sie irritierten, aber keiner sollte sich etwas daraus machen, sie provozierten und vergaßen, daß sie es getan hatten.

Sie wollten niemandem zur Last fallen, doch war keiner davor sicher, ausgenutzt zu werden. Die Wahrheit war so wenig wert für sie, daß es eine Lüge ebensogut tat, aber auch daran lag ihnen nichts. Wie wir zu ihnen standen, interessierte sie kaum. Sie konnten schmunzeln, wenn wir uns aufregten, regten aber sie sich auf, dann gab es für keinen Menschen einen Grund, davon Notiz zu nehmen.

Schließlich war da noch ihre Sprache. Man konnte nichts damit ausdrücken, was es wert gewesen wäre, in Worte gefaßt zu werden. Freilich, im Gegensatz zur BILD-Zeitung wußten sie das auch. Wen stört es schon, wenn das Wichtigste nur erlebt, wenn es nicht gesagt werden kann? Aber das Unausgesprochene lastet, beunruhigt, treibt einen um. So schliefen sie mit Gespenstern und wachten mit Träumen. Kein Wunder, daß sie beidem gern aus dem Weg gehen mochten.

Daß wir für sie dasein sollen, fanden sie schon in Ordnung, gesucht haben sie uns aber ebenso wenig, wie sie Ordnung suchten. Aber sie gaben uns eine Chance, wie sie jedem eine Chance geben würden. Unverbindlich. Falls wir diese Chance verpaßten, würden sie uns eine weitere geben. Wir sollten aber nicht fragen, wozu. Daran lag ihnen nichts. Was die Chance wert war? Es lag an uns, das zu bestimmen, wir mußten auch wissen, wie ernst wir sie nehmen und wozu wir sie nutzen wollten. So hatten wir von Anfang an viele Möglichkeiten. Auch wenn wir nicht »in« waren, so waren wir doch »cool«, d. h., man befürchtete nicht, daß wir durch Tricks oder Denunziationen Ärger machen würden.
Wir beschreiben hier einige Verhaltensmerkmale des Freak, der in der Scene als Typus vorherrscht. Dieses Bild eines trotz aller individueller Varianten schließlich doch ziemlich einheitlichen devianten Charakters wird sich, da der Bericht in diesem Buch wesentlich auf kommunikativer Erfahrung aufbaut, von Kapitel zu Kapitel weiter vervollständigen.

2. Eröffnung

Als Berater und Therapeut war man ein Fremdkörper in der Scene. Man konnte nur angenommen werden und darauf rechnen, daß man ins Vertrauen gezogen würde, wenn man »cool« und auf keinen Fall »link« war. Wir haben im Laufe der Zeit oft erfahren, wie gut der Informationsfluß durch die Scene ist, wie schnell Gutes und Böses, wünschenswerte Veränderungen und gleichermaßen destruktive Einflüsse die Runde machten.
Schon am ersten Abend erlebten wir eine Überraschung. Gerade waren die Reste eines für Lateinamerika abgehaltenen Flohmarktes aus dem Abbruchhaus Wörthstraße 28 ausgeräumt und die fünf Räume im Erdgeschoß gereinigt, als die Idee aufkam, schon am nächsten Abend einige Leute einzuladen. Ohne daß eine Zeitung darüber geschrieben oder ein Plakat darauf hingewiesen hätte, kamen sie in ein Haus abseits der City, wenn auch nahe am Stadtkern, das, weil es zum Abbruch bestimmt war, der Stadtplan nicht mehr auswies. Unvermittelt hatte sich der seltsamste Club konstituiert, den die Stadt je gesehen hatte. Leere Räume, deren Ausstattung sich auch in der Folgezeit beharrlich widersetzt wurde. Sitzgelegenheiten blieben Mangelware, die alttapezierten Wände waren nur zur Aufnahme eigener Meinungen, Gedanken und Bilder bestimmt. Dem Wunsch nach Musik und Stereoanlage wurde mit dem Hinweis begegnet, daß es irgendwo doch möglich sein müsse, Langeweile zu erleben. Falls je-

mand seine Freunde mit Musik bedienen wolle, könne man von Fall zu Fall dafür sorgen. Es gab keinen Ausschank und keinen Vorrat an Getränken. Diesem Mangel wurde auch während der nächsten Monate nicht abgeholfen. Erst 14 Tage nach Eröffnung wurden Clubausweise eingeführt, um den Besuchern den Eindruck einer geschlossenen Gesellschaft zu vermitteln und auch um der Kontrolle willen, d. h., um ungebetene Gäste gelegentlich abweisen zu können. Natürlich tauchten Fragen bezüglich Kriterien für Aufnahme, Ausschluß und Ausweiskontrolle auf.

Zum ersten Mal hatte sich zu bewähren, daß eine solche Einrichtung ohne Hausordnung existieren konnte. Das lebendige Kollektiv hatte das Nichtvorhandensein einer kodifizierten und paraphierten Ordnung zu ersetzen. Das ging erstaunlich gut. Über die Aufnahme eines neuen Mitgliedes hatte jeder zu befinden, der gerade anwesend war; zur Kontrolle war jeder berechtigt, dem das wichtig war. Eine Sitzung konnte jederzeit von jedem einberufen werden. Später hat sich der Dienstagabend als Sitzungstermin eingebürgert. Es wurde aber auch dann, als es den Club nicht mehr gab, es statt dessen um Wohnungsvergabe und Hausbelegung ging, konsequent auf eine Hausordnung verzichtet. Das hatte einen Praktikanten, der unter diesem Mangel litt, zu der Unmutsäußerung bewogen: »Hier ist ja alles erlaubt, aber auch daran braucht sich niemand zu halten!«

Wenige Tage nach der Eröffnung hatte der Run auf die fünf Wohnräume begonnen. Zunächst wurden drei Räume vergeben. Dabei war die Frage der Ausstattung den Wohnungsuchenden überlassen. Das *Nowhere House* hatte seine Doppelfunktion erhalten: Begegnung in und mit der Scene sowie Bleibe für die, die es nötig hatten.

3. Aufgabenstellung

Das Team, das sehr rasch um drei weitere Mitarbeiter wuchs, erlebte Tage, Nächte, Wochen, Monate und Jahre einer wechselvollen *Nowhere House*-Geschichte. Auf ihm lastete eine oft schwere Verantwortung. Erst als im Herbst 1973 die Trägerschaft an den *Nowhere House*-Verein überging, konnte es aus seiner Verpflichtung entlassen werden. Zu den Pflichten gehörte: präsent sein, jede freie Minute, oft ganze Nächte im *Nowhere House* verbringen; es hieß auch, auf die Scene gehen, nach Mannheim ins »Bayrisch Zell«, an den Wasserturm (»Tower«), ins »Domizil I«, »Domizil II«, ins »Bistro«, ins »Pärkel«, an den »Berliner Platz« in Ludwigshafen, Besuche machen im Krankenhaus, im Gefängnis, in der Nervenklinik.

Zu den Aufgaben gehörte auch, die Diskussion zu suchen, das Gespräch, den Kontakt mit der Öffentlichkeit. Weiter, den jungen Leuten nicht auszuweichen, sie in therapeutisch sinnvoller Weise zu »agitieren«. Zu den notwendigen Leistungen gehörte vor allem, daß man nicht nur hoffte, sondern auch fähig war, Enttäuschungen zu ertragen und trotzdem nicht aufzugeben, den Leuten Zeit zu lassen, sich aus Frustrationserlebnissen heraus nicht zu Radikalisierung des Beratungs- und Therapieprogrammes verleiten zu lassen.

Es waren in der ersten Phase unserer Arbeit zwei Studenten, vier Schüler und Schülerinnen, ein Elektriker, ein Drucker und ein Bankkaufmann, alle im Alter zwischen 18 und 20 Jahren, die sich als ehrenamtliche Helfer mit bemerkenswertem Engagement und großer Frustrationstoleranz eingesetzt haben. Hauptamtliche Mitarbeiter gab es damals nicht. Wir hatten gelegentlich Kurzpraktikanten, die nach Ableistung ihres Praktikums in aller Regel noch einige Monate lang weiter mithalfen. Aufsichts- und koordinierende Funktionen nahmen im Wechsel der Dekanatsjugendwart und einer der Autoren (F. Th.) wahr. Nach vorübergehender fachärztlicher Betreuung durch die Mannheimer Gemeindepsychiatrie trat im Januar 1971 ein durch langjährige Tätigkeit an der Universitätsklinik in Heidelberg mit den Problemen im Adoleszenten-Alter und in der Anwendung verschiedener gruppentherapeutischer Methoden erfahrener Psychiater ins Team ein (D. S.). Von Anfang an lehnten wir es ab, als drogenfreie Einrichtung zu gelten. Um Vorhaltungen aus der Bevölkerung begegnen zu können, legten wir das Mindestalter für den Besuch der Einrichtung mit 16 Jahren fest. Darüber wie über alle anderen entscheidenden Fragen faßten aber nicht nur die Mitarbeiter, sondern das Gesamtkollektiv, d. h. Mitarbeiter und Besucher/Bewohner mit gleichem Stimmrecht gemeinsam Beschluß. Es gab damals noch relativ wenig Fixer. Unter den Besuchern waren höchstens zu einem Viertel Berufstätige und Lehrlinge; das Gros kam aus Ludwigshafener und Mannheimer Oberschulen. Wochentags waren es ungefähr 40, an Wochenenden bis zu 80 und mehr Besucher. Man kam und traf sich in Gruppen von 6–12 Personen, weniger Mädchen, kaum feste Zweierbeziehungen.

Es herrschten meist von der Droge (Haschisch) ritualisierte Kommunikationsformen vor. Diese Rituale abzulösen, die Scheinkommunikation aufzudecken und das Bedürfnis des einzelnen in der Gruppe zur Diskussion zu stellen, auch Querverbindungen zu anderen Gruppen zu ermöglichen war von Anfang an die uns gestellte Aufgabe. Nicht minder wichtig war es, einzelnen, die bei einem »Trip« mit LSD aus der seelischen Balance zu kommen drohten, brauchbare gruppenübliche Rituale zur Stabilisierung zu vermitteln, gegebenenfalls ihnen bis in die Morgenstunden zu assistieren (»Tripbegleitung«).

4. »Nowherehäuslich«

Was in dieser Anfangszeit alles getan wurde und geschah, rechtfertigte noch nicht die Hoffnung, die nach und nach viele ins *Nowhere House* gesetzt haben. Man wollte schließlich weiterkommen, selbst agitieren, nicht nur agitiert werden. Man wollte in Frage stellen und erkennen, sich selbst verstehen und auch das, was mit einem geschah, wenn man sich einer Gruppe auslieferte. Man erwartete sich Lösungen der Probleme, die man von zu Hause mitgebracht hatte und die zu vergessen man eigentlich von zu Hause weggegangen war. Viele Fragen, vielleicht die wichtigsten, waren ohne Antwort geblieben, allen voraus die nach dem Sinn des Lebens, des Alterns, der Mitmenschlichkeit, des Berufes. Wir wollten nicht fertige Antworten geben, sondern die Möglichkeit, selbst eine Antwort zu finden. Aber wir wußten auch, daß man diese Antworten nicht allein finden kann, sondern daß Begegnung, Solidarität und Bereitschaft zum Engagement unabdingbare Voraussetzungen dafür sind.

Antworten zu verweigern und die Lösung anstehender Fragen dem Kollektiv zur offenen Auseinandersetzung zu überantworten wurde zum Stilprinzip im *Nowhere House.* »Nowherehäuslich« wurde überraschend schnell zum Bewertungskriterium. Schillernd blieb, ob es sich dabei um eine positive oder negative Wertung handelte. Gelegentlich meinte man mit »nowherehäuslich« einfach »cool« und wollte damit sagen, daß man jemanden, der zu Hause weggelaufen war, nicht einfach der Polizei übergeben könne. Bei anderer Gelegenheit konnte man im Treppenhaus einen Aushang finden, der besagte, diese oder jene Aktivität sei »an einer Überdosis Nowhere House eingegangen«. Es gehörte zu den Funktionen des Teams, dazu beizutragen, daß »nowherehäuslich« niemals gültig definiert werden konnte. Wir ließen zu, daß es für die einen nach zu Hause klang, für die anderen nach fremd, für die Öffentlichkeit nach »Hasch-Haus«, für die Eltern, die sich noch um ihre Kinder sorgten, nach »Hilfe« und schließlich für die, die am kirchlichen Leben teilhatten, nach »Kapernaum«.

Von alledem war zweifellos etwas ausgedrückt und gemeint. Dieses und noch weiteres, das den spezifischen Charakter des *Nowhere House* zu erkennen gibt, spricht sich in den vielen Slogans aus, die im Laufe der Zeit geprägt worden sind.

5. Slogans

Slogans waren an die Wand geschriebene, mündlich kolportierte oder mit »papers« eskortierte Eintagsfliegen, die im *Nowhere House* oft erstaunlich lange die Runde machten. Sie hatten eine wichtige Funktion, gehörten aber sicher nicht in die Tradition der »goldenen Worte«. Den Kinderschuhen von »Christel ist doof« waren sie längst entwachsen. Statt dessen lehnten sie sich an den in der Subkultur jener Jahre häufig geübten Stil der Wandinschriften an, die ihrerseits in Sätzen wie »am Morgen ein Joint, und der Tag ist dein Freund« ihre nahe Verwandtschaft mit Werbespots nicht verleugnen konnten. Im *Nowhere House* übernahmen sie weitgehend die Rolle einer Hausordnung, gaben sich als Orientierungshilfe und forderten zur Stellungnahme heraus. Ihre Bedeutung für die Entwicklung des Hauses ist kaum zu überschätzen. Zeitweise hatten die Mitarbeiter sogar die Absicht, eine Wand eigens für Slogans, eine Info-Kom-Wand (Information-Kommunikation-Wand) einzurichten. Diese Idee ist dann wohl selbst einer »Überdosis *Nowhere House*« erlegen. Sieht man einmal von jener Weisheit ab, die vieles, wenn nicht alles »Scheiße« fand, so seien im folgenden, ohne Wert auf Vollständigkeit zu legen, zitiert:
»Man muß auch seine Langeweile erleben können.«
»Wenn du kaputt genug bist, geh ins Nowhere House.«
»Das Nowhere House bringt's nicht. Bring's selber!«
»Wer's bringt, zieht eh aus.«
»Alles, was hier gemacht wird, muß auch wieder kaputtgemacht werden können.«
»Auch du brauchst K.«
»Ich bin so kaputt – ach Gott, wie bin ich stark.«
»Man sollte seinen Entzug nicht verschlafen.«
»Seinen Entzug muß man selber machen.«
Solche und ähnliche Sätze und Parolen ohne Urheberschutz sind schon geeignet, die Meinung eines Kollektivs zu beeinflussen. Sie fördern auch den Prozeß, sich als einzelner mit dem Kollektiv zu identifizieren. Ihren Wert tragen sie nicht in sich selbst; sie gewinnen ihn in dem Maße, wie sie Wirkung machen und anerkannt werden. Für Außenstehende sind sie wohl nur Kuriositäten. Für das Team aber waren sie der erste Anstoß, über kollektive Praxis zu reflektieren und zu diskutieren. Es gab inzwischen genügend Probleme, über die gesprochen werden mußte, die mit Slogans etikettiert wurden und deren Diskussion durch das Aufkommen derartiger Slogans überhaupt erst möglich geworden ist.

6. Zwischenbilanz

Das *Nowhere House* nach drei Monaten. Der Zustrom hält weiter an. Die einzelnen Gruppen verfestigen sich und kapseln sich ab. Bildungsunterschiede spielen eine immer größere Rolle. Es stellt sich heraus, daß Gespräche nicht genügen, um zu klären, was das *Nowhere House* ist, was der einzelne darin sein kann und wie er überhaupt Fuß fassen kann. Das Team wird allmählich zu einer eigenen Gruppe und hat immer weniger Möglichkeiten, auf die übrigen Gruppen einzuwirken. Allmählich bilden sich auch in einzelnen Wohnräumen des 1. Obergeschosses kleinere Gruppen, die sich absondern und abseits halten. Dem Drang nach weiteren Wohnungen im Haus geben wir nur langsam nach, obwohl die Stadtverwaltung hier sehr entgegenkommend ist.
Die Einrichtung selbst ist inzwischen bekannt geworden. Es konnte nur zwei Monate lang verhindert werden, daß die Öffentlichkeit über das Projekt informiert wurde. Das Interesse war dann sehr groß und das Echo in der Tagespresse durchweg positiv. Trotzdem konnte einem die groß aufgemachte, auch über den lokalen Bereich hinaus verbreitete Presseberichterstattung den Atem stocken lassen. Dabei war es wohl nicht so sehr die Tatsache, daß wir uns öffentlich festgelegt, die Ziele unserer Arbeit und das Ausmaß des Experiments der Öffentlichkeit vorgestellt hatten, als vielmehr die nicht voraussehbare Wirkung auf die Scene, die ja sonst das Licht der Öffentlichkeit nicht so gut ertrug und von der wir befürchten mußten, daß sie das *Nowhere House* nun meiden würde.
Schlagzeilen wie *»ein ungewöhnliches Experiment: ... im Abbruchhaus soll Hoffnung blühen«* oder *»Kontakte in der Kommune: Vom Hasch zur Heimarbeit. Hilfe für gefährdete Jugend«* oder *»Mutiges Experiment oder großes Risiko? Hilfe für junge Rauschgiftsüchtige. Koppelung mit kreativem Zentrum der Evangelischen Jugend«* oder *»Experiment der Evangelischen Jugend. Eine Stätte der Begegnung – das Nowhere House«* hätten, so gut sie gemeint waren, leicht das ganze Experiment in Frage stellen und zum Scheitern bringen können. Aber es war trotz einiger Aufregung bei Eltern, die ihre Kinder auf den Pressefotos wiedererkannt hatten, kein negativer Effekt zu verzeichnen. Das *Nowhere House* konnte seine Arbeit fortsetzen wie zuvor.
Langsam kristallisierte sich heraus, was in der Folgezeit angepackt werden mußte. Gesucht wurden praktische Methoden zur Befreiung aus der vielfältigen Abhängigkeit, eine Antwort auf die Frage: Wie kann einer durch eine Gruppe dazu kommen, Subjekt der eigenen Geschichte zu werden? Die Lösung hieß *kollektive Kreativität.*

Es wurde viel vom Kollektiv gesprochen, von Befreiung, von Veränderung der eigenen Situation, auch mit der Zuspitzung, diese Vorgänge hätten eine geradezu »revolutionäre Qualität«. Man versuchte, mit politisch links stehenden Gruppen ins Gespräch zu kommen in der Erwartung, dadurch vielleicht einige fürs *Nowhere House* brauchbare Techniken zu beziehen, um Freiheit im Kollektiv verwirklichen zu können. Diese Versuche waren allerdings vergebens. Die Drogenscene war von der Linken längst aufgegeben. Außer einer roten Wandinschrift – zu einer Zeit, da niemand im Haus war, mit Sprühdose ins Treppenhaus gesetzt – »Freiheit für Angela Davis« – gab es keinen weiteren Kontakt. Aber man war darüber nicht enttäuscht. Die Aufgabe war wahrscheinlich zu konkret, zu praktisch, und die Typen waren zu sehr »kaputt«, außerdem die Evangelische Jugend sicher nicht »seriös« genug, so daß, wie es nach $3^1/_2$ Jahren schließlich in einem politischen Pamphlet einer dieser Gruppen über das *Nowhere House* und sein Team hieß, wir der »linke Teil der Fessel« für sie geblieben sind. Man konnte es ihnen nicht verdenken, denn sie waren schließlich nicht die einzigen, die sich der schwierigen und enttäuschungsreichen Arbeit in der Drogenscene entzogen haben.
Mehr Erfolg hatten die Bemühungen, die kirchliche Öffentlichkeit anzusprechen. Das »Evangelische Gemeindeblatt«, das auch in der Folgezeit in regelmäßigen Abständen über die Arbeit im *Nowhere House* informierte, brachte im Dezember 1970 einen ersten Artikel:

»Irgendwo im Nirgendwo – Man könnte mit Worten spielen, Gedanken sinnlos assoziieren, könnte endlos diskutieren und ziellos auf den Wogen der widersprüchlichsten Stimmungen treiben. Man wäre im Nirgendwo, aber nicht im Nowhere House, dem Nirgendwo-Haus der Evangelischen Jugend in der Wörthstraße 28. Das Nowhere House ist ein kreatives Zentrum, in dem Worte Bedeutung haben müssen, Assoziationen eine Richtung finden sollen und die Begegnung im Gruppenprozeß Stimmungen über die eigene Subjektivität hinaus stabilisiert.
Ein Experiment wohl, aber ein notwendiges. Getragen wird es von einem Team ehrenamtlicher Jugendleiter, ergänzt durch den Stadtjugendpfarrer und den Dekanatsjugendwart. Für Unbefangene wirkt die Atmosphäre schockierend: 6 Zimmer in einem Abbruchhaus der Stadt, angemietet durchs protestantische Stadtjugendpfarramt. Nichts ist wie sonst in der Jugendarbeit. Die Wände kann man selbst dekorieren, nach drei Wochen schon ist man den planlosen Rummel des Anschmierens leid. Nun wird wieder tapeziert. Stühle sind Mangelware, Matratzen am Boden erfüllen den gleichen Zweck viel besser.
Die Musik imitiert den Underground, oder sind wir vielleicht mittendrin? Die Mitarbeiter müssen Sprachbarrieren überwinden, Fachausdrücke wie ein Hauch von Hasch, Slang wie bei den Black Panthers in den USA. Und erst die Besucher, sie würden überall auffallen, aber eben: Im Nowhere House sind sie die Regel. Ob man mit ihnen überhaupt reden kann? Die Eltern haben es zum Teil schon aufgegeben, die Kinder haben die Brücke abgebrochen. Und während die einen noch die quälende Frage stellen, wo sie wohl etwas falsch gemacht hätten bei der Erziehung, verzichten die anderen, die Erzogenen ganz auf die Frage nach Schuld. Denn dafür gibt es Parolen von einer unsinnigen, spießigen Gesellschaft, in und an der zu arbeiten für keinen einen Sinn haben kann.

Man hört von Glück und Freiheit und fragt sich zweifelnd, was das noch sein kann, wenn einem sowieso am Leben nichts liegt und man damit rechnet, so um die 30 herum ganz einfach mit sich Schluß zu machen. Aber bis dahin möchte man nicht darauf verzichten, wenigstens sein Leben zu träumen. Technische Hilfsmittel, wie Drogen und Musik, sind leicht zu beschaffen. Und hier beginnt das Fragen von seiten der Verantwortlichen. ›Mensch sein beginnt mit warum‹ – eine klare Devise. Wieder oder sagen wir noch einmal wird die Kritik herausgefordert. Sie ist zu schnell in Vergessenheit geraten, die engagierte Jugend der vergangenen Jahre hat zu schnell resigniert, und die Erkenntnis, daß Träumer und Spießer zum gleichen Kaliber gehören, scheint für viele einsichtig zu werden. Ob sie's bleiben wird, ob sie wenigstens für den einen oder anderen zum Stachel wird, gegen den er in Zukunft nicht löcken kann? Die Antwort darauf wäre so wichtig wie die andere Frage, ob die Mitarbeiter es verkraften, auf längere Zeit die Begegnung im Nirgendwo zu gewährleisten?«

»Begegnung im Nirgendwo zu gewährleisten« war damals schon nicht mehr nur eine Frage des Durchhaltevermögens der Mitarbeiter. Gefragt werden mußte nach der Organisierbarkeit solcher Begegnung, wenn sie schon Forderungen genügen sollte wie: Spontaneität, Kollektivität, Chancengleichheit. Gesucht wurde das, was wir als kollektive Kreativität verstanden und in verschiedenen Spieltechniken im *Nowhere House* entwickelt haben.
Die gemeinsamen Sitzungen mit Team und *Nowhere House*-Bewohnern bzw. Besuchern haben nie ausgereicht, die anstehenden Fragen wirklich auszudiskutieren. Es war notwendig, einmal auch länger zusammen zu sein, wenigstens einige Tage miteinander zu leben. Diese Einsicht führte zur ersten Freizeit des Teams mit 25 Besuchern und Bewohnern aus dem *Nowhere House* im Pfälzer Wald.

7. Die Freizeiten

Solche Freizeiten wurden in den darauffolgenden Jahren in etwa halbjährlichen Abständen durchgeführt. Die Erfahrungen, die damit gemacht werden konnten, haben die Entwicklung des *Nowhere House* entscheidend beeinflußt. Sie waren auch für diejenigen, die aus der kirchlichen Jugendarbeit kamen, sicher sehr ungewöhnlich. Eine Planung im voraus gab es nur bei der ersten Freizeit. Bei den folgenden wurde darauf verzichtet, weil sie erfahrungsgemäß ja doch nicht durchzuhalten war. Es wurden trotzdem immer aufregende Arbeitstage und Arbeitsnächte. Drogenfreiheit konnte, jedenfalls solange das Fixen keine beherrschende Rolle spielte, gewahrt werden. Der Konsumverzicht bezüglich Rauschdrogen war die einzige Auflage, die nie aufgegeben wurde. Die Schlafräume wurden nicht zugeteilt; dies sollte dem Wunsch der einzelnen Teilnehmer überlassen bleiben. Besonderer Wert wurde auf die Vorbereitung der Mahlzeiten gelegt. Der Speisezettel wurde auf einer Sitzung im *Nowhere House* beschlossen, es wurden auch diejenigen vorher bestimmt, die dann kochen sollten.

Gründlich vorbereitet wurde auch das Programm der Arbeitsgruppen. Teammitglieder hatten es vervielfältigt und ausgeteilt. Auf der ersten Freizeit hatte man sich folgende Themen vorgenommen:

1. Pädagogik. Erziehung im Haus - wohin? wozu?
2. Subkultur - wo steht die Jugend heute?
3. Kreativität - was kann das helfen?
4. Team und Kollektiv - Verantwortung nach außen, Teil des Kollektivs nach innen.
5. Nowhere House. Probleme und Konzepte.

Während sich andere abgemüht haben, ihrer schon fertigen Theorie eine Praxis zuzuordnen, gingen wir den umgekehrten Weg. Wir mußten die gemeinsame Praxis gerade wegen der Nichtübereinstimmung von Erwartung und Erfahrung durchdenken und erst sekundär auf eine theoretisch-begriffliche Ebene heben, damit wir dann für die weiterlaufende Praxis ein gültiges und handliches Konzept hatten.

Die Arbeitsgruppen kamen sehr schnell zu den jeweils drängenden Problemen im *Nowhere House*. Die sich lange hinziehenden Plenumsdiskussionen ergaben brauchbare Vorschläge für Programm und Konzeption des Hauses. Die Methode des »Brainstorming« hat sich dabei als vorteilhafter und angemessener erwiesen als die sich begrifflich eng an vorgegebene Thesen und Resolutionen anlehnende Diskussion. Alle haben dabei ermutigende Erfahrungen gemacht. Man saß Stunde um Stunde am Boden, war kritisch-interessiert, engagiert, war spontan hoffnungsvoll, formulierte das auch; freilich konnte das kein Protokoll festhalten, und das war auch nicht beabsichtigt. So gewann das *Nowhere House* immer mehr auch jene als Mitarbeiter, die sonst nur seine Dienstleistung in Anspruch genommen hätten.

Es wurde in Beziehung gesetzt zu antiautoritären Erziehungsmodellen, ohne in der Gefahr zu sein, utopistisch zu werden, weil alle es als Mittel der Selbsterziehung anerkannten. Subkulturelle Verhaltensmuster, die in ihren allgemeingesellschaftlichen Ursachen erkannt wurden, sollten auf ihre Brauchbarkeit nicht nur zum Protest, sondern zur Erneuerung der Gesellschaft, in erster Linie in ihrem Wert für das *Nowhere House*-Kollektiv selbst geprüft werden. Bei dieser Gelegenheit konnte das Team erkennen, daß es nach außen hin nicht allein die Verantwortung tragen mußte und auch nach innen nicht isoliert war, sondern Teil des Gesamtkollektivs. Kreativität schließlich definierte sich fast von selbst als ein kollektiver

Vorgang, bei dem der einzelne »in, mit und unter« der Gruppe die eigene sozial und bildungsmäßig festgelegte Personengrenze überschreiten kann, um so die eigene Situation zu verändern (vgl. Kap. 6). Ein engagierter Redakteur des »Mannheimer Morgen« berichtete unter dem Titel *»Neues aus dem Nowhere House: Gezieltes Programm soll Drogen ersetzen«:* »So versuchte man im Gespräch zu klären, wo die Jugend heute steht, machte sich an die Klärung des Begriffs ›Kreativität‹ und ›Subkultur‹. Man fragte sich, wie die Subkultur zur Gesellschaft steht und wie sie kritisch einwirken, das heißt, gleichzeitig zu einer sinnvollen Beziehung zur Umwelt gelangen kann. Kollektivität wurde als schöpferisches Handeln eines Kollektivs verstanden, das der einzelne nicht vollziehen kann, der beispielsweise durch seine Erziehung ›programmiert‹ ist. Mit dieser Erkenntnis schlossen sich die Jugendlichen in Arbeitsgruppen zusammen. Ziel ist es, das Erlebnis der Droge durch gemeinsame, kommunizierbarc, d. h. wiederum im Gespräch mitteilbare Übungen zu ersetzen. Dazu gehört ein die Psyche beeinflussendes körperliches Training, in dem seelische Erlebnisse kompensiert werden, sowie Yoga-Übungen. Im musisch gestaltenden Bereich wird viel geschehen, Grundlage ist wieder das Gemeinschaftserlebnis, das die Jugendlichen in eine Gruppe bindet. So will man mit Formelementen des Alltags Plastiken herstellen. Die Wände, die jetzt hell gestrichen sind, werden Experimentierflächen bieten. Aggressionen sollen erzeugt und abgebaut werden. Dafür etablierten sich Spezialbegabungen in einer ›Arbeitsgruppe zur Pflege des zwischenmenschlichen Zynismus‹. Hier wird der schwarze Humor bunte Blüten treiben. So soll das Schreckenserlebnis eines unerfreulichen ›Trips‹... nachempfunden werden...«[4]

In diesem um Sachlichkeit bemühten Artikel werden jene Techniken beschrieben, die auf unserer ersten Freizeit entwickelt und dann als »Collective Training«, »Collective Working« und als »Experimentelle Musik« zu Kristallisationspunkten des Lebens im *Nowhere House* und seiner therapeutischen Bemühungen geworden sind. Ihren Wert und ihre Handhabung beschreiben wir ausführlich in einem späteren Kapitel (Kap. 6). An dieser Stelle sei nur festgehalten, daß solche Techniken der Kommunikation ohne Zwang eingeführt wurden und während einiger Monate einen festen Platz im Programm behaupteten. Sie wurden schließlich, so vor allem das »Collective Working«, auch ohne Anwesenheit eines Teammitgliedes von zufällig zusammenkommenden Gruppen geübt. Die Autoren dieses Buches haben diese Spieltechnik auch in anderen Bereichen der pädagogischen und therapeutischen Arbeit angewandt und dort bestätigt gefunden, daß sie eine gute Möglichkeit darstellt, Gruppenprozesse für den einzelnen Teilnehmer analysierbar zu machen und die gesamte Gruppe einem Prozeß zu unterwerfen, der sie produktiv weiterbringt.

8. Pläne

Was ist so unwichtig wie unausgeführte Pläne? Der Drogenabhängige, aber sicher nicht nur er, entwirft sie stündlich. Sie blühen auf in der Scene, absurd, sinnlos geradezu, auf jeden Fall unrealistisch. Auch die Geschichte der Einrichtungen zur Beratung/Behandlung Drogenabhängiger, wie »Release« und ähnliche, ist voll davon. Voll davon waren auch die Zeitungen, die darüber geschrieben haben. In einem »Spiel von Zukunft« sind diese nicht verwirklichten Pläne aber wichtiges Material, jedenfalls dann, wenn sie den Träumen des einzelnen entwunden und zum Anreiz gemeinsamen Spiels geworden sind. Das Spiel heißt Zukunft. Es hat lange gedauert, bis uns die Regeln dieses Spieles allmählich erkennbar geworden sind. Es brauchte Zeit, bis uns bewußt wurde, daß nicht erst das Scheitern eines Planes für ein Kollektiv Bedeutung gewinnt, sondern schon das Auftauchen und das Umgehen mit ihm. In den Plänen drücken sich Motivationen aus, Erwartungen und Hoffnungen, die auch schon als solche ansteckend sein können. Sie können eine Zeitlang zum »Punkt außerhalb« werden, von dem aus man sich bewegen, zumindest sehen will, wie die Dinge und auch die Menschen sind, mit denen man es zu tun hat. Aus Plänen werden Programme, aus Programmen werden Aktionen, »action«, daraus wird dann vielleicht – auch wieder nichts. Aber dann ist schon Wichtiges geschehen.

Da auch die Pläne im *Nowhere House* Typisches ausdrücken, seien hier einige genannt. Vollständigkeit ist nicht angestrebt. Viele Pläne bezogen sich auf den Club und die Räume im Erdgeschoß des Hauses. Diese Räume erhielten zumeist ihre Namen von Planungen, obwohl diese oft nur von vorübergehender Natur oder gar nicht Wirklichkeit geworden waren. Der *»Session Room«,* der größte Raum mit verhältnismäßig großer Wandfläche, war am ehesten für Sitzungen einer großen Zahl von Teilnehmern geeignet. Hier sollten wöchentlich auch themenzentrierte Diskussionen stattfinden, die während der vorangehenden Woche, mit entsprechenden Darstellungen, Bildern, Slogans und Texten zum Thema auf die Wand aufgetragen, vorbereitet worden waren. Der *Musikraum:* mit schallschluckenden Platten an den Wänden diente er zeitweise der »Experimentellen Musik« (vgl. Kap. 6,1), sonst war er ständig in Umgestaltung von Schwarz auf Violett und umgekehrt und beliebt als Räumlichkeit für das »Collective Working« (vgl. Kap. 6,3), weil in der Mitte eine tief zum Boden strahlende Lampe angebracht war. Die *Bibliothek,* für etwa drei Wochen mit Romanen von Hesse bis Grass ausgestattet, blieb nach Plünderung der Buchbestände das Office, hell und konventionell, gelegentlich als Kantine, aber auch als Beratungszimmer im Gebrauch. Der *Meditationsraum,* von einer etwa zwölfköpfigen Gruppe von Gymnasiasten sehr intim ausgestattet, hat am längsten seinen Charakter bewahrt, auch seinen Namen über die Jahre gerettet. *Küche* nannte man den Teil, der schon zu bürgerlichen Zeiten Küche war. Schließlich hielt er eine Zeitlang seinen Namen *Werkraum,* um dann wieder zur Küche in einer Zeit der Planung einer Clubbewirtschaftung mit halbdefekter Pizzabäckerei zu werden. Mit der großen Diele konnte niemand etwas anfangen, und außer einer Info-Kom-Wand war nie etwas dafür vorgesehen. Diese Wand, unter erheblichem Aufwand installiert, wurde wegen unüberwindlicher Materialprobleme nie richtig zum Leben erweckt. Eine Zeitlang wollte man mit Ton arbeiten, hier gelang aber eine Überführung aus dem eigenschöpferischen in den kollektiven Bereich nicht. Aus diesem Grund unterblieb die weitere Förderung. Ein andermal sollte von jedem Besucher eine Gipsmaske angefertigt werden, eine unter großem Hallo geborene Idee, die aber nach wenigen Wochen und langen Diskussionen versickerte, ohne daß auch nur eine einzige Maske abgenommen worden wäre. Yoga-Übungen führten über die Anfangslektionen nicht hinaus und wurden erst später aufgewertet, als sie mit dem »Collective Training« in Zusammenhang gebracht werden konnten (vgl. Kap. 6,2).

Die Einführung von Clubausweisen, die vom Team vorgeschlagen worden war, um einen allzu öffentlichen Charakter des Clubs zu vermeiden, auch mit Rücksicht auf das notwendig zu kontrollierende Alter der Besucher, rief lange Diskussionen hervor. Der Plan sah vor, daß jeder, der im Besitz eines Besucherausweises war, auch befugt sein sollte, die Kontrolle auszuüben. Die Idee war gut, die Idee der Selbstkontrolle nämlich, auch wenn sie sich auf die Dauer nicht bewähren sollte. Hier wie in anderen Fällen wurde das Scheitern nicht besonders reflektiert und diskutiert, weil man zu einem Gruppen-Feed-back noch nicht gerüstet war. Das war erst später möglich, nachdem die Technik der Gruppenagitation eingeführt war.

Inzwischen hatte der erhöhte Bedarf an Wohnungen eingesetzt. Das Schwergewicht der Arbeit verlagerte sich infolgedessen immer mehr in die oberen Stockwerke, die sukzessiv von der Stadt geräumt und dem *Nowhere House* zur Nutzung überlassen worden waren. Im Zuge dieser Bele-

gung der Wohnräume stieg die Bewohnerzahl von 10 im Februar 1971 (in 8 Wohnräumen) auf 32 im Juli 1971 (in 24 Wohnräumen) an. Alle Bewohner hatten für ihren Lebensunterhalt selbst Sorge zu tragen. Es war unmöglich, finanziell etwas dazu beizutragen. Das führte zu vielen Plänen, um zu Geld zu kommen. So wollte man Kunsthandwerkliches selbst herstellen und auf einem Flohmarkt verkaufen oder auch einen Flohmarkt als Dauereinrichtung ins Leben rufen. Man wollte im Club auf eigene Kosten Mittagstisch anbieten, Musikveranstaltungen organisieren, Musikgruppen zusammenstellen. Im nachhinein kann man sagen, daß die wochen- und monatelangen Planungsdiskussionen, auch wenn nichts aus den Plänen wurde, hinsichtlich ihrer günstigen Rückwirkung auf das Kollektiv die Sache schon wert waren.
Es gab Ausgefalleneres. So der Plan mit dem »Abendmahl«, zuerst gedacht als ein gemeinsames Abendessen. Dabei wurde in der Diskussion immer deutlicher, daß ein solches Essen eigentlich wichtig wäre als Gemeinschaftsmahl. Man könnte dazu auch noch andere Freaks einladen. Schließlich hätten auf der Scene viele Hunger und auch das Bedürfnis, einmal mit anderen zusammenzusein. Mit seiner religiösen Hintergründigkeit bot »Abendmahl« das Stichwort zur weiteren Diskussion, die sich über Wochen hinzog und etwas in Bewegung setzte, obwohl es zur gemeinsamen Aktion nicht kam und der Plan scheiterte.
Im Team wurde weiter darüber diskutiert. Man suchte nach neuen kollektiven Formen der Kommunikation und stieß dabei immer wieder auf die religiösen Riten bei Tänzen und Feiern. Man meinte sogar, daß nichtchristliche Religionen hier mehr leisten könnten. Wenn man solchen Formen nachspüren, sie der sakralen Sphäre entwinden und zur kollektiven Therapie umformen könnte? Nun, anderwärts hat man das vollzogen. Jesus People, Hare Krishna, Guru Maharishi. Das brachte uns auf den Gedanken, diese Leute einzuladen. Leider wurde daraus ebensowenig wie aus unseren Bemühungen um politische Gruppen. Ein kurzer Besuch von Teen-Challenge-Vertretern war alles (vgl. Kap. 11).
Oder wie wäre es mit einer Zeitung? Vieles an diesen Plänen war modisch. Solche Zeitungen gab es in großer Zahl. Könnten wir da nicht etwas anderes machen? Ein kleines Buch mit Gedichten für Anspruchsvolle? Produziert wurde im *Nowhere House* genug, auch Gedichte. War es nicht so wie in diesem kleinen lyrischen Aphorismus: Tausend

Gedanken
warten,
daß
die Zeit
kommt. (G.)

Der Plan wurde heiß! Wieder eine Freizeit im Pfälzer Wald (Herbst 1973). Jeder sollte ein Gedicht aus den vorhandenen aussuchen und dann vortragen. Man wollte nicht einzelnen die Wahl überlassen. Das Gewählte sollte zählen. Schließlich verweigerten sich die Verfasser, so daß aus dem Projekt nichts wurde. Freilich gab es weiterhin gemeinsame Wortschöpfungen. Zu zweit, auch einmal zu dritt, assoziierende, reagierende, korrespondierende Zeilen in seitenlangen Gedichten. Über Inhalt und Charakter dieser dichterischen Produktion mag sich der Leser anhand der nachfolgend (9. Stimmungen, S. 50 ff.) abgedruckten Gedichte eine eigene Meinung bilden.
Oder jener Plan, an dem eine Reihe von Leuten ein halbes Jahr schwanger ging. Bilder, selbstgemalte Bilder verkaufen. Aber nicht einfach so, auf der Straße oder an Händler – wer kauft da schon? Um die Ecke könnten wir einen Laden haben. Man könnte – wieder die Scene – noch andere Leute in ein Atelier einladen. Könnte gemeinsam malen und dann in der »Nowhere House Galerie« ausstellen und verkaufen. Genügend Bilder hätte man gehabt. Aber die Gruppe bröckelte ab. Der Plan versandete.
Zu den Plänen gehörten auch die Wohngemeinschaften. Von ihnen wird an anderer Stelle zusammenhängend berichtet (vgl. Kap. 7,1). Die ersten drogenfreien Wohngemeinschaften entstanden im Frühjahr 1972 als weiteres Glied in einer Therapiekette. Sie brauchten Kontakte, Aufgaben, Ziele. Ob sie sich sozial engagieren könnten? So begann eine Wohngemeinschaft mit der Durchführung eines Kinderfestes, mit Kinderbetreuung, Spielstube, Aufgabenüberwachung für Kinder aus der Wohnsiedlung. Eine andere sammelte Material zu Abenteuerspielplätzen und half mit bei der Durchführung einer modellhaften Aktion der Evangelischen Jugend im Sommer 1973. Wohngemeinschaften wurden selbst zum Plan, der sich häufig zerschlug. Er entstand im *Nowhere House*, wenn sich einige besser verstanden, und er starb an der Unbeständigkeit der eingegangenen Bindungen, noch bevor konkrete Schritte wie Anmietung eines Hauses, Übernahme der Funktionen etc. geklärt waren.
Bei aller Beschäftigung mit solchen Plänen und Phantasmen hatte das *Nowhere House* natürlich auch seine Alltagsprobleme zu bewältigen. Dazu gehörte, daß man das Haus sauberhalten, Küchen, Bäder, sonstige Gemeinschaftseinrichtungen sinnvoll organisieren mußte. So auch die Frage, ob man gemeinsam einkaufen und dadurch Kosten sparen sollte, wie die Aufnahme neuer Bewohner ins Haus geregelt werden könnte usw. Nie gab es eine strikte Festlegung auf einen bestimmten Modus. Manche Regelung hatte eine Zeitlang den Charakter gültigen Hausrechtes und wurde doch nie beachtet. Ein Beispiel ist das Saubermachen. Es gab heftige An-

griffe gegen das Team, weil für die Reinigung von Treppenhaus und Gemeinschaftsräumen Geld bezahlt wurde. Man vertrat die Auffassung, das müsse und könne schließlich jeder selber machen. Es sei gar nicht schwierig, einen Plan aufzustellen. Daraufhin wurde das Angebot zurückgezogen.

Die Aufnahme neuer Bewohner erfolgte unter Mitwirkung des gesamten Hauskollektivs auf den Dienstagssitzungen (vgl. Kap. 5). Der Abstimmungsmodus wurde allerdings häufig geändert. Zunächst durfte jeder abstimmen, der an der Sitzung teilnahm. Dann aber beschränkte man übergangsweise das Stimmrecht auf die Bewohner und das Team. Zeitweilig sollte dem projektleitenden Stadtjugendpfarrer ein Veto-Recht eingeräumt werden, obwohl er selbst das nie gefordert hat. Später kehrte man zur ersten Regelung zurück mit der Begründung, das *Nowhere House* ginge schließlich alle etwas an; wer interessiert sei, nehme an der Sitzung teil, und bei denen, die teilnähmen, könne man Interesse am *Nowhere House* voraussetzen. Auch der Ausschluß von Bewohnern aus dem Haus sollte per Abstimmung geregelt werden. Dabei konnte es geschehen, daß auch zuvor beschlossene Ausschlußgründe in einer Grundsatzdiskussion wieder aufgehoben wurden. Qualifizierte Mehrheiten wurden in keinem Fall angestrebt. Der Prozeß der Diskussion war das eigentlich Wesentliche. Das formale Abstimmungsergebnis war demgegenüber einigermaßen belanglos.

Während der gesamten Zeit ist nur eine Regelung zum ständig gültigen Grundsatz geworden: Wer seinen Entzug begonnen und abgebrochen hat, kann nicht mehr ins *Nowhere House* zurückkehren.

Zu den schwierigsten Problemen zählte die Frage der Besucher und, damit zusammenhängend, der Übernachtungen im *Nowhere House*. Hier haben sich alle schwergetan. Sicher handelt es sich nicht um ein spezifisches *Nowhere House*-Problem. In jenen Jahren (1970–73) verzeichnete man einen starken Zustrom von Ausreißern aus Elternhaus und Heimen. Es war nur schwer möglich, dieses Problemes im Rahmen einer bewußten Aktion des *Nowhere House*-Kollektivs Herr zu werden. So wurde beispielsweise beschlossen, daß jeder durch Anschlag an seiner Zimmertür anzeigen sollte, wer sich bei ihm aufhielt; weiter sollte das Haus zu einer festgelegten Zeit am Abend geschlossen werden; wer sich danach darin aufhielt, wurde als Übernachtender registriert. In diesem Zusammenhang wurden allerdings auch Hausverbote ausgesprochen. Das Recht auf Übernachtung, falls er es im Zimmer eines Bewohners mit dessen Zustimmung tat, hatte praktisch jeder. Am jeweils folgenden Dienstag aber mußte er das Haus verlassen oder einen Aufnahmeantrag stellen. Wurde der

Antrag abgelehnt, der Gast aber trotzdem weiter beherbergt, dann traf den Gastgeber der Ausschluß aus dem Haus. Solche Maßnahmen wurden auch in der Form von Absichtserklärungen im voraus angekündigt. Ein wirklicher Ausschluß erforderte mindestens einige Wochen, wenn er überhaupt zustande kam.

Im *Nowhere House* wurde vieles geplant mit dem Ziel, Gemeinschaft zu ermöglichen oder zu fördern. Kleine Gruppen konnten nach Belieben durch Zimmertausch gebildet werden, zusätzliches Verzehrgeld wurde gewährt, wenn gemeinsame Kasse gemacht wurde. Auch Reisen und Ausflüge sollten schon in der Planungsphase zur gemeinsamen Aktion anreizen. Bedauerlicherweise ist jener erste Reiseplan, die »Fahrt ins wilde Kurdistan«, gescheitert. Die Gebetsteppiche waren schon gekauft, Video-Anlage zum Filmen bereit und auch der VW-Bus schon angeschafft. Ein Fernsehteam hatte sich angesagt, um mitzufahren. Die Gruppe war schon zwei Monate zusammen, um gemeinsam zu planen, wie man in Istanbul die Stadt zu Fuß erschließen und an den Ecken als Bettler seine besonderen Erfahrungen machen könne. Man las und grübelte über Land und Leute. Alle waren stark motiviert. Es fehlte nur noch ein finanzieller Zuschuß. Diesen hatte man von der Landesregierung erhofft. Aber genau daran scheiterte das Projekt. So hieß es im Schreiben des Sozialministeriums vom 28. März 1973 unter dem Betreff »Bekämpfung des Drogenmißbrauchs«: »Eine Förderung der von Ihnen geplanten Reise aus Landesmitteln ist nicht möglich, weil dafür im Haushalt des Ministeriums für Soziales, Gesundheit und Sport keine Mittel bereitstehen. Bei einer Sitzung der Drogenbeauftragten der Länder im Bundesministerium für Jugend, Familie und Gesundheit am 21. 3. 1973 wurde über sogenannte Rehabilitationsreisen gesprochen; die Besprechungsteilnehmer waren sich über den zweifelhaften Wert solcher Reisen einig«.

Wir mußten gemeinschaftsfördernde Aktivitäten ohne staatliche Zuschüsse durchführen lernen. Auf Auslandsreisen haben wir nicht verzichtet. So reisten kleine Gruppen mehrere Male nach Südfrankreich. Jedes Mal hat sich die Erkenntnis bestätigt, daß schon der Weg das Ziel, d. h. daß schon das Planen ein für den einzelnen und die Gruppe entscheidend wichtiger Vorgang ist. Das lehrt erst die Erfahrung. Wenn man sich dessen bewußt ist, resigniert man nicht mehr so leicht. Man kann sicher auch im Blick auf andere ähnliche Einrichtungen sagen, daß sie nicht mit jedem gescheiterten Plan ihre Konzeption hätten ändern und sich nicht im Scheitern selbst als gescheitert hätten ansehen müssen. Viele gute Ansätze sind auf diese Weise zu schnell in Ansprüche und wiederum zu kurzschlüssig in Mißerfolge verkehrt worden. Man hat vielfach die Konzeption ernster genommen als die Zielgruppe, der man helfen wollte. So geriet das Angebot zur Zumutung mit der absurden Verdrehung, daß man zum Anfang der Therapie machen wollte, was nur das Ende einer, wie alle Erfahrenen wissen, langfristigen Entwicklung sein konnte. Unter Mißachtung des ersten gruppenpädagogischen Grundsatzes, wonach man dort anfangen soll, wo die Gruppe steht, haben sich Ex-User und Sozialarbeiter, wohl auch Ärzte, um Konzeptionen bemüht, in denen vorausgesetzt war, was eigentlich erst hätte angestrebt werden müssen: die stabile, leistungsfähige, freie Person. Wir kommen auf diese zentrale Problematik im Rahmen einer kritisch-vergleichenden Betrachtung im Kapitel 9 (Kritisches zu anderen Einrichtungen) zurück.

Es steht dahin, ob wir es wegen eines Erfahrungsvorsprunges von etwa einem halben Jahr gegenüber den anderen Einrichtungen leichter hatten. Wir konnten als erste »Selbsthilfeeinrichtung« im Rhein-Neckar-Raum die Arbeit immerhin beginnen, als die Fixer noch nicht das Hauptproblem darstellten, sondern der Konsum von Haschisch und LSD noch deutlich dominierte.

Auch hat die Neugierde der Öffentlichkeit und die korrespondierende spekulative Presseberichterstattung über die Drogenscene erst später, um die Jahreswende 1970/71, eingesetzt und ihren Höhepunkt erst im Hochsommer 1971 erreicht. Nachdem die Öffentlichkeit sensibilisiert und informiert war, fiel es freilich schwer, sich einem therapieunangemessenen Erfolgsdenken zu versagen. Umgekehrt mußte es zu den großen Versuchungen gezählt werden, daß man möglichst schnell und möglichst spektakulär zu einer großen Presse kam. Damals hätte so manchem Abstinenz besser getan.

Als eine Einrichtung, die sich bewußt therapeutisch verstand, konnten uns Pläne natürlich nicht unwichtig bleiben. Der Umgang mit ihnen mußte theoretisch und praktisch in die therapeutische Aktion hineingenommen werden. So lernten wir, Plänen nicht nur zuzuhören, sondern sie, wo irgend möglich, auch zu fördern und zur Entfaltung kommen zu lassen. Wir entwickelten verschiedene Techniken, Pläne, die von einzelnen erdacht und vorgetragen wurden, aufzunehmen, sie im Kollektiv »auszusetzen«, die Planungszeit zu verlängern, Gegenplanungen zu aktivieren und schließlich das Ergebnis am ursprünglichen Ansatz zu überprüfen. Manchem Plan mußte eine utopische Perspektive eingepflanzt werden, während ausgesprochene Utopien lange genug leben mußten, um als solche erkannt zu werden.

Warum sollten jene vier Personen im 1. Obergeschoß nicht die Möglichkeit erhalten, einen längeren, vielleicht lebenslangen Aufenthalt auf einer

– Südseeinsel zu planen? Das beflügelte sie immerhin, eine Menge ethnographischer Literatur ins Haus zu schleppen. Das hatte auch jene makabre Variante, daß sie einen plötzlich aufgekommenen Gruppentest (eines anonymen Autors) durchführten mit dem Motto »Wen würdest du am liebsten umbringen von der Gruppe?«. Es führte auch zu einer konkreten, wenn freilich auch in der Vorstellung kaum weniger unrealen Reiseplanung nach Südfrankreich, wobei ein eigens zu diesem Zweck in die Gruppe aufgenommener fünfter Planer die gut verschlossene und im Winter unbewohnte Sommervilla einer Tante in Aussicht stellte. Neid, Skepsis, Begeisterung verbreiteten sich deshalb unter ungefähr 100 Leuten, die damals im Club verkehrten und eine Sammelaktion zur Erstehung der Reisekosten unterstützten. Man erfuhr nicht, wie viele Clubmitglieder gerne mitgefahren wären. Jedenfalls wollte man eine Praktikantin mitnehmen, weil sie für das Fahrzeug sorgen konnte. Man unterzog sich auch noch einem Test, indem man acht Tage lang auf engstem Raum zusammenlebte. Und dann fuhr man tatsächlich ab. Schon fünf Tage danach kehrte die Gruppe zurück. Keiner hat sie ausgelacht.
Auch ein Jahr später dachte keiner ans Auslachen, als eine für eine drogenfreie Wohngemeinschaft vorgesehene kleine Gruppe, die aus einer 18jährigen ehemaligen Fixerin, einem etwas jüngeren vorübergehend cleanen Fixer, einem ehrenamtlichen Mitarbeiter und einigen weiteren *Nowhere House*-Bewohnern bestand, mit der Aktion »Auch du brauchst K« an das Bewohnerkollektiv herantrat. Einesteils wollte man sich wohl die Wartezeit bis zum Auszug verkürzen, andernteils wollte man sicher auch ein neues Selbstverständnis demonstrieren. Jedenfalls verstand man sich als »K-Gruppe«, wobei immer offenblieb, was »K« bedeutete. Man war bereit, bei jedem mitzumachen, der eine Initiative hatte und Mitarbeit brauchte. Ob der Plan schließlich nach etwa drei Wochen an einer »Überdosis Nowhere House«, wie viele sagten, oder an dem nähergerückten Übersiedlungstermin in die drogenfreie Wohngemeinschaft gescheitert ist, oder daran, daß sich damals die unteren Stockwerke als Gegenkollektiv zu dem von der »K-Gruppe« bewohnten 5. Stockwerk zusammenschließen wollten, wurde nie geklärt. Geblieben ist der Name »K-Raum« für den Raum, der lange Zeit als Sitzungszimmer des Bewohnerkollektivs benutzt worden ist. Er wurde seit Herbst 1974 auch der »alte K-Raum« genannt, da die Sitzungen von da an im Erdgeschoß, und zwar im alten »Session-Room« abgehalten wurden. Im Bewußtsein der Bewohner hat sich die Vorstellung durchgesetzt, daß »K« am ehesten Kommunikation bedeute.
In Zeiten, wo Pläne selten waren, war es um das *Nowhere House* bezeich-

nenderweise schlecht bestellt. Es wurde dann seiner Funktion, »Signal der Hoffnung« für die Scene zu sein, schlecht oder gar nicht mehr gerecht. Wir selbst waren dann diejenigen, die keine Hoffnung hatten, denen das fehlte, was Ernst Bloch den »Affekt der Hoffnung« nennt, von dem er sagt: »Der Affekt des Hoffens geht aus sich heraus, macht Menschen weit, statt sie zu verengen, kann gar nicht genug von dem wissen, was sie inwendig gezielt macht, was ihnen auswendig verbündet sein mag.«
Es entspricht unserer Erfahrung mit der Therapie im *Nowhere House*, wenn Bloch fortfährt: »Das Leben aller Menschen ist von Tagträumen durchzogen, darin ist ein Teil lediglich schale, auch entnervende Flucht, auch Beute für Betrüger, aber ein anderer Teil reizt auf, läßt mit dem schlecht Vorhandenen sich nicht abfinden, läßt eben nicht entsagen. Dieser andere Teil hat das Hoffen im Kern, und er ist lehrbar.«[5]

9. Stimmungen, Gedichte

Resignation und Verzweiflung übertragen sich fast von selbst vom einzelnen auf das Kollektiv. Dagegen sind Hoffnung, Zuversicht und Vertrauen sehr schwer »sozialisierbar«. Eine Binsenweisheit, die sich zumindest im *Nowhere House* nicht bestätigt hat. Das mag am Personenkreis liegen, der ja außerordentlich stimmungslabil und darüber hinaus auch ziemlich anfällig für emotionale Bewegungen ist. Um so entscheidender war es, das Kollektiv als Stabilisator einsetzen zu können. Wer ständig »stoned« vom »Joint« war, starr, initiativelos, bewegungslos, wohl auch erlebnislos vom Haschischrauchen, erst recht, wer in der totalen Passivität und Lethargie des Fixers verharrte, der brauchte so etwas wie positive Stimmungen um sich herum.
Vor allem galt es auch, jene Passivität und Lethargie nicht allein die Atmosphäre des Hauses bestimmen zu lassen. In dem so besetzten Stimmungshorizont bedeutete positive Stimmung freilich mehr als Hoffnung, Zuversicht, Vertrauen. Auch die Aggression, der Protest, die Langweile, die Verzweiflung, auch Horror, Angst und Panik mußten erlebbar sein. Das wird derjenige schlecht verstehen, der es gewohnt ist, mit Suchtkranken unter klinischen Bedingungen umzugehen, wobei ihm der Patient in aller Regel »gedämpft«, d. h. unter der nur klinisch vertretbaren Überdosis an sedierenden Medikamenten begegnet.
Wir wollen keineswegs leugnen, daß die Versuchung, ähnlich zu verfahren, zuweilen sehr groß war, daß wir ihr zeitweise sicher auch erlegen sind,

was die karikierende Bezeichnung eines der Verfasser als »Nachtschwester They« nur allzu deutlich macht. Im zweiten Halbjahr 1971 haben wir vorübergehend auch zu Medikationen gegriffen, um »flash-backs« bei LSD-Konsum – bei uns »Après-Trip« genannt – zu behandeln. Wir sind aber bald wieder davon abgekommen und haben in der Folgezeit medikamentöse Behandlungen nur noch zur Krisenintervention bei akuten Psychosen nach LSD-Konsum durchgeführt.
Vielleicht hatten die Mitarbeiter damals größere affektive Schwierigkeiten als die *Nowhere House*-Bewohner. Denn es war einerseits wichtig, daß wir unsere eigenen Stimmungen nicht versteckten, sondern sie mit denen des Kollektivs konfrontierten; andererseits aber ging uns ab, was unsere Partner vielfach auszeichnete: die große Sensibilität für Stimmungen anderer und die Fähigkeit, sich Stimmungen zu überlassen. Es besteht kein Zweifel daran, daß der Drogenkonsument hier zum Lehrenden für uns wurde und wir dringend auf Erfahrung angewiesen waren, die er auf seinem Trip gemacht hatte. Es war aber auch selbstverständlich, daß wir das aufgrund seiner Erfahrung zu lernen hätten und nicht durch eigenen Konsum. Um keine Mißverständnisse aufkommen zu lassen: es ging dabei nicht um so etwas wie die »höheren Weihen« à la Timothy Leary, obwohl das mancher Freund meinte und uns vertraulich und kameradschaftlich dazu aufforderte, doch einmal »mitzuziehen« am »Joint« oder doch einmal einen »Trip zu werfen«. Vielleicht hatten sie bemerkt, daß wir nicht so recht mitkamen. Nach etwa einem halben Jahr ging dann trotzdem das Gerücht um, einer der Autoren (Th.) hätte selbst Drogenerfahrung. Das war als Beweis dafür zu nehmen, daß man als Nichtkonsument doch etwas von dem begriffen haben mußte, was die Drogenerfahrung ausmacht, wenn man die Chance zur Solidarität nicht verspielen wollte.
Die Sprache, auch wenn sie sich im Laufe der Zeit verändert, lernt man vergleichsweise schnell. Niemand hat in dieser Sprache zudem etwas Besonderes oder gar Herausragendes gedacht. Was gäbe es da auch zu denken bei Shit, kiffen, Trips werfen, ausflippen, durchhängen, stoned oder hook sein, abfucken, drücken, fixen, Pay Day, Acid, Shake, Dobe, H, O, M-Powder usw. ...? Alles nur Termini technici, deren Handhabung einem den Stempel des Insiders, oder, wenn man so will, des Drop-Outs aufdrückt, je nach Perspektive.
Aber Solidarität verlangt mehr. Das ist uns durch die Arbeit im *Nowhere House* immer nachdrücklicher bewußt geworden. Wir sahen uns in unserem Solidaritätsverständnis durch Paolo Freire bestätigt, dessen Buch »Pädagogik der Unterdrückten«[6] damals unter den Mitarbeitern intensiv diskutiert worden ist. Mit Freire haben wir uns folgende Fragen vorgelegt:

»Wie kann ich mich im Dialog engagieren, wenn ich andere fortwährend zu Unwissenden stemple und meiner eigenen Unwissenheit nie gewahr werde? – Wie kann ich mich im Dialog engagieren, wenn ich mich als Sonderfall gegenüber anderen betrachte, die ein bloßes ›Es‹ sind, in denen ich kein anderes ›Ich‹ erkennen kann? – Wie kann ich mich im Dialog engagieren, wenn ich mich als Mitglied einer Kerngruppe sehe von reinen Menschen, Besitzern von Wahrheit und Wissen, für die alle Außenstehenden ›die Leute da‹ sind oder ›die fürchterlich Ungewaschenen‹? – Wie kann ich mich im Dialog engagieren, wenn ich von der Voraussetzung ausgehe, daß die Welt zu benennen Aufgabe einer Elite sei und die Anwesenheit des gemeinen Volkes in der Geschichte ein Zeichen der Dekadenz, die man selbst vermeiden muß? – Wie kann ich mich im Dialog engagieren, wenn ich mich gegenüber dem Beitrag der anderen verschließe und vielleicht sogar durch ihn beleidigt bin? – Wie kann ich mich im Dialog engagieren, wenn ich Angst habe, verdrängt zu werden, und mich die bloße Möglichkeit schon ängstigt und schwächt? – ... Dort, wo man sich begegnet, gibt es weder totale Ignoranten noch vollkommene Weisen – es gibt nur Menschen, die miteinander den Versuch unternehmen, zu dem, was sie schon wissen, hinzuzulernen.«[7]

Dieses Dazulernen hätten wir ohne unsere Freunde von der Scene nicht schaffen können. Es zeichnet unser Team aus, daß jeder dabei von dem Bewußtsein geleitet war, etwas Wesentliches, auch für das eigene Leben Wichtiges zu erfahren und nicht nur etwas Neues.

Ein Beispiel. Wenn der Club im *Nowhere House*, den es seit November 1970 gab, abends geschlossen werden mußte, war es immer notwendig, den einen oder anderen dazubehalten, weil es bei seinem Zustand »auf Trip« nicht verantwortet werden konnte, ihn nach Hause zu schicken. Manche kamen eigens erst kurz vor Schluß, weil sie unsere Gesellschaft brauchten.

In einer kleinen Gruppe zogen wir uns in den Meditationsraum zurück, um den Trip zu begleiten. Wir bevorzugten ein Assoziationsspiel, mit dessen Hilfe wir den Trip in der Balance halten konnten. Am Boden im Kreis sitzend benannten wir Dinge und Gefühle, reihum, manchmal zu Beginn hektisch, suchend und drängend, dann aber zunehmend ruhiger, nachdenklicher, interessierter. Manchmal unterbrochen von reiner Plauderei, dann wieder assoziativ: Blumen, rot, Licht, Feuer, Tod, Bambi, Lachen usw. Worte, mit einem Schweif von Gefühlen und Stimmungen ins Dunkel des nur durch eine Kerze schwach erleuchteten Raumes entsandt, in manchmal minutenlangen Abständen.

Ebenso wichtig war es für diesen Lernprozeß, mit einzelnen im Gespräch zu bleiben. So etwa mit M. Wir erinnern uns an einen Abend im Februar 1971. Einer der ersten Fixer, die bei uns verkehrten. Zu unserem Gespräch in der Bibliothek fanden sich etwa sechs Zuhörer ein. Helles Licht. Im Nebenraum wurde mit Ton gearbeitet. Unser Fixer: Er könne das nicht, eigentlich wolle er es auch nicht. Seine Stärke sei Malen oder Schreiben. Frage: Ob er nicht einfach etwas in die Luft malen könne? Man soll ein Thema geben. Das Thema: »Ein Lied wie eine faule Brise.« Mit einer Münze folgte er auf der weißen Wand imaginären verschlungenen Linien, die sich schließlich ins Nichts verloren. Ein Mitarbeiter ließ sich die Münze geben, griff das Muster auf, um es dann in das Zentrum einer Schnecke zu führen und mit einem Punkt, die Gefangenheit darstellend, zu enden. »Fast hätten Sie mich reingelegt«, meinte der Fixer, eher gutmütig als verärgert. Am nächsten Tag brachte er, maschinengeschrieben, »sein Märchen«. Die Geschichte einer Frau, die, durch Schaden klug geworden, nicht mehr ausgeht, nur zu Einkäufen. Ansonsten die Tür verschlossen hält und nur wenigen Freunden, mit denen sie ein Klopfzeichen vereinbart hat, noch Einlaß gewährt. Der Tod aber kennt das Zeichen nicht – »und wenn sie nicht geöffnet hat, dann lebt sie noch heute«.

Besonders viel verdanken wir Herbert Lehmann, der seit Weihnachten 1972 im *Nowhere House* wohnte. Von Beruf technischer Zeichner, aber lieber Gitarrist, Texter und Maler. Drogenerfahrung und Talent führten zu Gedichten, wie sie nachstehend mit seiner Erlaubnis abgedruckt werden:

eines tages mußte er feststellen
daß er seine zukunft
bereits hinter sich hatte
daß es
nichts mehr zu lachen
nichts mehr zu weinen
nichts mehr zu staunen
gab
höchstens wenn er
eines tages zurückblickend feststellte
daß es so etwas wie eine zukunft gibt

der morgen
die schönen träume sterben
von tausend unbewußten füßen
werden sie zertreten
sekunden nur erglimmt erinnerung
entschwindet blaß
jetzt hat
die maschine das zepter in der Hand
und keinen andern duldet sie
am wenigsten den traum

die menschen gehen wieder ihrem
verworrenen tagewerk nach
die phantasie steht ratlos
weiß nicht wohin
gleichzeitig in verschiedenen richtungen fliehend
zerreißt sie sich selbst
oh blutiger morgen
wie oft muß ich dich sehen

die sonne zieht den schlaf hinter sich her
langsam senkt sich der graue schleier über das land
läßt seinen weichen
süß nach moder duftenden atem
über die täler streichen
der schlaf
komm ruft seine hypnotische stimme
du gehörst jetzt mir
sträube dich nicht
ich bin stärker in meiner sanftheit
komm begleite mich auf meiner reise

der weg ist verworren
millionen spuren führen in millionen richtungen
ich gehe kreuz und quer und seh kein ziel
millionen jahre gehe ich millionen meilen
doch wohin
ich weiß es nicht
millionen fragen warten auf millionen antworten
millionen gefühle millionen gedanken millionen empfindungen
ein ziel

gebt mir ein ziel

Auch was G. einem der Verfasser in einem handgeschriebenen Bändchen übereignete, bedeutete mehr, als sie selbst im Vorwort schrieb: »Wenn Sie es gelesen haben, dann werfen Sie es gleich in den Papierkorb! Obwohl es vielleicht die besten Witze sind, die Sie jemals gelesen haben.«
Auch einige von G.s Gedichten seien hier zitiert:

Manche sitzen abseits
der Zeit
der Pein
um in einer Welt zu sein
in der Durst noch Spaß macht

Menschen
die sich immerzu einsam fühlen
egal
ob hundert Lebewesen um sie kreisen
oder nur ein Mensch
– man sollte sie berühren –

Du sagst:
Das Leben ist ein Geschenk
man darf es nicht ablehnen
zumal es ein bereits gebrauchtes, geprüftes Ding ist.
Ich sage
Geschenke die man nicht mag
stellt man auf den Speicher
oder wirf sie weg.

Von traurigen Liedern fallen Tränen
das traurige Ahnen
es wird Wirklichkeit.
Worte die ich bezahlt habe
sie fallen in mich hinein.

Melancholischer Nachmittag
Regen am Fenster
Musik im Himmel
die Leere für neue Dinge ist verloren
Erinnerungen, Erniedrigungen
sind wie Feuer und Frost
sie wandern über Seelen aus Glas
gefrorene Schatten bringt man nicht mit List zum Tanzen
Melancholischer Nachmittag
alles für ihn ist bei uns.

Andere konnten sich nicht so gut ausdrücken. Aber sie haben sich genauso verstanden und fanden sich in diesen Gedichten wieder. Nicht mehr verstanden werden sie von ihren Eltern, die aus Fernsehprogrammen und Regenbogenpresse heraus keinen Zugang zu dieser Art von Humanität finden können.

Stimmungen sind ein Deutungsmittel für Situationen. Die Gefahr, daß sie zu einem spiritualistischen Luxus geraten könnten, zu einer Reise ohne Erdenschwere, war auf der Scene allgegenwärtig. Um diesen Erdgeruch der Situation für den einzelnen sicherzustellen, brauchten wir das Kollektiv, das selbst Situation war und sich aus der Verpflichtung für diese Situation nicht zurückziehen konnte. Die Situation sollte politisch, ökonomisch, gruppenspezifisch interpretierbar gemacht werden. Stimmungen hatten in aller Regel inhaltliche Gründe und somit einen strikten Zusammenhang mit der jeweiligen Situation.

Manche Stimmung war vom Kollektiv nicht übernehmbar. Beispiel: Im Frühjahr 1972 schrieb L. angesichts der immer stärkeren Verschmutzung des Hauses den Aphorismus: »Ich möchte ein Schmutzbad nehmen, um mich von der Sauberkeit dieser Gesellschaft reinzuwaschen.« Das hatte aber nur zur Folge, daß die Planlosigkeit des Verschmutzens weiterging und folglich die Proteste dagegen von allen Seiten ebenfalls fortgesetzt wurden. Übrigens zeigten sich Säuberungsaktionen immer im Anschluß

an hoffnungsvolle Neubeginne. Umzüge in andere Räume führten zu Gruppenaktivitäten mit Umgestaltung dieser Räume und mit ihrer Reinigung. Der fortdauernde private Protest gegen die Verschmutzung dokumentierte sich darin, daß die eigenen Räumlichkeiten in besonders wohnlichem Zustand gehalten wurden, während die Gemeinschaftseinrichtungen zeitweise völlig verwahrlosten. Treppenhaus, Hof, K-Raum, Küchen und Bäder galten nicht als Privaträume. Reinemachen war infolgedessen nur als Gruppenaktion möglich. Es wurde oft so lange hinausgeschoben, bis es zu einer solchen gemeinsamen Aktivität kam. Das Bewußtsein der kollektiven Verantwortung, gelegentlich eingeschränkt durch die Suche nach Schuldigen, ging so weit, daß Einzelaktionen gegen Entgelt vom Hauskollektiv heftig attackiert wurden. Manchmal hat sich auch die Erkenntnis durchgesetzt, daß das Vorgehen in Sachen Verschmutzung demjenigen Bewußtsein in der Gesellschaft entsprach, das Umweltverschmutzung als Folge überzogenen Privatinteresses ansieht und zu kollektiver Verantwortung herausfordert.
In einem anderen Fall schlug die Stimmung eines einzelnen schneller und nachhaltiger auf das Kollektiv durch, um nach etwa einem Monat eine gegenläufige Aktion herauszufordern. Es begann bei D., der sich entschieden hatte, sämtliche Verbindungen zum Kollektiv und den Besuchern im *Nowhere House* abzubrechen. Dazu schloß er sich in sein Zimmer ein. Etwa drei Wochen später wiederholte sich der Vorgang im Stockwerk darüber, wo sich drei zur, wie sie sagten, gemeinsamen Meditation zurückzogen. Das Aufsehen war beträchtlich. Beunruhigt, auch etwas verständnislos verfolgten die Bewohner diese Vorgänge. Sie bedeuteten eigentlich einen Bruch mit dem vereinbarten Grundsatz, daß jeder selbstverständlich für sich eine Gruppenöffentlichkeit zuläßt. Auffällig und intensiv diskutiert war im geschilderten Falle der gemeinsamen Meditation die Ähnlichkeit mit der schon öfter beobachteten Selbstisolation der Fixer. Dabei bestand auch der begründete Verdacht, daß diese offen angekündigte meditative Pause nur ein Vorwand für verborgenen Drogenkonsum sein sollte. Aber es gelang nicht, eine gegenläufige Aktion zu starten. Im Gegenteil, es setzte sich zunächst der Gedanke durch, einmal allein und ungestört sein zu wollen und auch sein zu dürfen. Die sich schließlich doch herausbildende gegenläufige Meinung wurde vor allen Dingen von jenen vertreten, die sich selbst unvermittelt und immer häufiger vor verschlossenen Türen sahen und meinten: Da könne man gleich in ein Mietshaus einziehen, wo keiner sich um den anderen kümmert. Sogar im Knast habe man mehr Kontakt mit anderen Menschen als im *Nowhere House*. – Dieser Situation sollte eine neuerlich geplante Freizeit Abhilfe schaffen.

Im Herbst 1972 beobachteten wir einen immer stärkeren Einfluß der Fixer-Scene auf das *Nowhere House*. Das war erstaunlich, weil eigentlich die Stimmung im Haus dafür keineswegs günstig war. Die kritische Befragung und die im Verlauf des Jahres 1973 fast ausnahmslose Ablehnung von Fixern beim Aufnahmeersuchen spricht hier eine deutliche Sprache. Man argumentierte, daß schon genügend Fixer im Haus seien und daß das *Nowhere House* nicht dazu mißbraucht werden dürfe, sich in aller Ruhe »den Arsch vollzudrücken«. Dieser Affekt gegen die Fixer übertrug sich auch auf den sozialen Status des Fixers in der Scene. Überhaupt kann man feststellen, daß es eine der wesentlichsten Leistungen der Selbsthilfeeinrichtungen wie »Release« und auch *Nowhere House* war und ist, in das hierarchische Konzept der Drogenscene einzuwirken, wonach der Fixer in aller Regel als der angesehen wird, der am meisten »in« und am längsten dabei, entsprechend auch am arriviertesten ist. Dieses Konzept konnte durch Gegenstimmungen mit Korrekturen der sozialen Wertigkeit zumindest modifiziert, manchmal sogar zerstört werden. Dem Fixen wurde der Nimbus der Attraktivität genommen. Dieser Vorgang gehört gewiß mit zu den vielen Ursachen dafür, daß nach und nach der Zustrom von Oberschülern versiegte und die Auflösung der Subkultur beschleunigt wurde. Es setzt auch ein Datum für die jetzt immer stärker aufkommende Vorstellung, mit einem Auszug aus dem *Nowhere House* dem Drogenproblem entrinnen zu können, um sich eine bürgerliche Existenz aufzubauen. Dieser Trend wurde von uns aus zusätzlich gefördert.
An Stimmungsumschwüngen waren Wechsel im Mitarbeiterteam und in der Trägerschaft des Hauses nicht unbeteiligt. Ihr Einfluß war aber nie besonders nachhaltig.
Überhaupt stellte es sich als Problem heraus, daß wir zwar Stimmungen konstatierten, auch provozieren konnten, bei ihrer kollektiven Aufarbeitung mangels entsprechender Vorerfahrung aber oft steckengeblieben sind. Es lag nicht an der fachlichen Qualifikation. Denn hier wird Neuland betreten, für das es keine vorgefertigten wissenschaftlichen oder praktischen Lösungsansätze gibt.
So ist es uns oft genug nicht gelungen, Stimmungen auch als Chance der Gruppe zu begreifen und begreiflich zu machen und sie so deutlich zur Sprache zu bringen, daß sie Ausgangspunkt einer konkreten Aktion hätten werden können. Nachträglich müssen wir als Fehler festhalten, daß die Problemdiskussion zu ausschließlich der »Sitzung« am Dienstagabend vorbehalten blieb. Wenn der Versuch gemacht wurde, diese Sitzung in Kleingruppen vorzubereiten, Konflikte schon vorher aufzudecken, möglicherweise sogar noch »anzuheizen« und in kleinen, geziel-

ten Aktionen zu unterstreichen, dann war auch auf der Sitzung entsprechend mehr »los«. Dieser Ausdruck steht dafür, daß während einer Sitzung sich auch das Gefühl einstellte, daß die erreichte Lösung eine die Sitzung überdauernde Konsequenz haben werde. Es ist erstaunlich, daß diese wöchentliche Hausversammlung fast nie ausgefallen ist und die Beteiligung nach Anwesenheit und zeitlichem Engagement trotz aller Kritik eine starke Motivation zur Teilnahme erkennen ließ. (Vgl. Kap. 5) Stimmungsmäßig wurde diesen Sitzungen und ihren Beschlüssen überhaupt kein Gewicht beigemessen. Das kam zum Ausdruck in Beurteilungen wie: »Da wird ja immer über dasselbe gequatscht« oder: »Es hält sich ja doch keiner an die Beschlüsse«. Regelrecht auf Ablehnung stießen ständiges Reden und Überzeugenwollen, Versuche, politische Parolen und Ansichten »einzutrichtern«, »ausgeflipptes« Gerede, worunter man die mit Fremdwörtern und unverständlichen Begriffen gespickten Reden von Mitarbeitern meinte, sowie Beobachten und Kritisieren, anstatt zu helfen. Wiederholt wurde auch der Vorwurf laut, man würde aus den Leuten Studienobjekte machen und, statt sich für ihre Probleme zu interessieren, diese nur analysieren. Womöglich habe man noch seinen Spaß daran, wenn die Leute aufeinander losgingen.
Daß man sich nicht für alles entschuldigen muß, was andere von einem denken, hat man dabei schnell gelernt und auch solche Kritik als günstig für die gesamte Entwicklung angesehen, weil sie eine wichtige Voraussetzung war, auch sich selbst frei zu machen. Das wurde namentlich auch von denen formuliert, die es »eh schon bringen«, also an dem Punkt angelangt waren, Drogenfreiheit entweder schon verwirklicht zu haben oder gerade beim Entzug zu sein. Die Kritik insgesamt zeigt, daß die Bemühungen um Integration nicht einseitig nur vom Team ausgegangen sind, sondern auch von den Bewohnern vorgetragen wurden.
Natürlich wurden die Sitzungen auch zu markanten Stationen in der Entwicklung des Hauses. Sie mußten es zwangsläufig im Zusammenhang mit polizeilichen Eingriffen und den unvermeidlichen daran anknüpfenden Pressekampagnen werden. Dies war zweimal der Fall mit dem Ergebnis, daß Panik aufgearbeitet und in nach außen gerichete Aktion umgesetzt werden konnte. Sie wurden es aber auch aus alltäglichen Situationen heraus, wenn sie auf Gruppen oder Personen bezogen blieben und wenn vermieden werden konnte, daß die Beratungen in theoretische Diskussionen ausarteten.
Man muß im übrigen davon ausgehen, daß Personen und Personengruppen, die in besonders ausgeprägter Weise gefühls- und stimmungsmäßig reagieren, auch stets besonders gefährdet sind, manipuliert zu werden.

Vor diesem Hintergrund wird jene Dienstagssitzung leichter verständlich, als M., der nach längerer Zeit wieder einmal aufkreuzte, offensichtlich »gut auf Schuß« ein phantastisches *Nowhere House* zeichnete und die Bewohner in seine euphorische Stimmung hineinriß, so daß man gemeinsam Pläne schmiedete für ganze Ladenketten der »Firma Nowhere House« mit dem Geschäftsführer M. Einzige Bedingung, die man zu anderer Zeit ernster genommen hätte: M. müsse innerhalb von 8 Tagen einen Entzug beginnen. Die Sache hatte sich schon am nächsten Tag von selbst erledigt, die Erinnerung daran dürfte aber vielen geblieben sein. Ähnlich erklärt sich wohl auch der Solidarisierungseffekt, den ein Heidelberger Arzt erzielte, als er als Urlaubsvertretung im *Nowhere House* eine Gruppe von bereits drogenfreien Leuten auf seine Seite zog und zu eigenen »Shit-Sessions« animierte. Die sich daraus ergebende Polarisierung, die quer durch das Team und das Hauskollektiv ging, hielt sich auch noch eine Weile nach Weggang dieses urlaubsvertretenden Arztes und wurde erst bereinigt, als die eine, mittlerweile wieder drogenfrei gewordene Gruppe in eine drogenfreie Wohngemeinschaft umzog.
Die Manipulierbarkeit mußte entsprechend auch immer bei der Methodenkritik Berücksichtigung finden. Schließlich ging es darum, nicht Manipulation zu vermeiden, sondern durch die angewandte Technik zu gewährleisten, daß der Entscheidungsspielraum für den einzelnen und für die Gruppe bestehen blieb. Provokation und Agitation, wenn sie nicht von Macht und Autorität abgesichert waren, erfüllten diesen Zweck. Sie waren im Stimmungsgewühl des Hauses als Mittel gewaltfreier Strategie zur Befreiung des einzelnen in der Gruppe unerläßlich. Gewaltfrei bedeutete hier ausdrücklich, daß der einzelne der Provokation und Agitation gegenüber auch Hilfestellung durch das Kollektiv und das Team erwarten konnte und daß zu jeder Zeit eine Versachlichung des Konfliktes möglich sein mußte.

Kapitel 3

Open Door – Aufbau und Arbeitsweise

Der Terminus technicus »open door« ist bewußt gewählt im Hinblick auf seine doppelte Bedeutung, einmal als Bezeichnung für die offene Jugendarbeit, zum anderen als jener Begriff, der in der Psychiatrie für Liberalisierung und Humanisierung der klinischen Einrichtungen steht.
Die kritische Auseinandersetzung mit Programmangeboten, die die zeitgenössische Psychiatrie den Suchtkranken macht, wird in Teil 4 (Einsichten) dargestellt. Hier soll dem Leser in Fortsetzung der vorangegangenen Kapitel zur historischen Entwicklung zunächst nur ein plastisches Bild von der inneren sozialen Dynamik und, soweit es methodisch geplante Eingriffe der Therapeuten betrifft, von der Arbeitsweise, nicht zuletzt auch von den wiederkehrenden typischen Konflikten im *Nowhere House* vermittel werden. Dabei wird deutlich, wie sich die gesellschaftliche Außenwelt im Inneren spiegelt, aber auch, wie es gerade auf Unterschiedliches und Gegensätzliches in dieser Wechselwirkung von innen und außen ankommt.
Im Unterschied zu dem, was auf den von der Release-Bewegung hergeleiteten Therapiehöfen unter »open door« verstanden wird, hat das *Nowhere House* den Charakter des zur Gesellschaft draußen Offenen. Es liegt nicht wie jene ländlichen Oasen fernab von Städten und Zivilisation, ist kein Getto ohne Zäune und Mauern, sondern steht mitten in einer Großstadt im stetigen Kontakt mit der gesellschaftlichen Wirklichkeit. Es wird nachhaltig geprägt vom gegenseitigen Durchdringen der Bereiche. Es ist nicht nur unvermeidlich, daß die Strukturen des gesellschaftlichen Lebens sich innerhalb der Institution wiederholen; es wird bewußt eine Auseinandersetzung angestrebt. Für den einzelnen und fürs gesamte Kollektiv geht es darum, Positionen und Wege ausfindig zu machen, welche die Auseinandersetzung erleichtern und gleichzeitig den Rückzug offenhalten. Open door, kann man sagen, konkretisiert sich als die Möglichkeit, sich in beiden Richtungen zu bewegen.

1. Räumlichkeit

Das *Nowhere House* ist seit Beginn in einem zum Abbruch bestimmten Gebäude untergebracht, das mehr durch seine äußeren Raumbeziehungen als durch seine innere Raumeinteilung dem angestrebten Zweck entspricht. Unmittelbar vor dem Haus befinden sich Auffahrt und Abfahrt zur Rheinbrücke nach Mannheim, 50 Meter entfernt ist die Straßenbahnhaltestelle. An der in Dachhöhe vorbeiführenden Hochstraße und gegenüber dem Bahnkörper Ludwigshafen–Mannheim war es als Anlaufstelle gut erreichbar. Der Wunsch nach zurückgezogener Existenz, etwa in einer Landkommune, einem Bauernhof, einem Waldhaus, kam erst später auf. Diskussionen darüber führten zu Entscheidungen, die das alte *Nowhere House* beibehalten wollten und auch beibehielten. Gerade die Diskussion um den Standort, vor allem durch stärkere Lärmemission, besonders vom Bahnkörper her, immer wieder angeheizt, verlangte kritische Einstellung zu dem, was im *Nowhere House* unter Land-Idylle des öfteren diskutiert wurde. Mindestens die ersten zwei Jahre hielt sich das Wissen darüber, daß die räumlichen Außenbedingungen keineswegs irrelevant sind und daß sich am Standort auch die Frage entscheidet, welche Beziehungen zur Gesellschaft das *Nowhere House* therapeutisch anstreben und welche Stellung der Drogenabhängige in der Gesellschaft erlangen kann, wenn er sich selbst aus ihr zurückziehen sollte. So war es nicht zuletzt ein politisches Argument, das für den einmal gewählten Standort ins Feld geführt wurde, Asyl und Heimstatt für viele, aber kein Getto zu sein. Auch heute noch wehren wir uns entschieden dagegen, als Eingangsstufe eine Randlage in Kauf zu nehmen, wiewohl wir mit Planungen zur Schaffung einer drogenfreien Einrichtung in einem Außenbezirk der Stadt befaßt sind.
Das Gebäude, in dem das *Nowhere House* untergebracht ist, ist ein kurz nach dem Krieg erbautes fünfgeschossiges Mietshaus, das keine besonders zweckmäßige Raumaufteilung aufweist. Ihm fehlt vor allem das eigentlich kommunikative Zentrum. Von der Architektur her ist es ein Mietshaus geblieben.
Zum bloßen Wohnen allerdings bietet das Gebäude viele Vorteile. Daß es zentral beheizt und in kleine Wohneinheiten mit eigenem Bad und Küche aufteilbar ist und daß jede Wohneinheit einen eigenen Abschluß hat, sind solche Vorteile.
Ausgestaltung der Räume, Belegung, Wechsel der Wohnung im Haus, Belegungsdichte – das alles waren und sind Fragen und Aufgaben für die Hausversammlung, wobei auch diese sich gern damit beschied, den Wohnungswechsel den einzelnen Bewohnern zu überlassen. Zeitweise waren

die Zimmer sehr dicht belegt; in jüngerer Zeit wurden Einzelzimmer bevorzugt. Vor allem die wechselnden und immer wieder diskutierte Ausgestaltung der Räume, für deren Kosten der *Nowhere House* e. V. aufkommt, ist aus dem Leben des Hauses nicht wegzudenken. Der Sperrmüll war immer ein großzügiger Lieferant von Mobiliar, ebenso Flohmärkte in Ludwigshafen und Mannheim. Das führte zu Wohnräumen, die besonders stark den jeweiligen Bewohner reflektierten, andererseits aber auch einem modischen, in der Subkultur verbreiteten Geschmack angeglichen waren.
In der engen Beziehung von Bewohner und Behausung gewinnt der Raum selbst die Qualität eines geschichtlichen Dokumentes, vielfach eines Diagramms zur Depravation seines Bewohners. »Am Anfang hat mir das Fixen geholfen. Ich habe alles saubergemacht und hatte Spaß dabei, zu putzen und auszustaffieren. Dann aber war mir alles egal und hat mich angekotzt.« Dann stand auch Tüte über Tüte von Abfall überquellend im Zimmer, wurde allenfalls zum Fenster hinaus in den Hof gekippt; das Zimmer vergammelte, wurde zur Schlafstelle, zur Absteige, auch zur Absteige für andere Junkies.
Im Gegensatz zur Situation in Kliniken oder Heimen sollte es im *Nowhere House* möglich sein, die Verflechtung von Raum und Bewohner für Diagnose und Therapie zu nutzen. Hatte ein Bewohner eine Zeitlang genügend Selbstbewußtsein, seinen Wohnraum anderen gegenüber zu verteidigen, so hörte das ab einem gewissen Stadium des Drogenkonsums auf; man wurde zum Fremden in der eigenen Wohnung und konnte sich der Besucher nicht erwehren, geschweige denn, sie am Übernachten hindern; schließlich sah man auch keinen Sinn mehr darin, Ordnung zu schaffen und die frühere Wohnlichkeit wieder herzustellen.
Das *Nowhere House* war Großabnehmer von Rauhfasertapeten und Binderfarben. Abtönfarben wurden – welche Verschwendung – großflächig und unvermischt aufgetragen. Vorherrschend waren zunächst schwarze, dunkelblaue, violette, himbeerrote Farbtöne. Gelegentlich verirrte sich auch giftiges Grün auf die meist einfarbig gestrichenen Wände. Darauf Poster, manche selbstgemalt. Mit fortschreitender Aufenthaltsdauer, nach dem zweiten oder dritten Zimmer im Hause, werden die Wände wieder heller: hellgrün, ocker, weiß. Die Einrichtung: Matratzenlager mit gelegentlich farbenfroher Tagesdecke, Teppiche – viele vom Sperrmüll – auf dem Boden, die Wände mit Orientalika wie Dolchen, Wasserpfeifen und Masken drapiert. Tische wurden um die Beine gekürzt, bevorzugt runde Modelle mit viel Platz für große Kerzen und bizarre Aschenbecher. Ein altes Sofa, das auch zum Tauschobjekt wird, Wandschränkchen à la

Biedermeier, vielleicht ein Plattenspieler und einige LPs, die häufig den Besitzer wechseln. Dazu irgendwo an der Wand ein Instrument, Gitarre, Rohrflöte, Bongos, manches schon nicht mehr spielbar, aber dekorativ, vielleicht mit Perlenketten herausgeputzt. Wenig Geschirr, obwohl jeder selbst kocht und jeder Wohneinheit (mit Abschluß) ein Kocher zur Verfügung steht. Lebensmittel zum alsbaldigen Verbrauch, Konserven, Joghurt, Limonade. Kaum Obst, vielleicht Bananen und Mandarinen, wenn die Zeit da ist. Und dann einige Spezialitäten. Bei G. ein Schachspiel im fünften Stock, bei L. ein Puzzle (1000 Teile), eine alte Pistole bei F. Dann die Haustiere: Hunde, Katzen, Vögel, Wasserschildkröten, Wassermolche, ein Äffchen, ein Frettchen. Für manche von ihnen war eine positive Abstimmung der Bewohnerversammlung nötig, denn die Erfahrung, daß man die Tiere sehr schnell vernachlässigt, hatte die Bewohner im Laufe der Zeit vorsichtig gemacht.

Manches, das meiste, hat sich mit den Jahren geändert. Die Betten wachsen aus dem Boden, die Tische schaffen sich höhere Beine an, man sitzt nicht mehr nur im Schneidersitz, auch Stühle eignen sich dazu. Die Zimmer und ihre Einrichtung werden »bürgerlich«, so wie auch die Scene sich verändert hat. Es wird aber auch ungemütlicher, stilloser, ideenloser. Immer geringer wird die Rolle des Plattenspielers. Die Musik verschwindet, selten liegen noch Platten herum, Jimmy Hendrix ist längst tot, und die anderen Gruppen kommen nicht mehr an. Fernsehtime. Fernseher tauchen jetzt auf, seit Ende 1973 häufiger, alte Kästen mit Zimmerantenne, irgendwo billig erstanden, mit nur einem Programm, aber bald gibt es neue Fernseher, Farbe spielt keine Rolle, der schwarze Markt gibt eine Menge her.

Gemeinschaftsräume. Man wundert sich immer wieder, daß es nicht gelingt, diese Räume so einzurichten, daß sie ankommen oder auch nur mithalten können mit anderen Räumen. Auch wenn Geld keine Rolle spielt, wird daraus nichts anderes als die Dissonanz zwischen gesellschaftlicher Wohnkultur und Subkultur. Einen Raum kann man eben nicht nach Katalog einrichten. Was daraus wird, will Zeit haben, Zeit, um darin zu leben. Nur dann wird man auf die Idee kommen, den Kleiderschrank lieber auf die Seite zu kippen, um ihn als Großkäfig für exotische Vögel zu verwenden, mit infrarotem Licht, die Rückwand mit Gips modelliert und vom Boden aufstrebend Topfblumen und dürre Äste. Nur wenn man darin wohnt, wird man genau an den richtigen Stellen neue Lampen anbringen mit gebündeltem Licht, vielleicht auch Rotlicht oder Ultraviolett.

Aber auch wer es noch so schön gemacht hat, setzt sich nicht fest in sein Zimmer. Letzten Endes entscheidet nicht der Raum, ob einer darin bleibt, sondern die Menschen, mit denen er durch den Raum und in ihm in Verbindung tritt. Selbst im *Nowhere House* bildete sich so etwas wie eine hierarchische Wohnstruktur heraus. Dazu hat ein Mitarbeiter beobachtet: »In diesem Haus wird ständig umgezogen. Über Nacht kann sich die soziale Struktur einer Wohngemeinschaft total verändert haben. Hat man das Bedürfnis, ein anderes Zimmer zu beziehen, sich einer bevorzugteren Gruppe anzuschließen – schon spricht man sich ab, und die Sache geht klar.

Daß auf diese Weise mancher Streit zwischen ehemaligen Kollektivmitgliedern vermieden werden kann, ist verständlich. Der therapeutische Nutzen eines solchen Umzugs liegt aber – mit den Worten eines Kifferkollektivs – darin, daß viele böse Erinnerungen an eine Zeit abgeworfen werden können, die man am liebsten aus dem Bewußtsein verlieren möchte. Man fühlt sich dann erleichtert und kann unbeschwerter nach einem neuen Weg suchen.

Daß dieser Weg zwar im allgemeinen zu einem sozialen Aufstieg innerhalb des Hauses führt, nicht aber unbedingt zu einem menschlichen Wachsen, kann an einer Entwicklung aufgezeigt werden, die ich als »Vergesellschaftung« bezeichnen möchte. Die Stockwerke des Nowhere Hauses verkörpern in gewisser Weise die Stationen auf dem Weg nach oben. Unten wohnen die, welche noch nicht den großen Absprung geschafft haben. Oben ist man schon weiter, hat Einzelzimmer, zehn Matratzen als Lager und den Kopf voller Pläne, wie das Haus zu eigenen Zwecken umfunktioniert werden könnte.

Der Unterschied zeigt sich schon im Treppenhaus und in den Vorräumen der einzelnen Wohneinheiten. Während unten der Abfall gerade aus den Zimmern in den Gang gekehrt wird, wo sich allmählich Müllberge sammeln, packt man ihn oben in Tragetaschen oder Abfalleimer und wirft ihn in die Mülltonne. Dabei werden dann die Scheißfixer beschimpft, die stinken und das ganze Haus in Verruf bringen. Am liebsten würde man alle rauswerfen, die sich nicht so verhalten, wie es die Leute des obersten Stockes wünschen.

Dort oben wurde auch einmal eine Koch-, Eß-, Putzgemeinschaft gegründet... Als die Sache nicht klappte, schob man die Schuld auf Außenseiter dieses Kollektivs und auf jene da unten, die aufgehetzt worden seien, gegen das Klassendenken des 5. Stockes zu rebellieren.«[8]

Es wäre verwunderlich, wenn dieser Bericht mehr wäre als eine Momentaufnahme. Sicherlich ist er nicht so zu verallgemeinern, wie es eine Politgruppe im Rhein-Neckar-Raum einige Zeit später tat: »Entzug im Nowhere House. Leute, die drücken, sind der letzte Dreck, Leute, die sich

etwas mäßigen und nur noch kiffen, oder ab und zu mal Mandrax schlucken, bekommen Parkettböden ins Zimmer.
Hierarchie in Stockwerken gegliedert: die ›Abhängigen‹ kommen unten rein und wandern Stockwerk um Stockwerk höher, je cleaner sie werden. Entsprechend steigt auch die Höhe der Zuwendungen. Diese ›Cleanen‹ als der ›bösen Sucht entronnen‹ gibt es gar nicht. Was allerdings die Wirklichkeit dort ist: Typen, die dafür belohnt werden, daß sie dem Theysohn (selbsternannter Schirmherr des Nowhere Houses) in den Arsch kriechen und für Informationen aus der Scene sorgen und Leute verpfeifen . . .«[9]

Nichts lag uns ferner, als im *Nowhere House* Situationen festzuschreiben, wie sie in diesem Pamphlet beschrieben wurden. Der Raum, über den das Kollektiv verfügte, konnte immer nur Spiegelung der jeweils aktuellen Gruppenverläufe sein und sich mit diesen zur Diskussion stellen.

Es konnte insoweit der Räumlichkeit nicht anders ergehen als den anderen Elementen, die therapeutisch nutzbar gemacht werden sollten.

Der enge strukturelle Zusammenhang von Raum- und Personenbeziehungen im *Nowhere House* ging deutlich auch aus den gelegentlich angefertigten Soziogrammen hervor. Deren Diskussion im Kollektiv hat manches erst zum Bewußtsein gebracht und auf der Grundlage neuer Einsichten zu neuen Veränderungen der Situation geführt. Überhaupt hielten wir die Anfertigung von Soziogrammen nur dann für gerechtfertigt, wenn die Ergebisse veröffentlicht und in der Gruppe zur Diskussion gestellt würden.

In dem Schaubild sind *Wa* (IV), *T, In* und *D* (III) sowie *L* und *A* (I) drogenfrei. Man erkennt, daß sich die »Cleanen« insgesamt deutlich von den übrigen Bewohnern absetzen, während eine räumliche Entmischung noch nicht festzustellen ist. *W* (II) scheint eine Schlüsselposition innezuhaben, was ihm die Frage einträgt, ob es Geschäftsbeziehungen sind, die ihm andere zutreiben. In diesem Fall kann unseres Erachtens von hierarchischer Raumaufteilung nicht die Rede sein. Man kommt zu anderen Schlußfolgerungen, die auch in der anschließenden Diskussion breiten Raum einnehmen. Zur Feststellung der vergleichsweise schlechten Integration der »Cleanen« ins Hauskollektiv, mit völliger Isolierung von *L* und *A* im 1. OG (diese sind bald darauf ausgezogen), muß *Wa* in seinen Beziehungen zu *R* (beide im 4. OG) unterstützt werden. Nach Möglichkeit ist eine weitere Gruppenbildung um *In* – *D* (III) zu fördern. Das Hauskollektiv diskutiert ausgiebig darüber.

Wie sehr gerade die Raumverhältnisse der Bewohner auf Kollektivsitzungen thematisiert wurden und wie wichtig das im übrigen war, belegen folgende Beispiele:

(1) E. bewohnt in einer Wohneinheit im 4. OG ein Zimmer. Das Nachbar-

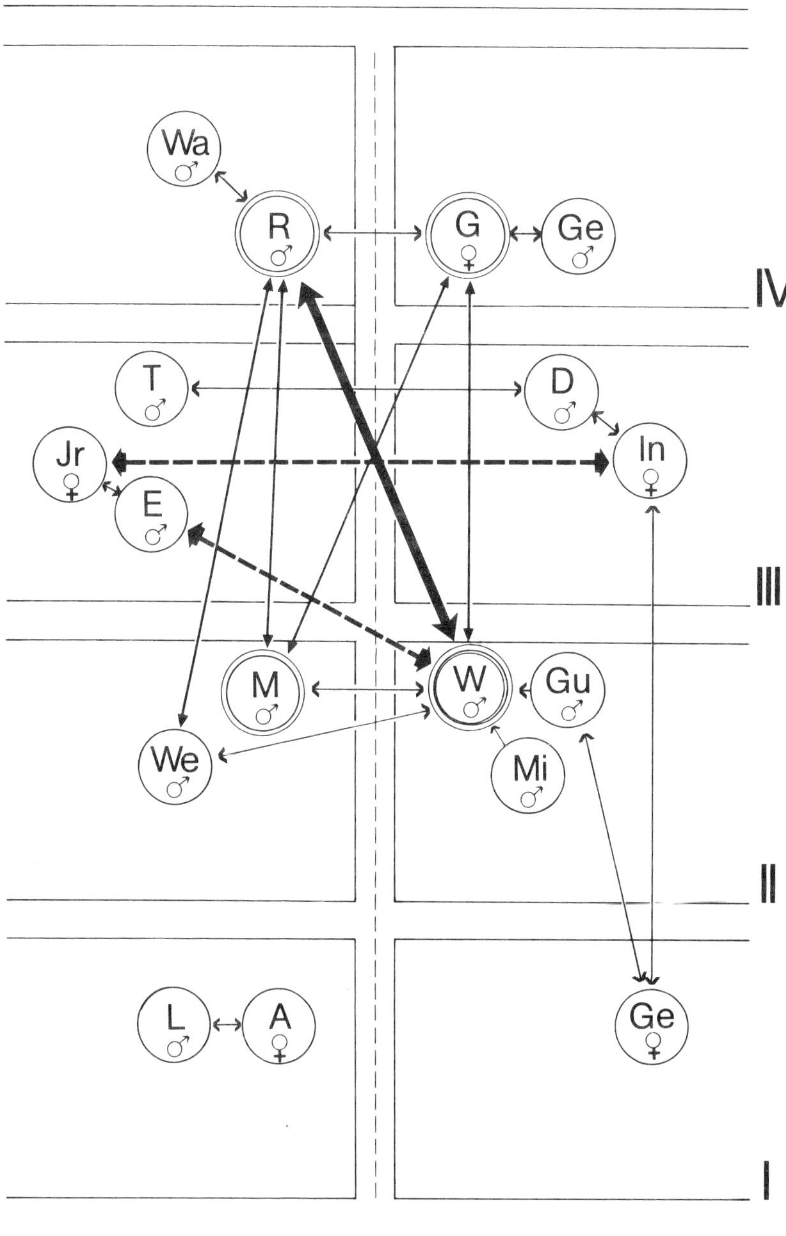

Abb. 1

zimmer ist frei. Bei einem Aufnahmegespräch ist E. nicht anwesend. Man beschließt, den neu aufgenommenen Bewohner in dieses freie Zimmer einzuweisen, weil E. ja ohnehin kaum zu Hause und seine Beteiligung am *Nowhere House* stark zurückgegangen sei. Man müsse seinen Frieden stören. – E. fühlt sich entsprechend gestört. Auf der nächsten Sitzung gab es viel mit ihm zu besprechen, vor allem mußte ihm klargemacht werden, daß auch die Bewohner des Hauses ein Recht darauf hätten, mit ihm Kontakt zu haben. Wenn er das nicht wolle, läge es an ihm, die Konsequenzen zu ziehen und das Haus zu verlassen.

(2) G., der bislang mit einem anderen – auf eigenen Wunsch – zusammengewohnt hatte, will ein frei gewordenes Zimmer beziehen. Keine Frage, daß er das darf. Nur: Wovor weicht er aus, will er wirklich allein wohnen und wird er sich behaupten, wenn dann doch andere zu ihm ziehen wollen? Er hat fast alle Räume schon durchgewohnt. Kann er wirklich seine Situation verändern, wenn er wieder umzieht, oder müßte nicht jetzt endlich er selbst sich ändern? Warum will er überhaupt ein eigenes Zimmer, wenn er doch immer bei den anderen ist?

(3) 4. OG Ende 1973. Mit einer Ausnahme fixen dort alle. Räume und Vorraum, auch die Toilette, starren vor Schmutz. Schließlich will man dort raus, nach unten ziehen, sich auf verschiedene Stockwerke verteilen. Unausweichliche Fragen: Ob es wohl in einem anderen Stockwerk genauso kommen soll, daß man sich um das Beseitigen der Abfälle nicht kümmert, wieder den Schmutz auflaufen läßt, um dann wieder umzuziehen? Was sich denn da alles abgespielt hätte, daß man auseinanderläuft, obwohl man bisher so dick zusammengehalten hat? Ob man nicht vielleicht doch Ursache und Wirkung verwechselt? Wieso ist man sich so sicher, daß weiter unten im Haus irgend jemand wert auf diese Nachbarschaft legt? Fragen mußten gestellt werden, solche und ähnliche, die, wenn sie ausdiskutiert wurden, auch zu Erkenntnissen führen konnten, auch dazu, daß andere ihre Betroffenheit erkannten und sich entsprechend engagierten. Übrigens wurde dabei selten abgestimmt, da das Umziehen im Haus ohnehin freigestellt war. Aber immer wieder ließen sich Parallelen ziehen, Beispiele im politischen Leben, in der Haltung der Bürger, in der Tagespolitik. Oder muß man in einer Großstadt nicht auch darüber reden, daß Wohnungen einen Wert darstellen, für den manche ein halbes Leben lang arbeiten? Daß es Wohnungsnot gibt und Elendsquartiere, und was es bedeuten kann, keinen festen Wohnsitz zu haben? Wie man aus den Stadtzentren auszieht, um in Stadtrandlage vielleicht so etwas wie häusliches Glück zu finden, dabei nicht selten gewachsene Bindungen zerstört, neue aber nicht aufbauen kann.

Bisweilen waren wir darüber erstaunt, daß bei alledem den Mitarbeitern ein Hausrecht zuerkannt wurde. Gelegentlich wurde sogar gefordert, in dem einen oder anderen Falle zur Durchsetzung des Hausrechtes die Polizei um Hilfe anzugehen.
Auch war es bemerkenswert, daß bei der Vielzahl von Fremdübernachtungen der Grundsatz aufrechterhalten wurde, daß Fremdübernachter nur als Gast in einem bewohnten Zimmer absteigen durften. Gelegentliche Versuche, einen eigenen Übernachtungsraum für Gäste zu schaffen, wurden aus Angst, sich als Pennerasyl in Verruf zu bringen, schnell wieder verworfen.
Welcher Wert der Tatsache zukommt, daß man in einem zum Abbruch bestimmten Gebäude untergekommen war, kann bis heute nicht genau festgestellt werden. Gelegentlich verbreitete sich das Gerücht, daß das Haus bald abgerissen werde, aber Panik hat das nie ausgelöst. Anfänglich förderte es vielleicht die Rücksichtslosigkeit, mit der einige Bewohner Türen, Installationen und Fenster behandelten. Aber das hatte eigentlich nur für das Team eine gewisse Bedeutung. Wir selbst konnten uns der Störung gegenüber gelassener geben, als wenn wir das Haus auf lange Sicht hätten in Ordnung halten müssen. Für die Arbeit selbst war das Bewußtsein, sich in einem Provisorium zu befinden, eher vorteilhaft. Verglichen mit den ausgelagerten Wohngemeinschaften kann man feststellen, daß sie, obwohl drogenfrei, keineswegs schonender mit ihren Räumlichkeiten umgingen als die Bewohner mit dem *Nowhere House*.

2. Verläufe

Dem Chronisten ist klar, daß er die Einrichtung *Nowhere House* nicht im nachhinein unter das Schema einer Zeittabelle, einer Personenkartei oder sonst aktenkundiger Ereignisse einordnen kann und darf. Es wird schon gar nicht der Anspruch einer objektiven geschichtlichen Darstellung erhoben. Trotzdem haben die Ergebnisse in einigen wesentlichen Aspekten sicherlich den Rang wissenschaftlicher Objektivität. Eine erste Übersicht des wissenschaftlichen Ertrages wird im abschließenden Teil dieses Buches versucht.
Hier beschäftigen wir uns zunächst ohne einen solchen Anspruch nacherlebend und erinnernd mit den vielen, sich zum Teil überschneidenden Ansätzen und Entwicklungen des »Hauses in der Scene«. Diese Ansätze und Entwicklungen sind nicht immer im Haus ausgelöst worden; sie haben

sich hier aber konkretisiert und einen erlebbaren und subjektiv deutbaren Verlauf genommen. Dabei gelingt es rückblickend nicht, Vorgänge, die einen selbst eingeschlossen haben, an denen man selbst, bewußt oder unbewußt, teilgenommen hat, nachträglich anders zu deuten, als sie sich im weiteren Verlauf selbst gedeutet haben. Indessen fehlt uns jedes apologetische Interesse. So kann auch, was nachstehend ausgeführt wird, nur Ausschnittcharakter haben, obgleich wir uns bemühen, chronologisch vorzugehen.

a) Nowhere House-Club

Seit Dezember 1970 war klar, daß das *Nowhere House* schwerpunktmäßig eine Zielgruppe haben würde: Drogenabhängige. Für diese Population zur Beratung wie auch als Anlaufstelle in kritischen Situationen zur Verfügung zu stehen war nur die eine Seite. Die andere war das Angebot von Wohnungen, was dem Bedürfnis des in die Subkultur eingetauchten unsteten Jugendlichen besonders entgegenkam. Je mehr sich das Haus mit Bewohnern füllte und je heimischer man hier wurde, um so bedeutsamer wurde der Club als eigentliche Anlaufstelle, aber auch als Möglichkeit für die Bewohner, sich zu engagieren. Bekanntlich haben sich viele ähnliche Einrichtungen, die später entstanden sind, auch ähnlich konstituiert. Es ist ihnen aber auch ähnlich ergangen wie uns: daß zwar am Anfang der Club stand, die Teestube, und daß dann Wohnmöglichkeiten geschaffen worden sind, daß es auf die Dauer aber außerordentlich schwer war, das Interesse der Bewohner an dieser ambulanten Teileinrichtung des Clubs wachzuhalten.

Wir haben das so versucht, daß wir von einer Wohnbelegung der Clubräume abgesehen haben, auch wenn diese Räume ungenutzt blieben, um einen Anreiz zu schaffen, sich gewissermaßen in diesen offenen Raum hineinzuträumen. Damit sollten vor allem zwei Ideen lebendig gehalten werden: Autarkiestreben und Öffentlichkeitsgeltung.

Ersteres dokumentierte sich in zum Teil recht konventionellen Vorstellungen: man dachte daran, und man fing auch damit an, Gäste zu verköstigen, Getränke auszuschenken (alkoholfrei!), Süßigkeiten zu verkaufen, sogar einfache Gerichte, Suppen, Spaghetti usw., kurzum einen Kantinenbetrieb aufzuziehen. Die jeweils notwendigen Investitionen erbrachte der Träger. Sie wurden freilich in Grenzen gehalten.

Aus der erstrebten Autarkie wurde nichts. Diebstähle und Veruntreuung verhinderten die Einsicht, daß es auf diese Weise nicht gelingen konnte, zumal dann nicht, wenn weder kaufmännisch zu Werke gegangen würde noch der entsprechende zeitliche und persönliche Aufwand vorhanden wäre. Trotz aller Fehl- und Rückschläge wurde der Club ein Jahr lang beibehalten. Er war im Bewußtsein von Bewohnern wie Mitarbeitern so etwas wie das Tor zur Öffentlichkeit, das offengehalten werden sollte. Im Club trafen sich die »Freaks«; zeitweise gab es die Auflage durch die Hausversammlung, seine Gäste statt im Zimmer dort zu empfangen. Im weiteren dachte man an Vortragsabende, Musikdarbietungen, Informationsgespräche mit Mitarbeitern anderer Beratungsstellen (so fand ein Erfahrungsaustausch mit Vertretern von »release Heidelberg« statt). Auch Presse und Fernsehen haben im Club ihren Gang durchs *Nowhere House* begonnen und beendet. Die wöchentlichen Sitzungen sahen vor, daß alle Anwesenden stimmberechtigt waren. Diese Sitzungen fanden erstaunlich starken Zuspruch von außen.

Rückblickend wird deutlich, daß aus der Clubperspektive Öffentlichkeit sehr verschieden verstanden worden ist: die »Freaks« meinten »Freaks«, die Mitarbeiter dagegen dachten an die Ausstrahlung des Hauses auf Stadt und Umland. Von Fall zu Fall gab es hier sicher Übereinstimmung, vor allem dann, wenn sich der Druck von außen verstärkte und ein entsprechend größeres Bedürfnis nach sowohl politischen als auch persönlichen Informationen die Funktion des Hauses wesentlich bestimmte. Über den Club war es auch möglich, neue Mitarbeiter für die Aktionen der Evangelischen Jugend zu gewinnen. Dabei wurde festgestellt, daß sich die Evangelische Jugendarbeit, indem sie neben der stabilen Gruppenarbeit in einzelnen Stadtteilen auch eine aktionshafte Zusammenfassung und Profilierung erfahren hat, geradezu anbot, auch jene Randgruppe einzubeziehen. In der Folge wirkten *Nowhere House*-Bewohner bei der Vorbereitung und Durchführung eines Kinderparkfestes für geistig Behinderte mit, beteiligten sich an der »Aktion Wunderland«, schließlich auch bei Flohmärkten für Lateinamerika.

Diese Kooperation mit der Jugendarbeit war für das *Nowhere House* zumindest ein Anstoß zur Integration. Für die Evangelische Jugend bedeutete sie, daß man den Kontakt zum *Nowhere House* aufrechterhalten bzw. noch intensivieren konnte. Die vor der Eröffnung des Hauses gehegte Absicht, Subkultur und Jugendarbeit zusammenzuführen, konnte allerdings nicht verwirklicht werden. Es war kaum möglich, diesen oder jenen Jugendlichen aus der Scene durch persönliche Kontakte fest in eine Jugendgruppe einzubinden. So mußte bei allem Miteinander doch das Nebeneinander bestehenbleiben.

Schon im Sommer 1971 war eine Abnahme der Besucherzahl im Club zu beobachten. Es handelte sich um eine durchaus natürliche Erscheinung, wenn man davon ausgeht, daß sich im Sommer die Kommunikation ohnehin ins Freie verlagert, an die Altrheine, in die Naherholungsgebiete oder

auf Reisen nach Amsterdam und Südfrankreich, was die bevorzugten Touristikziele der Scene waren. In den folgenden Jahren war uns das geläufig; damals jedoch wurde es noch mißverstanden und bewirkte stark resignative Einstellungen bei den Mitarbeitern, aber auch bei all den anderen, die sich die Idee des Clubs zu eigen gemacht hatten.
Die zurückgebliebenen Bewohner wurden von einem Arzt als Urlaubsvertretung betreut, dem kurz zuvor die Arbeit im Release Heidelberg untersagt worden war und der sich auf diese Weise seinen Lebensunterhalt für wenigstens einen Monat sichern konnte. Mit diesem Arzt wurde die Release-Idee ans *Nowhere House* herangetragen, konnte ihm aber nicht gerecht werden. Diese Idee beinhaltete vor allem, daß die Bewohner, und nur sie und niemand mit ihnen, über das *Nowhere House* zu bestimmen hätten. Therapeutische Konzeption und Bedürfnisideologie prallten aufeinander. Der Eklat war unausweichlich. Ihm fiel der Club zum Opfer.
Trotz der immer wieder versuchten Verlagerung der Verantwortung auf das Bewohner- und Besucherkollektiv blieb der projektleitende Pfarrer (F. Th.) in einer Schlüsselrolle (vgl. Kap. 4,1). Als er für vier Wochen in Urlaub ging, hatte er noch eine lebhafte Diskussion ausgelöst und so etwas wie Verhaltensmaßregeln hinterlassen:
»1. Das Märchen von den sieben Geislein ist kindisch und dumm. Kindisch wie Shit und dumm wie Junk. Da sitzen sie im Nowhere House friedlich und abhängig und der They geht in Urlaub, und alle haben Angst vorm bösen, bösen Wolf... Die Nowhere Häusler wissen nicht, was sie tun sollen, man muß es ihnen sagen: Paßt auf, wenn einer rein will. Laßt die Tür zu, wenn ihr nicht wißt, wer draußen ist...
2. Hausordnung für die Dauer des Urlaubs von They geschrieben:
a. Auf Mitgliedschaft im Club achten.
b. Wer auf Trip ist und es nicht sagt, ist selber schuld am Horror.
c. Dealen strengstens verboten. Aufbewahren von Drogen ist Scheiße.
d. Wir erwarten, daß keine Drogen konsumiert werden.
e. Diebstahl wird nicht gedeckt (...)
f. Keine Experimente.«
Wie nicht anders zu erwarten, hatte dieses Papier eine eher agitierende als beschwichtigende Wirkung. Das zeigte sich schon auf der nächsten Sitzung: Eine mit dem Heidelberger Release-Arzt ins Haus gekommene Praktikantin solidarisiert sich mit den Bewohnern gegen die Mitarbeiter und den ärztlichen Berater (D. S.). In einem Bericht zu den Vorgängen heißt es: »Man empfand die Forderung nach politisch bewußter Verständigung über die eigene aktuelle Lage im Nowhere House als Drogenabhängiger als eine abwegige Zumutung... Man reagierte mit der Demon-

stration einer negativen Einigung auf der gemeinsamen Basis verstärkten Luststrebens. Nicht eine sozialistische Spielwiese hatte man vor politisierenden Invasoren zu verteidigen, sondern Schlupfwinkel unbehelligten Drogengenusses mit der zugehörigen Illusion von heiler Welt, Bewußtseinserweiterung und eigener Allmacht« (vgl. Kap. 3,3).
In diese Schlupfwinkelideologie paßte es, daß es jenem Arzt lästig war, sich mit »ausgeflippten« Typen abzugeben, und daß er den Konsum von Haschisch und LSD durch eigenen Konsum eher förderte als einschränken half. Es verwunderte auch nicht, daß er einige Zeit später selbst als Drogenhändler auffällig wurde. Eher wunderte man sich über seine deklamatorische Beteuerung, wenn er Thesen des Sozialistischen Patientenkollektivs Heidelberg vortrug, gerade weil er politisch so orientierungslos auftrat.
Seine Nachwirkung im *Nowhere House* war trotz allem sehr langfristig. Nach der Urlaubsperiode war die Schließung des Clubs eigentlich nur noch eine formale Angelegenheit. Die Bewohner hatten sich in ihre Wohnräume zurückgezogen. An ein weiteres Engagement im Club war nicht zu denken.
Durch die sehr negative Qualifizierung alles therapeutischen Bemühens im *Nowhere House* durch den bewußten Arzt ist unter den Mitarbeitern erneut die Therapiediskussion angeregt worden und der Entschluß gereift, die ehemaligen Clubräume nun erst recht zum Therapiezentrum auszubauen, die notwendigen Geldmittel vorausgesetzt. Das *Nowhere House* wurde bis auf weiteres ein Wohnhaus in der Scene.

b) Wohnhaus in der Scene

Aus diesem Wohnhaus in der Scene sollte aber auf keinen Fall ein Mietshaus werden. Gleichwohl konnte das infolge der Geldknappheit nicht ganz ausgeschlossen werden. Vor allem im Herbst 1971 zwang die schlechte Finanzlage dazu, Spenden von Kirchengemeinden, Diakonischem Werk, der Stadt Ludwigshafen und der Frau des Bundespräsidenten Heinemann entgegenzunehmen, um die Weiterexistenz zu sichern. Über die Bewohner waren keine Einnahmen zu erwarten. Die Anerkennung der Einrichtung als Beratungs- und Therapiestätte durch das Land mit der Möglichkeit eines Pflegesatzes blieb aus. Es konnte nur für einige Jugendliche, die direkt von Jugendämtern übernommen worden waren, ein geringer Beitrag zum Betrieb des Hauses vereinbart werden. Deshalb war an Investitionen ebensowenig zu denken wie daran, den Bewohnern zum Lebensunterhalt Zuwendungen zu gewähren. Erst durch eine etwas größere Spende des Deutschen Hilfswerks waren Neuanschaffungen möglich, so die Ausgestaltung eines Werkraumes, die Erstehung einer Video-Anlage und die Anschaffung eines VW-Busses.

Die finanziell bedrängende Situation änderte sich grundlegend erst mit der Gründung eines Trägervereins, des *Nowhere House* e. V. im Herbst 1973. Das Gewicht der Mitgliedsverbände – Stadt Ludwigshafen, Protestantische und Katholische Gesamtkirchengemeinde, Freireligiöse Landesgemeinde, Arbeiterwohlfahrt, Deutsches Rotes Kreuz – reichte aus, um über einen Pflegesatz den Betrieb des Hauses sicherzustellen.

Einige Bewohner hätten damals gern einen Mietvertrag gehabt, um dadurch ein gesichertes Mietrecht zu erwerben. Das, obwohl niemand zu befürchten brauchte, er werde grundlos Hals über Kopf des Hauses verwiesen. Nicht selten wurde den Mitarbeitern unterstellt, sie seien deshalb gegen reguläre Mietverhältnisse, weil sie dann die Macht über die Bewohner verlieren würden. Dabei wurde nicht bedacht, daß auch ordnungsgemäße Mietverträge nicht verhindert hatten, daß viele der späteren *Nowhere House*-Bewohner obdachlos geworden waren. Umgekehrt hätte ein von uns geschlossener Mietvertrag ja erst recht Handhaben geschaffen, in einem ganz und gar kommerziellen Bereich Macht auszuüben. Daran aber konnten wir nicht interessiert sein. Ein Mietvertrag hätte natürlich auch bedeutet, daß wir uns auf eine rigide Hausordnung festlegten und damit die sonst gesellschaftsüblichen Wohngewohnheiten nun auch fürs *Nowhere House* verbindlich machten. Aus Gründen der *offenen* Therapie, des freien Verkehrs und der spontanen Reaktion durfte das nicht in Kauf genommen werden.

So mußten von Anfang an Aufnahme ins *Nowhere House* und Wohnungszuteilung dem »Zufall« kollektiver Entscheidung und persönlicher Auseinandersetzung überlassen bleiben. Auch nach Jahren haben wir rückschauend keine Veranlassung, das Problem anders zu sehen und dieses Verfahren zu revidieren.

Ohne reglementierenden Eingriff behalten Wohngewohnheiten und Verlauf der Wohnsituation ihre unmittelbare Bedeutung für die Analyse der Gruppensituation und lassen sich auch im Blick auf den einzelnen entsprechend unverfremdet ausdeuten. Hier sind weniger die zeitweise sehr unterschiedlichen Belegungsstärken als vielmehr die sich ändernden Gewohnheiten und Stile des Zusammenlebens und die immerwährende soziale Dynamik beachtenswert (vgl. Kap. 3,1).

Eine drogenfreie Großgruppe von 15 Personen dokumentierte ihre Exklusivität dadurch, daß sie sich mit viel persönlichem Aufwand einen eigenen Wohnungsabschluß zimmerte. Sie empfand es in diesem Zusammenhang als störend, daß der Raummangel dazu zwang, für zwei Aspiranten ein Stockwerk darunter noch eine Wohnung zu beziehen. Ein drogenfrei gewordenes Ehepaar richtete seine Wohnung nach durchaus bürgerlichen

Gesichtspunkten funktionsgerecht ein und gab so etwas wie ein Modell von Gastlichkeit im eigenen Hause ab.
Obwohl es ohne weiteres möglich war, auch das Zusammenleben der Geschlechter nach Wunsch zu gestalten, blieben Paarbindungen, die sich über eine gemeinsame Wohnung dokumentierten, die Ausnahme. Es waren vor allem die Mädchen, die auf den eigenen vier Wänden und dem Für-sich-allein-Wohnen bestanden haben. Allerdings gingen nicht selten Drogenfreiheit und längerfristige Paarbindung Hand in Hand.
»Das Mädchen für eine Nacht«, »eine Waffel zum Bumsen«, wobei es schließlich an ihr lag, sich durch die Pille zu schützen, lag eher als eine sich hinschleppende Bindung im Erwartungsbereich der männlichen Jugendlichen. Liebeskummer gab es nicht, jedenfalls nicht bei den Männern. Im übrigen verflachten auch mit zunehmender Überschwemmung mit Heroin die Erwartungen der Mädchen, wenn sie nicht überhaupt völlig zugunsten des Mottos »Fuck for Junk« aufgegeben wurden.
Wenn nach gemeinsamer Aufnahme ins *Nowhere House* auch eine gemeinsame Wohnung bezogen wurde, pflegte der weibliche Partner im allgemeinen, trotz heftigsten Widerspruchs, schnell in die Rolle der Hausfrau, die zum Putzen und Kochen da ist, abgedrängt zu werden. Überhaupt profitierte man gern vom »Reinlichkeitstrieb« der Frauen. Das konnte so weit gehen, daß man sie als »Putzfrau« bezahlte.
Gemeinsames Wohnen bedeutete im *Nowhere House* anders als in der Mietblocksituation moderner Städte aufeinander angewiesen zu sein. Daher rührte der ständige Wunsch, der in vielen Sitzungen zuweilen sehr aggressiv und provokativ geäußert wurde, daß die Mitarbeiter entweder schweigen sollten oder aber mit ins Haus einziehen müßten, denn »wer hier wohnt, muß schließlich miteinander leben«; es ginge nicht an, daß Leute, die hier nicht wohnten, über das Haus bestimmten. Im Laufe der Jahre sind tatsächlich einige Mitarbeiter ins *Nowhere House* eingezogen. Die darin liegende Solidarisierung wurde allerdings kaum erkannt, da man ihnen nun vorwarf, sie hätten ja die Freiheit, wieder auszuziehen, während man selbst gezwungen sei, hierzubleiben.
Daß nicht nur der jeweils Wohnungsuchende, sondern auch die aufnehmenden Bewohner von üblichen Mietverhältnissen abweichende Vorstellungen hatten, zeigte die stereotyp wiederkehrende Befragung bei der Aufnahme, ob denn der Bewerber lediglich ein Dach überm Kopf haben oder ob er hier »etwas bringen« wolle. Damit war gefragt, ob er sich auf seinen Entzug vorbereite und offen für Bindungen an Haus und Bewohner sei. Dabei wurden in auffallender Weise seitens der Aufnahmesuchenden Erwartungen und Vorstellungen geäußert, die der Idee der Wohnge-

meinschaft (gelegentlich romantisierend als »big family« bezeichnet), aber auch der freien Gesellschaft, kurzum einer liberalen Form kollektiver Kommunikation, entsprachen.

Solche Vorstellungen sind mittlerweile zerschlissen. Zu viele negative Erfahrungen mit Wohngemeinschaften haben ihren Teil dazu beigetragen. Wenn derartige Erfahrungen auch nicht im *Nowhere House* gemacht wurden, sondern für eine allgemeine gesellschaftspolitische Veränderung signifikant sind, so bedeutet das doch, daß auch das *Nowhere House* seine Konzeption entsprechend ändern mußte. Diese Konzeption sah zunächst die Bildung drogenfreier Wohngemeinschaften außerhalb des Hauses vor. Hilfreich boten sich dazu einige junge Leute, zumeist Studenten an, die bereit waren, mit den *Nowhere House*-Bewohnern Kontakt aufzunehmen, um nach abgeschlossener Drogenentziehung gemeinsam eine Wohngruppe zu bilden.

In der Folgezeit wurden vom *Nowhere House* vier Wohngemeinschaften gegründet, die in drei Fällen zu erfolgreicher, d. h. dauerhafter Drogenentziehung geführt haben. Allerdings ist heute im Zeichen zunehmender Wohngemeinschaftsmüdigkeit bei Drogenabhängigen an Wohngemeinschaftsneugründungen nicht mehr zu denken. Deshalb sann man auf andere Möglichkeiten der nachgehenden Betreuung (vgl. Kap. 7, Nach dem Entzug).

c) Partner

Schon bald nach Eröffnung war uns bewußt geworden, daß mit dem schwankenden Ansehen der Einrichtung in der Öffentlichkeit auch die therapeutische und pädagogische Wirkung nach innen Schwankungen unterworfen ist. Es war für die Bewohner diskriminierend, wenn das Haus verstärkt Gegenstand abwertender und verteufelnder Pressemeldungen und im Volksmund zum »Hasch-Haus« wurde. Selbst andere subkulturelle Hilfseinrichtungen waren sich nicht zu gut, das *Nowhere House* verächtlich zu machen.

Zum vielfach belasteten Verhältnis zwischen *Nowhere House* und anderen Hilfseinrichtungen tragen wir später noch kritische Überlegungen zusammen (Kap. 9: Kritisches zu anderen Einrichtungen). Daß diskriminierende Einschätzungen so leicht von anderen Hilfseinrichtungen übernommen werden konnten, erklärt sich aus der Hektik jener Monate und der Tatsache, daß die Beziehungen zwischen *Nowhere House* und Scene für manchen etwas Künstliches haben mußten, während man sich umgekehrt selbst gern als ein legitimer Sproß der Scene betrachtete. Dabei ist die Organisation der Hilfe, zeitlich gesehen, vom *Nowhere House* angestoßen worden. Das *Nowhere House* war die erste unkonventionelle Art

der Hilfe im süd- und südwestdeutschen Raum. (Im Dezember 1970 erst wurde Release Heidelberg, im Sommer 1971 erst das Mannheimer Beratungszentrum F7, 19 gegründet.) Das erste Halbjahr 1971 war überhaupt eine Zeit, in der Selbsthilfeeinrichtungen wie Pilze aus der Erde schossen, oft angestoßen von einzelnen oder doch wenigen engagierten Personen, auch Ex-Usern, die allerdings in vielen Fällen der andauernden Frustration nicht gewachsen waren und deren Vorstellungen ein für die damalige Zeit durchaus typisches, aber zwielichtiges Gemisch aus Gesellschaftskritik und Timothy Leary-Drogenideologie waren. Das *Nowhere House* konnte dabei freilich nicht mithalten, und allen Teilnehmern ist jene Dienstagsitzung in Erinnerung geblieben, als eine Abordnung von »Release Heidelberg« zu Gast war. Um es überspitzt auszudrücken: Sie kamen wie die Großen der Scene und hielten uns für einen Kindergarten, in dem man noch nicht ganz die gesellschaftlichen Kinderschuhe einer Grau-in-grau-Malerei der Drogen hinter sich gelassen habe. Für sie war unverständlich, daß wir *alle* Drogen, auch Haschisch und LSD, für gefährlich hielten, und ganz selbstverständlich präparierten sie unter dem bewundernden Blick der Nowhere Häusler einen bulligen »Joint«, um ihn dann die Runde machen zu lassen. Man darf annehmen, daß es »guter Shit« war. Was anschließend im Laufe des Gespräches zutage trat, war, daß man unsere Probleme zwar für bedeutungslos hielt, dafür aber den eigenen unkritisch gegenüberstand, daß man trotzdem in Zukunft wohl engeren Kontakt halten müsse und solle.
Bei der Beurteilung des gegenseitigen Verhältnisses der Selbsthilfeorganisationen muß sicher berücksichtigt werden, daß sie sämtlich unter einem außergewöhnlichen Existenzdruck standen. Sie waren gezwungen, immer neue Erfolgsmeldungen zu publizieren, um eine sehr beunruhigte Öffentlichkeit zufriedenzustellen und den eigenen Mitarbeitern gegenüber die Richtigkeit der eigenen Konzeption wieder und wieder vor Augen zu führen. In diesem Zusammenhang gewöhnte man sich allzu schnell daran, andere ähnliche Einrichtungen als Konkurrenz zu sehen. Die Folge war, daß in der Scene Gerüchte ausgestreut wurden und sich überschlugen und daß in teilweise unerträglich arroganter Manier Leute als die »besseren Therapeuten« auftraten, die weder im herkömmlichen noch in einem kritischen Sinn fachlich fundierte therapeutische Arbeit gelten ließen.
In diesen ersten Jahren war vieles in Bewegung. Es gab weder vorher noch nachher Impulse und Initiativen in so großer Wahl, sicher auch solche, die in Sackgassen geführt haben. Es wäre eine eigene Untersuchung wert aufzuzeigen, in welcher Dynamik sich die Scene und Teile der Scene damals in der BRD und West-Berlin befunden haben, um vor allem herauszufinden,

welche Ursachen und Entwicklungen letzten Endes zum Scheitern einer weit verbreiteten Bewegung geführt haben. Denn man kann durchaus sagen, daß die Selbsthilfeeinrichtungen gescheitert sind. Es ist schwer zu entscheiden, ob sie zu sehr ein Teil der Scene waren, als daß sie deren Untergang hätten überdauern können, oder ob sie der soeben angesprochenen Konkurrenzhaltung und einer daraus folgenden Schwächung der eigenen Front zum Opfer gefallen sind. Oder sind sie daran gescheitert, daß sie sich einem unerbittlichen Erfolgszwang unterstellt hatten und erfahren mußten, daß Hilfe gegen die Sucht trotz allen persönlichen Einsatzes auch von ihnen nur in verschwindend wenigen Fällen wirksam geboten werden konnte? Oder haben sie den Glauben an ihre eigene Idee verloren, das Sendungsbewußtsein, wie es viele religiös »Angemachte« zu jener Zeit zur Schau getragen haben? ... Eine derartige Untersuchung kann hier nicht angestellt werden, obwohl uns einige notwendige Fragen durchaus vertraut sind, weil von ihrer Beantwortung für uns abhing, ob wir weiterbestehen oder scheitern würden.
Es soll hier keinesfalls der Eindruck erweckt werden, als würden wir selbst uns nur in abgrenzender Kritik zu gescheiterten Institutionen verstehen. Man wird nicht verkennen dürfen, daß sie trotz allem Erfolg hatten, und wenn es nur der war, daß sie in einer Zeit Hilfe organisiert haben, wo andere nicht entfernt daran gedacht oder sich in einem Maße im konventionellen Rahmen bewegt haben, daß sie allein dadurch zur Untätigkeit und, wo sie etwas taten, zumeist zur Wirkungslosigkeit verurteilt blieben. Überleben konnten allerdings nur die Einrichtungen, die das Vertrauen beider Seiten rechtfertigten, der Scene wie der Gesellschaft, die sich letztlich auch als Angebot der Gesellschaft, wenn auch reichlich unkonventionell, ausweisen konnten und vom organisatorischen Konzept her die Voraussetzungen zur Kontinuität hatten. Im übrigen bleibt als wesentliches Ergebnis und auch als weiterwirkende Erkenntnis bestehen, was z. B. Pörksen so formuliert hat: »Offenbar ist die konsequente Integration in eine Gruppe, die jeden stützt und über Krisen und Konflikte hinweghilft, für den einzelnen in dieser untrennbaren Verknüpfung von Hilfe Geben und Hilfe Erhalten ein wirksameres therapeutisches Agens als die hochqualifizierten sozial- und psychotherapeutischen Verfahren anzubieten haben ... Drogenabhängige sind nur wenig gruppenfähig. Sie können die von ihnen geforderte Integration in die Gruppe nur mit Mühe leisten und weichen vor den konsequenten Forderungen leicht aus. Machtkämpfe und Rivalitätsprobleme prägen Selbsthilfeprogramme ebenso wie depressivresignierende Phasen ... Trotz all dieser Schwierigkeiten scheint die konsequente Integration in eine Gruppe, die als Lebensgemeinschaft kollek-

tiv gestaltet wird, die zur Zeit sinnvollste therapeutische Form der Behandlung Drogenabhängiger zu sein.«[10]

Was im *Nowhere House* sozusagen aktionshaft begann, sollte und konnte nicht Sache der Evangelischen Jugend allein bleiben. Wenn die Aktion einen Sinn haben sollte, mußte sie dazu führen, daß andere – vielleicht Kompetentere – sich zu einem gleichgesinnten Vorgehen verstehen konnten. So suchten wir von Anfang an Partner, mit denen wir zusammenarbeiten konnten. Wir fanden sie zunächst in der Nachbarstadt Mannheim, die mit markanten Plätzen und Lokalen die eigentliche Scene beherbergte, in einem dieser Lokale, das sich nach und nach zur Unterkunft und Wohnung vieler Freaks entwickelt hatte, war das Mannheimer Jugendamt durch Anmietung eines Zimmers und tägliche Sprechstunden aktiv geworden. Es zeigte sich alsbald, daß diese Arbeit eine Reihe weiterer Helfer, vor allem auch Fachleute, erforderte. Man fand sie in den Ärzten der Gemeindepsychiatrie und des Gesundheitsamtes. Es gesellten sich auch einige niedergelassene Ärzte hinzu, die allerdings ihre Mitarbeit bald wieder einstellten. Hier muß man ohne Bitterkeit feststellen, daß gerade letztere besonders hilflos dem Drogenproblem gegenüberstanden und bis heute -stehen. Ihre Unwissenheit, aber auch ihr Zögern in der Handhabung der in diesem Bereich besonders wichtigen ärztlichen Schweigepflicht angesichts von Klienten, die zwar krank, aber zugleich auch kriminell waren, hat über viele Jahre hinweg das Mißtrauen in der Scene wachgehalten und verhindert, daß jugendliche Drogenabhängige ärztlicher Untersuchung und Behandlung zugeführt werden konnten. Mittlerweile werden sie gerade ihrer Unwissenheit wegen aufgesucht und sind nicht selten bereit, gegen alle Erfahrung, auch gegen ausdrückliche Warnung in der Standespresse, Methadon-Programme (Polamidon), neuerdings Valoron bei ihren Patienten anzuwenden. Bei solchen Verallgemeinerungen muß allerdings auch festgestellt werden, daß es genug Ausnahmen gab und gibt, ohne die auch unsere Arbeit nicht möglich wäre.

Um so fruchtbarer war die Zusammenarbeit mit der Gemeindepsychiatrie. Es wurden Pläne entwickelt, die ein Gesamtprojekt zur Beratung, Behandlung und nachgehenden Betreuung Drogenabhängiger im Blick hatten. Selbstverständlich war an eine die beiden Städte Ludwigshafen und Mannheim umfassende Lösung gedacht, auch an die im Einzugsbereich liegenden Landkreise. Das führte folgerichtig zur Gründung eines den Rhein als Grenze überbrückenden Vereins, der »Aktionsgemeinschaft Drogen e. V. Ludwigshafen-Mannheim« im April 1971. Paragraph 2 der Satzung dieses Vereins nennt folgende Aufgaben:

Der Verein hat die Aufgabe der Vorbeugung, Beratung und Behandlung Drogenabhängiger.

1. Beobachtung und Analyse der Drogenscene.
2. Information der Bevölkerung über den jeweiligen Stand der Drogenprobleme.
3. Erarbeitung und Anregung von Beratungs- und Behandlungsmodellen.
4. Koordination und funktionelle Abstimmung der verschiedenen Beratungs- und Behandlungsaktivitäten für Drogengefährdete im Großraum Mannheim-Ludwigshafen.
5. Förderung projektbegleitender Forschung.
6. Verwaltung und Verteilung von Geldmitteln ...
7. Zusammenarbeit mit Behörden zur Förderung der Vereinsziele.

Es zeigte sich jedoch schon bald, daß der Verein als Träger für das *Nowhere House* genausowenig in Frage kam, wie er geeignet war, die mittlerweile anlaufenden Mannheimer Initiativen zu tragen. So entwickelten sich in beiden Städten Bestrebungen, die je eigenen Einrichtungen, die bei Fortfall einer Gesamtkonzeption notwendig geworden waren, einem je eigenen Verein zu übertragen. In Ludwigshafen begannen die Bemühungen um die Gründung eines *Nowhere House* e. V., während Mannheim einen Verein »Drogenhilfe«, später »Release«, ins Leben rief. Zusammen mit der Bemühung um den *Nowhere House* e. V. lief auch die konzeptionelle Erweiterung dieser Einrichtung. Nachdem eine großraumbezogene Lösung immer unwahrscheinlicher geworden war, ging es vor allem darum, die Nachbetreuung zu organisieren. Das *Nowhere House* sah hierfür drogenfreie Wohngemeinschaften vor, über die andernorts in diesem Buch ausführlich berichtet wird (vgl. Kap. 7).
Der ab 1. September 1972 funktionierende *Nowhere House* e. V. verstand seine Aufgaben laut Satzung wie folgt:

1. Die Aufgabe des Vereins ist die Beratung und Behandlung Drogengefährdeter und Drogenabhängiger mit dem Ziel der Drogenfreiheit.
2. Zur Erfüllung der Aufgaben des Vereins gehören insbesondere:
   a) Die Errichtung und Unterhaltung von Räumlichkeiten als Kontaktzentren.
   b) Die persönliche und telefonische Beratung von Hilfesuchenden unter Wahrung der Anonymität.
   c) Vermittlung und Durchführung fachlich therapeutischer Hilfeleistung durch
      aa) medizinische Sofortmaßnahmen (Kriseninterventionen),
      bb) Motivierung Süchtiger zu klinischen Entziehungsbehandlungen in Gruppen- und Einzeltherapie,
      cc) Vermittlung klinischer Behandlung,
      dd) Weckung und Förderung sozialer und mitmenschlicher Bindungen auch während der klinischen Behandlung,
      ee) Fortführung der Therapie nach Abschluß der klinischen Behandlung.
d) Einrichtung und Unterhaltung eines Therapiezentrums.
e) Einrichtung, Unterhaltung und Förderung von Wohngemeinschaften mit sozialpädagogischer Zielsetzung.

Es war ein mühsamer Weg, bis alle sich zur Mitgliedschaft im *Nowhere House* e. V. verstehen konnten und auch der Stadtrat einen einstimmigen

Beschluß zum Beitritt der Stadt faßte. Die Diskussion aber war notwendig gewesen und hatte schließlich auch den Erfolg, daß die politischen Kräfte hinreichend informiert waren und begriffen zu haben schienen, daß es nicht um das *Nowhere House* ging, sondern darüber hinaus um ein Modell sozialer Hilfeleistung, dem auch sonst im Rahmen der Jugendhilfe und der Sozialhilfe Beachtung zukam. Nur so wird verständlich, daß der einige Zeit später vom Stadtrat verabschiedete Stadtjugendplan zum Problem der Drogenabhängigen und Alkoholgefährdeten folgendes ausführt:
Hilfe für suchtgefährdete und suchtkranke Jugendliche.

Allgemeines:

... Daher ist eine enge Zusammenarbeit mit allen Einrichtungen der Jugendhilfe, ganz besonders mit den Einrichtungen des »Nowhere House e. V.«, mit den Suchtkrankenberatungsstellen und den Behandlungsstätten für Suchtkranke erforderlich. ...

...

II. Mittel- und langfristige Maßnahmen im Bereich der Prophylaxe

Langfristige prophylaktische Maßnahmen betreffen alle Bereiche des Erziehungs-, Schul- und Bildungswesens. Einer besonderen Förderung bedürfen deshalb integrative und Selbsterfahrungsgruppen mit Eltern und Jugendlichen sowie Wohngruppen, die in Formen und Methoden der Vorschul-, Schul-, Freizeit- und Sozialpädagogik besondere Aufgaben an Gefährdeten (z. B. Suchtgefährdete und Suchtkranke, Fürsorgezöglinge, Straffällige) übernehmen. Gerade unter dem Aspekt der Gefährdung durch Drogen und Alkohol ist deshalb eine intensive Gemeinwesenarbeit über den Bereich der sozialen Randgruppen hinaus notwendig.

III. Sofortmaßnahmen im Bereich der Therapie

1. Beratung von betroffenen Jugendlichen und ihren Bezugspersonen in Einzel- und Gruppengesprächen.
2. Errichtung und Unterhaltung von Kontaktzentren in enger Zusammenarbeit mit dem Nowhere House e. V. und den Einrichtungen der Suchtkrankenhilfe.
3. Vermittlung und Durchführung fachlich therapeutischer Hilfeleistungen
   a) Durch medizinische Sofortmaßnahmen (Krisenintervention)
   b) Zur vorbereitenden Therapie (z. B. therapeutisch geleitete Auffangwohngemeinschaften zur Motivierung Süchtiger in Einzel- und Gruppentherapie)
   c) Zur klinischen Entzugsbehandlung (Behandlungsmöglichkeiten in Krankenhäusern des Stadtgebietes)
   d) Zur Fortführung der Therapie nach Abschluß der klinischen Entzugsbehandlung (therapeutische Wohngemeinschaften, die absolut drogenfrei sein müssen und in denen der Mißbrauch von Alkohol verboten ist).

IV. Mittelfristige Maßnahmen im Bereich der Therapie

Neuschaffung und Erweiterung bestehender geeigneter Behandlungsmöglichkeiten
1. Zur vorbereitenden Therapie (therapeutisch geleitete Auffangwohnstellen und Kontaktzentren)
2. Zur klinischen Entzugsbehandlung
3. Zur nachgehenden Therapie (Unterkunftsmöglichkeiten in therapeutischen Wohngemeinschaften oder anderen geeigneten Bezugsgruppen) ...[11]

Durch die Gründung des *Nowhere House*-Vereins und die ausdrückliche Aufnahme in den Stadtjugendplan, vor allem die dort dokumentierte positive Würdigung unserer Erfahrungen, war die Voraussetzung für eine ruhige Weiterentwicklung der Einrichtung geschaffen. Freilich, konfliktfrei konnte und sollte die Arbeit des Hauses auch dann nicht sein.

d) Der Markt

Auch die Drogenscene hatte ihre Verläufe. Immer spielten sie ins *Nowhere House* hinein. Mehr als einmal drohte man aufgrund einer unvermeidlich oft recht intimen Kenntnis der Scene zum Mitwisser, wenn nicht gar zum Mittäter bei kriminellen Handlungen gebrandmarkt zu werden. Es war auch nicht auszuschließen, daß das *Nowhere House* selbst zu strafbaren Handlungen mißbraucht worden ist – einmal abgesehen vom eigentlichen Drogenkonsum. Doch haben die Mitarbeiter nie einen Zweifel darüber aufkommen lassen, daß Drogenhandel im *Nowhere House* zum Verlust des Wohnrechtes führt. Daß wir nicht selbst die Polizei verständigten, war allerdings selbstverständlich; dabei war jedem klar, daß wir Polizeiaktionen im Haus nicht verhindern würden. Die Polizei hat in all den Jahren bemerkenswert viel Verständnis für unsere schwierige Lage gezeigt und das *Nowhere House* nur bei konkreten Hinweisen in die Ermittlungen einbezogen. Zu einer Vernehmung von Mitarbeitern kam es in keinen Fall (vgl. Kap 9, 2).

In zahlreichen Gesprächen mit Eltern, auch in öffentlichen Diskussionen, begegnete uns freilich die vorwurfsvolle Frage, weshalb, da wir doch Bescheid wüßten, wir unsere Kenntnisse nicht dazu verwendeten, die Polizei auf die Spur der sogenannten »großen Dealer« zu setzen, um auf diese Weise »das Problem an der Wurzel zu fassen«.

Waren aber die »gewissenlosen Dealer« wirklich die Wurzel des Problems? So einfach konnten wir diese rasch um sich greifende, immer jüngere Konsumenten erfassende Drogenbewegung nicht auf einen Nenner bringen. Zwar läßt sich die Scene recht gut als Markt beschreiben und lassen sich zahlreiche Parameter aus dem Bereich der Vermarktung von Waren zur Erklärung heranziehen, wobei die Händler und die Lieferanten in diesem Vermarktungsprozeß eine erhebliche Rolle spielen. Trotzdem waren und sind wir weiter der Meinung, daß mit dem Phänomen Drogenmarkt nur ziemlich oberflächlich beschrieben werden kann, was als allgemeines Gesellschaftsproblem, als Konsumorientiertheit, Leistungsangst, Warenfetischismus, Verdinglichung zwischenmenschlicher Beziehungen, Sinnentleerung des Lebens, Spiritualisierung der eigenen Existenz usw. als Wurzelgrund des Drogenproblems festgestellt werden kann. Auch heute noch, nachdem der Markt sich verändert und sich der Handel von öffentlichen Plätzen und aus den Diskotheken zurückgezogen hat und man zu einer Art »Frei-Haus-Lieferung«, vor allem bei harten Drogen, übergegangen ist, sind jene Probleme ungelöst und eine latente Gefahr geblieben, die zu einer Wiederbelebung des Drogenkonsums bei den gleichen Zielgruppen wie damals führen können.

Die Öffentlichkeit hat es sich zu leicht gemacht, indem sie jenen aufsaß, die Neugier und Handel zu den Ursachen des Problems machten. Die Neugier selbst hätte man hinterfragen müssen, gerade dann, wenn sie von so vielen bei allen Untersuchungen als Hauptmotiv genannt worden ist; war sie doch nichts anderes als jene unverfängliche, jedem Erwachsenen begreifliche Kaschierung des unverstandenen, zum Teil wohl auch unbewußten Problems. In einer Gesellschaft, in der man zwar neugierig sein darf, aber keine Probleme haben kann, konnte man sich so am besten herausreden, genauso wie in einer Gesellschaft von Händlern eben der gewissenlose Händler an den Pranger gehört.

Der Drogenmarkt war sicher illegal. Zum schwarzen Markt ist er aber eigentlich erst mit der Zeit geworden, wenn man darunter versteht, daß illegale Geschäfte auch mit krimineller Energie heimlich im Untergrund und hinter verschlossenen Türen getätigt werden. Am Anfang war das wohl anders. Die Öffentlichkeit, in der diese Geschäfte getätigt wurden, war zu groß. Zu groß war auch die Zahl derer, die nichts dabei fanden, und zu wenig organisiert war der ganze Vorgang, als daß man von schwarzem Markt gesprochen hätte. Erst nachdem sich seit dem Sommer 1974 jene Annäherung des Drogenmarktes an die übrigen kriminellen Bereiche wie Diebstahl, Raub, Waffenhandel, illegale Prostitution vollzogen hat, hat sich das geändert. Diese Entwicklung mag in anderen Städten früher eingesetzt haben, so vor allem in den Zentren Hamburg, Frankfurt und München; dort haben schon sehr viel früher andere Gesetze für den Drogenhandel bestanden, zumal die vorhandene professionelle Kriminalität einen solchen Prozeß beschleunigte. Im Rhein-Neckar-Raum, einem ausgesprochenen Subzentrum des Drogenhandels, hat man jedenfalls noch sehr zweifelnd jenen Nachrichten gelauscht, die von einem Syndikat in Frankfurt, von einer Mafia und brutalen Rollkommandos berichteten. Zwar gab es von Anfang an gewisse Beziehungen zu Mannheimer Vergnügungsvierteln, aber sie lagen am Rande und sind erst nach und nach zu tragenden Organisationsstrukturen des Drogenmarktes geworden.

Dabei kann allerdings nicht daran gezweifelt werden, daß die eben beschriebene Entwicklung zu den inneren Gesetzmäßigkeiten des Drogenhandels gehört, d.h. zwangsläufig eintritt. Sie wird unausweichlich mit dem zunehmenden Konsum von Spritzgiften und der Präferenz für Heroin bei den Konsumenten.

So kommt es zu der wohl auch andernorts gemachten Erfahrung, daß die extrem Abhängigen, nämlich die Fixer, die Dynamik des Drogenmarktes bestimmen. Noch im Herbst 1972 war festzustellen, daß einige wenige Fernosttouristen aus der Mannheimer Scene für einige Zeit den Junk-Markt mit M-Tabs sättigen konnten, ohne dabei wesentliche Schwierigkeiten mit anderen Verkaufsorganisationen zu bekommen. Zuvor war es Opium (O), China-O oder Rohopium, das heute kaum einer noch geschenkt nehmen würde, dann die »Berliner O-Tinke«. »M-Powder« (0,02) und »M-Base« wurden in braunen Brocken oder auch flüssig geliefert. Begehrt waren in dieser Zeit auch die »cleanen« Gifte aus Apothekeneinbrüchen in Ampullenform oder als »Tabs« (Tabletten), die aufgelöst und gefiltert werden mußten. Im extremen Fall schließlich auch morphinhaltige Zäpfchen, deren Zubereitung als Spritzgift durch mehrmaliges Abkochen, Abkühlen, Fettabschöpfen sehr viel Mühe machte. Wir hatten den Eindruck, als ob das Umsteigen auf Heroin (H) bei manchen nur zögernd erfolgte. Eine Wahl aber blieb nicht, nachdem H monopolartig den Spritzgiftmarkt zu beherrschen begann. Unseres Wissens gingen bei keinem Ablehnung und Angst vor der Heroinsucht so weit, daß er – wenn er schon spritzte – nicht auch auf Heroin umgestiegen wäre.
Hier werden Steuerungsmechanismen sichtbar. Die Herkunft wurde systematisch abgeschirmt, die Quellen wurden immer einheitlicher wie auch der vorhandene »Junk« (Spritzgift) gleichsam in einheitlichen Lieferungen auf den Markt kam. Braune Brocken H oder weiße Brocken H, »H-Cristals« oder was auch immer, sie kamen in Lieferungen, und jeder Junkie war davon abhängig, daß sie kamen.
Schlimme Zeiten, wenn durch die Polizei oder auch durch einen »Link« (Betrug unter Dealern) eine Lieferung abgefangen oder umgeleitet wurde. Schrecklich auch, wenn einer Lieferung andere lebensgefährliche Gifte beigemischt waren und die Dosierung etwa von Strychnin, das ansonsten eine beliebte Beimengung war, zu hoch war, so daß sozusagen reihenweise die Leute umkippten und einige auch starben, und zwar zur gleichen Zeit in Mannheim, Saarbrücken und Karlsruhe.
Gleichzeitig änderten sich die Preise und die Kaufgewohnheiten. »Früher konntest du aus einen Gramm 20 ›Hits‹ machen, heute höchstens 8.« Das »ca.« war einkalkuliert, ein Gramm war kein Gramm und wurde es immer weniger. Immer häufiger hörte man die Unterscheidung von Gramm und Verkaufsgramm, wobei das Gramm abgewogen war, das Verkaufsgramm eine irreale Mengenbezeichnung für eine preisorientierte Abgabemenge, etwa noch ½ Gramm abgewogen. Auch die »Hits« wurden immer kleiner und immer teurer, von anfänglich DM 15,— kletterten die Preise

auf heute DM 50,—, während das Verkaufsgramm heute bei DM 200,— steht, der Grammpreis also fast gleich geblieben ist gegenüber früher, nur die Menge des Gramms erheblich reduziert wurde. Hinzu kommt, daß »Hits«, gerade weil sie so aufwendig waren und den Bedarf eines Süchtigen im fortgeschrittenen Stadium nicht mehr befriedigen konnten, immer weniger zum Verkauf kamen, dafür aber die größere Menge des »Verkaufsgrammes«. Die dafür notwendigen Gelder ließen sich bei nachlassendem Zustrom in die Drogenscene immer schwerer durch den Handel mit Rauschgift aufbringen. Da zudem der Eigenbedarf anstieg, jeder aber nur dann seine Sucht befriedigen konnte, wenn er selbst im Geschäft des Dealens war, wurde die Konkurrenz am Kunden härter, wurden die Zwänge, sich anderweitig Geld zu verschaffen, immer stärker. Eigentumsdelikte, schwere Diebstähle, Raubüberfälle und Prostitution führten schließlich zur völligen Vermengung der Drogenscene mit der professionellen Unterwelt. Es kam auch dahin, daß der Junkie von nun an bewaffnet unterwegs war, mindestens mit einem Schlagring oder einem stehenden Messer, möglichst aber mit einer Gaspistole, die unter Umständen durchbohrt und somit scharf gemacht worden war.
Der in jeder Hinsicht gefährlichste Moment war die Durchführung eines Deals, nicht nur weil dies der Augenblick polizeilicher Zugriffe sein konnte, nachdem mittlerweile auch genügend »Spitzel« den Drogenmarkt kontrollierten, sondern auch, weil immer häufiger der Geschäftspartner sich als »Ripper« entlarvte, der Geld und »Junk« an sich nahm und unter Gewaltandrohung verschwand. In der Regel ließ man es allerdings nicht darauf ankommen, so daß es nur in Ausnahmefällen zu blutigen Auseinandersetzungen kam. Besonders gefährlich und gefürchtet war es, GIs zu linken. Daß Angehörige der US-Streitkräfte gerippt worden wären, ist uns nicht bekanntgeworden. Dies mag natürlich auch daran liegen, daß ohnehin dieser Teilbereich der Drogenscene für uns weniger durchsichtig war; gewiß liegt es aber auch an der Tatsache, daß die GIs sich schneller und wirkungsvoller solidarisierten und vor Racheaktionen nicht zurückschreckten.
Die »Shit« (Haschisch)- und »Trip«-Scene (LSD) hielt diese Entwicklung nicht mit. Sowohl was den Handel als auch was den Konsumentenkreis angeht, vollzogen sich 1974 deutliche Trennungen. Während sich in Mannheim etwa der Handel von Spritzgiften hauptsächlich in den Quadraten um den Scipio-Park (»Pärkel«) abspielte, vielleicht auch noch in dem einen oder anderen Lokal, verlagerte sich der Handel mit Shit und Trips in den Luisenpark oder in die Naherholungsgebiete von Ludwigshafen und Mannheim. Wir gewannen auch den Eindruck, als ob die Versor-

gung des deutschen Marktes über andere Lieferanten erfolgte, als dies bei Heroin der Fall war. Für einen Junkie jedenfalls war es weiterhin kaum lohnend, mit Shit zu handeln, da die Absatzmengen gegenüber dem Risiko und dem Finanzbedarf zu gering waren.

Man genehmigte sich ein »Turn-Peace«, etwa ein bis zwei Gramm Haschisch, anfänglich »Shit« genannt, ab 1973 häufig unter dem Namen »Dope« gehandelt. Die Preise hierfür blieben relativ stabil. Natürlich konnte man für einen »schwarzen Schimmelafghan« oder einen »roten Libanon« einmal ein paar Mark mehr bezahlen, aber im allgemeinen scheinen die Preise, sei es bei »schwarzem Pakistani« (meist O-Shit, Haschisch mit Rohopium versetzt), sei es beim »grünen TBC-Shit«, stabil geblieben zu sein, zwischen DM 3,50 und DM 5,—. Lediglich die Konsumgewohnheit hat sich verändert. In der Anfangszeit sah man häufig den sogenannten »Joint«, eine trichterförmige, kunstvoll aus Zigarettenpapier hergestellte Riesenzigarette, ähnlich dem »Schillom«, jenem Trichter aus Keramik, der ebenfalls häufig beim Rauchen verwendet worden ist. Später benutzte man ein »Kapun«, ein längeres Rohrstück mit selbstgefertigtem Pfeifenkopf, eine Wasserpfeife oder die heute übliche »Bole«, eine Pfeife, von der oft nur das Kopfstück verwendet wird.

»Shit« hat den Weg aus der Subkultur zurück in die Gesellschaft mitgemacht. Shit-Konsumenten, die der Subkultur den Rücken gekehrt haben, leben unauffällig in ihren Ursprungsgruppen weiter mit gelegentlichem Konsum, aber ohne in ihrer Umgebung als Problemjugend in Erscheinung zu treten. Auch heute noch wird man davon ausgehen können, daß in einer 10. Klasse der höheren Schule mehr als 40 Prozent der Jugendlichen Konsumerfahrungen mit Haschisch haben, dies aber nicht exzessiv und nicht mit der reaktiven Integration in eine Subkultur, wie das zu Beginn der 70er Jahre der Fall war.

So hat die Entwicklung denen recht gegeben, die zwar Haschisch als Eintrittsdroge in die Subkultur angesehen haben, nicht aber als Einstiegsdroge für harte Suchtgifte. Ein innerer Zusammenhang zwischen dem Konsum von Haschisch und dem Umsteigen auf Heroin ist auch für uns nirgends deutlich geworden.

LSD hat einen anderen Stellenwert. Hier sind nicht wenige Fälle bekanntgeworden, die nach exzessivem LSD-Konsum einen prolongierten Trip erlebt haben, d. h. sich ständig wieder Halluzinationen und Ängsten ausgesetzt sahen und schließlich zum Junk, als »Heilmittel« ihrer LSD-Psychosen, griffen. Dies war jedenfalls das Rezept der Scene: »Mit einem M-Schuß holt man einen wieder runter.« Als Selbsthilfemaßnahme wurde dieses Rezept um so mehr geschätzt, je ratloser die ärztliche Kunst, zu

Anfang zumindest, dieser Art von Psychosen gegenüberstand. Sollte sich einer wegen eines schlechten Trips gleich monatelang in psychiatrische Behandlung begeben, um dann doch wie ein seelischer Krüppel verhangenen, sinnenden, abwesenden Auges zurückzukehren, aus der Sicht seiner Freunde kränker als zuvor?
Freilich war damals den wenigsten bewußt, worin das eigentliche »Ausflippen« bestand, auch nicht, daß ein »Herunterschießen« mit Morphium allerhöchstens einen Verdrängungseffekt hatte. Eine Symptombehandlung, die allerdings noch keine Heilung bedeutete. In vielen Fällen stellte sich das heraus, wenn oft nach Jahren eine Entziehungskur von Heroin durchgeführt wurde und während des Entzugs oder danach die »Flash-Backs« sich einstellten, die man damals durch einen »Schuß«, den ersten von vielen, verdrängt hatte. Was da nach dem Entzug sichtbar wurde, aber auch beim Genuß von Alkohol, der nach aller Erfahrung auf Trip-gewohnte Leute anders wirkt als sonst, oder auch bei geringer Belastung und Konzentration, nämlich jene Aktivierung endogener Psychosen, jene Porosität der Ich-Grenzen und jene grundsätzliche Labilisierung der Stimmungen – das brauchte eine soziale Therapie mit langem Atem, unterstützt durch sparsame gezielte Medikation, und bestimmt keinen M-»Schuß«.
Gewiß sind die jungen Leute nicht erst hierbei einer heillosen Heilspropaganda aufgesessen. LSD 25 hatte seine Propheten, es hatte seine Kultur, seine Musik, seine Kunst und seine Religion. Es versprach Abenteuer und Erkenntnis, Abgeklärtheit, Ruhe und Frieden [S(erenity), T(ranquillity), P(eace)]. Es verschlang die Langeweile mit der Zeit und wollte all denen einen Weg in die Innerlichkeit zeigen, die, obwohl noch jung an Jahren, die Welt schon satt hatten. Selbst häßlich Alltägliches könne schön sein, wenn man es auf Trip erlebe, dafür nahm man unbekannte Risiken gerne in Kauf, gerne auch jene Ängste und jene Horrortrips, jenes »Durchhängen«, das man nur als Betriebsunfall wertete.
Man wußte einiges vom Trip. »Trips gehen deinen Gedankengang«, erklärte eine junge Frau, die selbst ca. 1500mal diesen Gedankengang gegangen war und danach fixte. Man wußte auch, daß der Verlauf von vielen äußeren Faktoren abhängt, von der Gesellschaft, in der man ist, dem Raum, der Musik und auch, aber eigentlich nicht so sehr, vom Trip selbst, d. h. von der Droge. Denn diese Trips unterschieden sich – dem pharmazeutischen Markt angepaßt – eigentlich weniger durch die Dosierung als vielmehr durch Farbe, Aufbereitungsart und Namen. Die Preise haben sich konstant gehalten zwischen DM 3,— und DM 10,—. Das kosteten sie immer schon, wobei der STP-Trip, auch DOM genannt, wegen der langen

Wirkdauer hervorsticht. Ein äußerst rühriges Marketing hat im Laufe der Jahre das Angebot nicht langweiliger werden lassen.
Es begann mit LSD 25, geträufelt oder in Pulver, später nannte man jene weißen Tabletten von Süßstoffgröße »White Lightning«, die »Blue Cheers« waren kleine blaue Tabletten, die auf Löschpapier oder Filzläppchen aufgeträufelten »Filztrips« boten sich in den Farben Grün, Schwarz und Lila dar – Modefarben der Scene. »Yellow Sunshine« nannte man jene kleinen Trips in Form von Bleistiftminen. Von ihnen sollen sich die »Orange Sunshine« durch eine stärkere optische Wirkung und einen größeren Anteil an »Speed« unterschieden haben. Es folgten »Green Wonder« und die »Pyramide-Trips« in den Farben Grün, Blau und Grau. »Purple Haze« war schon dadurch geheiligt, daß ihn Jimmy Hendrix zum Anmachen brauchte, die »Strawberries«, wie der Name sagt, erdbeerfarbene kleine Tabletten, wurden schließlich von der Mikroserie abgelöst, »Purple Micro«, »Black Micro« und »Micro Duts«.
Gerade der LSD-Markt unterliegt starken saisonalen Schwankungen. Monatelang scheint sich niemand mehr dafür zu interessieren. Aber mit dem Frühling, den Festivals und den Ferien steigt die Nachfrage, um im Herbst langsam wieder abzuklingen. Vereinfachend, stark vereinfachend könnte man sagen: Man »kifft« (raucht Haschisch) bei Partys in den Wintermonaten und im Fasching, man »wirft Trips« (LSD einnehmen), wenn man etwas mehr Zeit hat und seine Umgebung selbst wählen kann, also in den Sommermonaten. Man fixt immer, wobei die neuen Fixer sich hauptsächlich im Herbst einstellen. Dazwischen, davor und nachher treibt der Alkohol, treiben Tabletten aller Art, vor allem »Max« (Mandrax) ihr unheilvolles Spiel. Diese Rauschmittel, die bei Jugendlichen sehr früh schon eine Rolle spielten und sehr schnell zum Kontrollverlust führen, erweisen sich heute, im Gegensatz zur Anfangszeit, immer deutlicher als Schrittmacher für Spritzgifte. Den letzteren hat sich in den letzten Jahren auch Polamidon (Po) zugesellt, da es entsprechend dem in Amerika gebräuchlichen Methadon eine Zeitlang von Ärzten verschrieben worden ist als Stütztherapie beim Entzug. Das hatte verheerende Folgen, nicht nur, weil es einen neuen Konsumententyp schuf, nämlich den Junkie, der von Po »hook« (total abhängig) war und sich seine Suchtmittel durch Vorsprechen bei Ärzten besorgte. Die ambulante Verabreichung von Polamidon kann heute aus unserer Sicht nur als ärztlicher Kunstfehler bezeichnet werden.
Insgesamt ist die Bereitschaft zum berauschenden Konsum in den letzten Jahren gestiegen. Wohin die Entwicklung bei Haschisch- und LSD-Konsumenten geht, ist im Augenblick nicht abzusehen. Am ehesten ist zu

erwarten, daß sich polymorphe Süchte und Konsumgewohnheiten als Begleiterscheinungen jugendlicher Gesellungsformen vielleicht mit subkulturellem Charakter halten werden. Eine Integration der Junk-Scene in diesem Konsumentenkreis ist aufs Ganze gesehen nicht mehr wahrscheinlich. Der Junk hat die Subkultur zerstört und den Junkie ins soziale Nirgendwo abgedrängt, aus dem er sich nur pro forma oder durch einen dauerhaften Entzug wieder lösen kann.

3. »Revolutionsrat«

Hier soll von einer Episode berichtet werden, die sich im Sommer 1971 abspielte und die, auch in solcher Zuspitzung, für das *Nowhere House* durchaus typisch ist. F. Th. war in Urlaub gegangen und hatte den auf Seite 68 f. (Kap. 3,2, Verläufe) abgedruckten Katalog von Verhaltensregeln hinterlassen. Dieser Katalog endete mit der Mahnung: Keine Experimente!

Möglich, daß das der eine oder andere als eine Herausforderung erlebt hat. Daß der Warnung zum Trotz Experimente gemacht wurden, lag wahrscheinlich aber mehr daran, daß das Restteam bestrebt war, die beurlaubte Autorität durch rational-sachliche Argumentation aufzuwiegen. Wieder einmal wurde ein programmatisches Papier mit »Thesen zu einer Konzeption des Nowhere House« vorgelegt. Dieses Papier enthielt Zündstoff. Man konnte nicht ohne weiteres damit fertig werden und zur Tagesordnung übergehen. Denn die Autoren und das übrige Team bestanden eindringlich auf praktischen Folgerungen. Vor allem sollten sich die Hausbewohner zum Kollektiv bekennen oder doch wenigstens die Bereitschaft zeigen, auf ein Kollektiv hinzuarbeiten.

Das Papier nimmt seinen obligatorischen Ausgang von einer kurzgefaßten Kapitalismuskritik und einer knappen Definition von Entfremdung mit dem unvermeidlichen Marx-Zitat. Dann wird gefolgert: »Es ist somit nicht unsere Aufgabe, eine Symptombehandlung zu betreiben, d. h. konkret bezogen auf das ›Nowhere House‹: Rauschmittelgenuß als Krankheit *an sich* zu begreifen. Es ist nur ein Mittel, das sich von den anderen (...) nur dadurch unterscheidet, daß es nicht von den Herrschenden direkt angeboten wird, um die inhumane Lebensweise zu kompensieren. – (5) Der Heilungsprozeß findet seinen natürlichen Ansatz in der bewußten Erfassung der gesellschaftlichen Zusammenhänge. Daraus ergibt sich, daß alle Konflikte kollektiv gelöst werden müssen. (6) Dieses kollektive Unternehmen kann nicht einseitig abstrakt-theoretisch sein, sondern muß in kollektive Praxis münden. Dazu ist es notwendig zu erkennen, daß Theorie und Praxis in einem dialektischen Verhältnis stehen. Die Theorie muß die Basis der Praxis sein, während umgekehrt die Praxis Korrektiv für die Theorie sein muß. (7) Die Gefahr, daß das Nowhere House sich weit von der gesellschaftlichen Realität entfernt und somit zur sozialistischen Spielwiese wird, besteht und muß von vornherein unterbunden werden.«

Keine Frage: dieses Papier wurde nicht verstanden und konnte auch nicht verstanden werden. Das ist eine Erfahrung, so alt wie das *Nowhere House* selbst, daß man auf diese Weise die Bewohner nur stets vor den Kopf stoßen und ihnen bestenfalls klarmachen kann, daß sie intellektuell unterentwickelt sind. Die theoretischen Anstrengungen waren eine Art Selbstverständigung des Teams, das sich verhalten hat wie andernorts Psychiater sich verhalten in der Konfrontation mit dem Wirren, Abwegigen, Verrückten, kurz dem Unverständlichen; sie halten es nur dadurch aus, daß sie sich eine Theorie machen, Tatsachen und Erscheinungen in Ordnungsbegriffe zwängen und damit überschaubar und nicht zuletzt auch – manipulierbar machen. Solche Theorie dient als Schutz gegen Irrationalität. Zuweilen schirmt sie auch gegen Versuchungen ab.

Das Papier, so unverständlich es war, hatte doch eine Funktion, machte doch Wirkung und trieb das Ganze weiter. Einigermaßen grotesk (wiewohl bezeichnend) ist dabei freilich, daß die Gefahr gesehen wurde, das *Nowhere House* könnte von der gesellschaftlichen Wirklichkeit abdriften und zur »sozialistischen Spielwiese« werden. Rückschauend darf man das nicht nur eine unbegründete Sorge nennen; es war auch die Dokumentation des spezifischen Problems der Teammitglieder mit Projektion auf das *Nowhere House*. Tatsächlich ist das *Nowhere House* damals wie heute gerade der gültigste Ausdruck und die krasseste Manifestation der gesellschaftlichen Wirklichkeit. Es war nicht nur nicht zu befürchten, sondern es konnte niemals gelingen, dort sozialistische Spiele zu initiieren. Wie nirgends sonst herrscht unter Drogenabhängigen das Gesetz des Kapitalismus in voller Bewußtlosigkeit und unreflektierter Trägheit mit den Merkmalen von Ausbeutung, Profitstreben, Warencharakter und Entfremdung der mitmenschlichen Beziehungen.

Das Papier wurde von den Bewohnern abgelehnt. Ihnen hatte sich eine Praktikantin zugesellt, die, wie viele Praktikanten vor und nach ihr, ihre mögliche Aufgabe und Funktion im Haus nicht gefunden hatte und sich, vor die Alternative gestellt, entweder Leitvorstellungen und Abstinenzverhalten der anderen Teammitglieder zu übernehmen oder sich in die Patientenrolle fallen zu lassen (d. h. z. B. auch zu »kiffen«), für das Letztere entschieden hatte.

Die Forderung nach politisch bewußter Verständigung über die eigene Lage im *Nowhere House*, insbesondere über die Situation der Drogenabhängigen, wurde als abwegige Zumutung empfunden. Diese ernüchternde Wirkung rief Aggressionen auf den Plan. Es wurde reagiert mit der Demonstration einer negativen Einigkeit auf der Basis verstärkten Luststrebens. Nicht eine »sozialistische Spielwiese« hatte man vor politisierenden Eindringlingen zu verteidigen; bedroht war vielmehr eine Oase unbehelligten Drogenkonsums mit der Illusion eines Bewußtseinszuwachses.
Durch das Papier ist der Kontrast deutlicher geworden. Es hat die Ausbildung einer negativen Solidarität gefördert. Das artikulierte sich unter anderem darin, daß man die Konzeptmacher und Theoriefans zum Teufel wünschte, ihnen jede Form von Mitarbeit und Entgegenkommen verweigerte. Schließlich wurde festgestellt: es gibt zwei Gruppen: die einen, die einen Standpunkt haben, und die anderen, die »nur leben« wollen. Man forderte: »Alle, die einen Standpunkt haben, sollen raus!« In der Tat zog daraufhin das Team aus. Nur die (bezüglich ihres Rollenverständnisses »umgekippte«) Praktikantin blieb zurück. Sie konnte sich im übrigen auf die Rückenstärkung des schon erwähnten, vorübergehend im *Nowhere House* beschäftigt gewesenen Release-Arztes verlassen, der reichlich dubiose Vorstellungen von Betreuung Drogenabhängiger hatte und selbst auch auf drastische Weise »umgekippt« war.
Man war über den Exodus des Teams ziemlich erstaunt, im Grunde sogar erschrocken, weil man mit soviel Konsequenz nicht gerechnet hatte. Drei Teammitglieder konstituierten sich dann extern als Initiativrat (in der Folgezeit auch »Revolutionsrat« genannt). Sie erhoben den Anspruch, die Führung im *Nowhere House* zu repräsentieren, und bildeten eine Art »Exilregierung«. Dabei war ihnen bewußt, daß sich das »Volk« im *Nowhere House* sicher nicht selbst würde regieren können. Auf der Basis der vorliegenden programmatischen Schrift wurde eine Proklamation entworfen. Diese sollte drei Tage später verkündet werden. Darin war gefordert, daß unter anderem innerhalb von 14 Tagen acht Bewohnern gekündigt werden sollte mit der Begründung, sie hätten sich als unfähig erwiesen und keine Bereitschaft gezeigt, an der Verwirklichung eines Kollektivs aktiv mitzuarbeiten. Darüber hinaus wurde ihnen exzessives Konsumverhalten und ungezügelte egoistische Bedürfnisbefriedigung unter Mißbrauch des Kollektivs vorgeworfen. Die vorhandenen kollektiven Strukturen seien ihnen nur unter dem Gesichtspunkt gelegen, daß sie damit um so besser ihre individualistischen und privatistischen Trips verstecken könnten. Es wurde das Kriterium der Gemeinschaftsschädlichkeit aufgestellt und ausgeführt: Nur auf der Basis des gegenwärtigen, von der Initiativgruppe im

wesentlichen erarbeiteten Konzeptes und unter der Voraussetzung, daß die Kündigungen auch durchgeführt werden, will der Initiativrat am Projekt weiter mitarbeiten.

Es kam dann ganz anders. Und was kam, gehört zu den markantesten Erfahrungen, die man im *Nowhere House* immer wieder machen konnte und die mit der Zeit auch beim Team ein besseres Verständnis der *Nowhere House*-Mentalität bewirkt haben. Schon am darauffolgenden Freitag standen die rebellierenden *Nowhere House*-Bewohner nicht mehr auf dem ad hoc vertretenen »Standpunkt« vom Dienstag. Es war ja auch gesagt worden, daß sie keinen Standpunkt hätten. Aber das Team war trotzdem davon ausgegangen, daß die demonstrierte negative Solidarität einen Standpunkt darstellte. Freitag war dann auch keine negative Solidarität mehr zu erkennen. Statt dessen war das ganze Haus sehr betriebsam und praktisch. Es gab erstaunliche Initiativen. Fast alle beteiligten sich an konkreter Arbeit in den Wohnungskollektiven (Stockwerksgruppen).

Das Team hatte, genau besehen, eine Niederlage eingesteckt. Diejenigen, die von der dialektischen Einheit von Theorie und Praxis gefaselt hatten, hatten sich als Nur-Theoretiker blamiert. Man kann das Fazit ziehen, daß es zur Arbeit im *Nowhere House* auch gehört, daß sich das Team in Sackgassen begibt, in theoretische Überhöhungen versteigt und an der Realität vorbeikonzeptualisiert. Das ist für die Praxis nur vorteilhaft. Freilich ist es an die strikte Bedingung geknüpft, daß man sich nicht verbohrt, Ideen nicht verabsolutiert, Forderungen nicht in starre Ordnungskategorien (z. B. unflexible Hausordnung) faßt. Statt dessen muß man fähig und bereit sein, sich zu revidieren, wo das pragmatisch geboten ist, um spontane Bewegung zuzulassen.

Diese flexible Haltung, dieses »Konzept der Konzeptionslosigkeit« (vgl. Kap. 10,3, Antitheorie und 10,4, Geplante Planlosigkeit) hat sich als das tragende Prinzip herausgestellt. Es ist andererseits auch das Hauptproblem die ganze Zeit über gewesen. Manche sind daran gescheitert. (Ein Beispiel solchen Scheiterns geben wir in Kap. 10,4). Wie im Zusammenhang mit der skizzenhaften Darstellung von Funktionen und Rollen (Kap. 4) ausgeführt wird, ist das *Nowhere House* kein Ort, wo ein Mitarbeiter eine Identität in seiner Berufsrolle finden könnte. Er muß hier zu seinem Selbstverständnis auf eine naiv-mitmenschliche Ebene zurückgehen und durch Einfühlen und Eindenken in die wechselnden Lebenswelten der Bewohner den Zusammenhang mit diesen herstellen.

Die einigermaßen hochtrabende Bezeichnung »Revolutionsrat« will nicht suggerieren, es habe sich um etwas vom Range einer Revolution gehandelt. Immerhin war revolutionär daran doch soviel, daß das Wagnis der totalen In-Frage-Stellung eingegangen und einmal mehr die sozusagen institutionalisierte Unsicherheit erlitten worden ist, aus der allein neue und weiterführende Initiativen entspringen können. Das *Nowhere House* wäre längst an Stagnation und Ideenlosigkeit zugrunde gegangen, wenn es nicht wiederholt jenes freimütige Bekenntnis des Teams zur Hilflosigkeit gegeben und das Kollektiv der Hausbewohner nicht die Notwendigkeit eigener aktiver Mitwirkung erfahren hätte. Jedenfalls waren derartige Verknotungen und Krisen in aller Regel nur heilsam. Die kollektive Erfahrung des Gescheitertseins und Nichtweiterkönnens hat gerade den Boden bereitet für neue Initiativen und damit fürs Weiterkommen.

4. Zu Protokoll

Es bleibt Ungenügen. Bleiben Fragen, die durch den Bericht der Verläufe nicht aufgeklärt, nicht einmal aufgeworfen worden sind.
Und es bleiben Erfahrungen ungenannt und unberücksichtigt, weil sie in der bisherigen Systematik keinen Platz hatten. Wie abstrakt kann Geschichte dargestellt werden, um begreifbar zu sein?
Die Mitarbeiter des *Nowhere House* sahen immer die Notwendigkeit, sich Außenstehenden verständlich zu machen. In den ersten Jahren zwangen apologetische Interessen dazu, später war es notwendig zu signalisieren, daß man noch da und noch bei der Sache war. Es mag manches Mal der Mitgliederversammlung wie eine exotische Überraschung erschienen sein, wieder einmal mit der Wirklichkeit des Hauses konfrontiert zu werden, nachdem man sich doch in großem Abstand dazu hatte halten können und die Tagespresse einem keine weiteren Informationen mehr geliefert hatte. Zudem wurde es für einige Jahre ruhiger um das Drogenproblem, auch wenn dieses nicht geringer wurde.
Publizistisch und kriminalpolitisch hatte sich das Drogenproblem dem Terrorismuskomplex unterzuordnen. Es scheint sogar, als hätte die in diesem Zusammenhang eingeführte Computerfahndung und ständige Personenkontrolle einen nicht unwesentlichen Anteil an den in den Jahren 1974–79 erfolgten Veränderungen der Scene. Die allseits beobachtete Tendenz der Verbürgerlichung und damit Verödung der Subkultur, auch der Exodus aus den Ballungszentren aufs flache Land und parallel dazu die vielfältigen »Therapiekarrieren« (bei denen Herionabhängige die verschiedenen Therapieeinrichtungen fast wahllos als Absteigen benutzten, weil man solche unter dem Druck der laufenden polizeilichen und gericht-

lichen Maßnahmen dringend benötigte) sind, wenigstens für den Einzugsbereich des *Nowhere House*, unübersehbar.
Jährliche Berichte der Mitarbeiter des Hauses, in enger Zusammenarbeit mit der Drogenberatungsstelle der Stadt Ludwigshafen abgefaßt, teilen diese Beobachtungen mit, wenn auch der Kreis der Interessierten nach dem Abflauen des öffentlichen Interesses eher exklusiv anmutete. Die nachstehenden Auszüge aus den Tätigkeitsberichten über das *Nowhere House* verstehen sich nie nur als Problemgeschichte einer Einrichtung; sie sind immer auch Reflex auf Beobachtungen allgemeiner, gesellschaftspolitischer Art.

1974: »Die Veränderungen der Situation in der Drogenscene und im allgemeinen Erwartungshorizont der betroffenen Jugendlichen hatten... natürlich auch Veränderungen im Stil unserer Einrichtung und sogar der Konzeption zur Folge. So wurde im Berichtsjahr deutlich, daß das Zurückgehen des Mißbrauchs von LSD und Haschisch eine stärkere Beanspruchung unserer Einrichtung durch Fixer von Heroin zur Folge hatte.« Es handle sich dabei mehr und mehr um Jugendliche, die »durch mangelnde Berufsausbildung, schlechte Hauptschulabschlüsse und problematisches soziales Entwicklungsmilieu« ohnehin als Problemjugend auffällig würden. »Zunehmend spielte bei diesem Personenkreis der Alkohol- und Tablettenmißbrauch, vor allem Schlaftabletten, eine Rolle. Die sonst beobachtete Alkoholabstinenz bei Fixern wurde nun aufgehoben. In Lebensstil und -gewohnheit war eine deutliche Verbürgerlichung festzustellen. Demgemäß flaute auch der Zustrom ins *Nowhere House* ab, da unsere Einrichtung durch ihre Nähe zur Subkultur der Jahre 1970–73 von dieser Gruppe junger Drogenkonsumenten als diskriminierend empfunden wurde. ... Was die drogenfreien Wohngemeinschaften betrifft, ist festzustellen, daß das Leben in einer Wohngemeinschaft bei der drogenabhängigen Jugend keine Präferenz mehr genießt. Wir haben deshalb diesen Teil der Arbeit im Berichtsjahr eingestellt...
Ganz allgemein ist festzustellen, daß die Chancen eines dauerhaften Drogenentzuges um so geringer sind, je stärker Süchtige aus dem oben beschriebenen Problemkreis junger Menschen kommen. Als ausschlaggebend für eine dauerhafte Entziehung muß nach wie vor eine brauchbare und realisierbare Zukunftsperspektive angesehen werden,... für viele heute arbeitslose, ungelernte Jugendliche ist diese sehr in Frage gestellt.«

1975: Rückläufige Beanspruchung des *Nowhere House* durch Fixer, die wenn irgend möglich eine eigene, weniger auffällige Wohnung beziehen.

Erneute Zunahme von Haschisch und LSD-Konsum in der zweiten Jahreshälfte, ebenso erhöhter Konsum von Schlaftabletten und Valoron, das überwiegend ärztlich verschrieben wird. Keine Ideologisierung der psychedelischen Drogen.

1976: Der subkulturelle Charakter der Scene, ehemals Ausdruck jugendlichen Protestes, ist verschwunden. »Was wir jetzt vorfinden, ist Schwarzmarkt mit seinen bekannten Methoden... Die Scene ist kriminalisiert und hat sich brutalisiert... Sie fördert totale soziale Vereinsamung... Es handelt sich um junge Menschen, die aus sämtlichen sozialen Bezügen herausgefallen bzw. entlassen sind... Das bedingt eine veränderte subjektive Motivation zum Drogenmißbrauch, deren Grundtenor eine tiefe Verzweiflung, das Gefühl von Ohnmacht und Resignation bezüglich des Wertes und Bestandes irgendwelcher mitmenschlicher Beziehungen und des persönlichen Einsatzes, die Umwelt aktiv zu gestalten, ist. Psychische Bewußtlosigkeit, herbeigeführt durch Drogenmißbrauch, soll ein Überleben ohne ständige Erniedrigung, Entwertungen und Verletzungen sichern und endet ausschließlich in totaler Selbstzerstörung.« Akute Lebensgefährdung durch Überdosen nimmt zu. Spritzgifte werden bevorzugt in Verbindung mit Alkohol konsumiert. Sogenannte weiche Drogen spielen kaum eine Rolle. »Ohne grundlegende Haltungen, Ziele und Betreuungsformen zu opfern, muß sich unsere Arbeit doch an diesen Veränderungen orientieren. Ihr emanzipatorischer Charakter darf nicht deswegen aufgegeben werden, weil der Personenkreis weniger zugänglich erscheint und Bedürfnisse, Proteste und Ängste nicht mehr so deutlich artikuliert werden können. Es geht vielmehr um die Vermittlung von eigenen, positiven Erfahrungen. Ein wachsendes Problem sehen wir auch in der Zusammensetzung der Bewohnerschaft. Sogenannte Drogenveteranen treffen auf bis zu 12 Jahre Jüngere. Die Folge ist ein zweiseitig bedingter Bewohnerstau. Einmal werden Neuaufnahmen aus Angst vor einer Gefährdung vermieden von Leuten, die das Haus als Anlauf- und Eingangsstufe gar nicht mehr benötigen, denen eine Alternative aber fehlt. Zum anderen durch ältere Konsumenten, die um ihre Machtposition fürchten und deren brutale Umgangsformen viele Jüngere abschrecken.«

1977: »Die weitverbreitete Jugendarbeitslosigkeit läßt bei immer mehr Betroffenen das Gefühl entstehen, überflüssig, ja lästig zu sein, im elterlichen Haushalt nur als Schmarotzer geduldet und von einem großen Teil der Bevölkerung als unwillig und faul abgestempelt zu werden.« Nach

Hinweis auf den derzeitigen Drogenkonsum mit immer häufiger werdender tödlicher Unverträglichkeit von Alkohol und Heroin fährt der Bericht fort: »Wir müssen eingestehen, daß wir den direkten Kontakt zum ›harten Kern‹ der Rauschgiftszene nicht haben halten können, daß wir ›nur‹ die Ausläufer zu spüren bekommen.« Dafür verantwortlich gemacht wird die Zusammensetzung der Bewohnerschaft und die personelle Notstandssituation mit nur zwei hauptamtlichen Mitarbeitern.
Der Bericht fährt fort: »Zu den charakteristischen Phänomenen des vergangenen Jahres zählen... Aufnahmen von jungen Frauen, die uns ihre Schwangerschaft verheimlichten. Frauen, die den Einschränkungen des elterlichen Haushaltes häufig noch stärker ausgesetzt sind als die gleichaltrige männliche Jugend, ergreifen die Flucht davor. Sie suchen Zuflucht in beliebigen Wohngemeinschaften, in denen sie sich auf Beziehungen einlassen, die ihnen allerdings nicht den ersehnten Halt bieten. Das Handicap der ›Pille‹, sie regelmäßig einnehmen zu müssen, sowie totale Hilflosigkeit, wenn eine Schwangerschaft – zumeist ziemlich spät – entdeckt wird, begünstigen den typischen Verlauf.« Es wird sodann über die Paarbeziehungen im Haus gehandelt, von der Zerstörungswut berichtet und Zahlenmaterial über die Effektivität der Einrichtung mitgeteilt. Besonders erwähnt werden die therapeutischen Freizeiten und grundsätzlich wird zur Therapie ausgeführt: »Was wir fordern und fördern ist eine permanente aktive und kritische Auseinandersetzung mit der Umwelt. Besonders das Zusammenleben im Haus bietet laufend Anstöße, eigene und fremde Bedürfnisse zu reflektieren und aufeinander abzustimmen; eigene Haltungen und Handlungen in Frage zu stellen und gegebenenfalls zu revidieren. In diesen Prozeß sind die Mitarbeiter integriert... Woran wir wieder arbeiten, ist auch, die Gruppe als Ganzes zu stützen...« Am Ende wird erwähnt, daß es nicht gelungen sei, in das psychosoziale Anschlußprogramm des Bundes aufgenommen zu werden, so daß in Zukunft eine öffentliche Förderung unterbleiben wird. Es wird Klage geführt über die schleppende Abwicklung anstehender Fragen von seiten des zuständigen Ministeriums und rigidere Auflagen bezüglich Arbeitsversuchen, therapeutischer Freizeiten usw.

1978: Dieser Bericht spricht besonders eindringlich von der Situation der Drogenveteranen, die »physisch und psychisch total am Ende« seien und sich zunehmend selber aufgeben. Sie seien »besonders stark betroffen von der schwankenden Drogenzufuhr, dem Abgleiten in Kriminalität, dem permanenten Hin- und Hergeworfensein zwischen Polizeigewahrsam bzw. Gefängnis, Notarztversorgung und kurzfristigen Aufenthalten in psychiatrischen Landeskrankenhäusern. Keiner fühlt sich zuständig, wenn nicht gerade ein Haftbefehl vorliegt.«

»Vergrößert hat sich inzwischen auch die Zahl derjenigen, die Langzeittherapien abbrechen, wieder zu Drogen greifen, zu einem erneuten Therapieversuch motiviert werden und abermals scheitern. Die negativen Erfahrungen, die von diesen Leuten auf der Drogenszene verbreitet werden, einerseits und die offensichtlich mangelnde Qualifikation der Therapiehöfe andererseits erschweren unsere Motivierungsbemühungen enorm.«

Der Bericht unterstreicht sodann die Notwendigkeit einer Motivationstherapie, wie sie stationär nur im *Nowhere House* geleistet wird, weil eben sie das erste Glied einer sinnvollen therapeutischen Kette zu sein habe. Zum Grundsätzlichen wird resümiert:

»Betrachtet man nacheinander alle Stationen einer Drogenkarriere, so läßt sich als symptomatisch zusammenfassen:

- daß Eltern und Lehrer in der Regel viel zu spät etwas merken und verständnis- und hilflos den Problemen gegenüberstehen,
- daß Beratungsstellen... überlastet sind, ihre vortherapeutische Aufgabe (langfristige Motivierung zum Drogenentzug) nicht wahrnehmen, lediglich vermitteln,
- daß die Notwendigkeit von Übergangseinrichtungen wie dem *Nowhere House* nicht gesehen und entsprechend unterstützt wird,
- daß psychiatrische Kliniken sich lediglich mit der Verabreichung von Medikamenten begnügen,
- daß Therapiehöfe häufig an den Klienten vorbeitherapieren,
- daß bei den Betroffenen zu Recht das Gefühl entsteht, daß die Gesellschaft nicht im geringsten an ihrer Existenz und Problematik interessiert ist...«

Zur Praxis des *Nowhere House* wird eine Veränderung des Aufnahmemodus berichtet und der verstärkte Einsatz der Mitarbeiter in einem zusätzlichen Street-Work zusammen mit der Drogenberatungsstelle der Stadt. Der Zulauf zum Haus hat sich wieder verstärkt und der verlorengegangene Kontakt zur Scene konnte wiederhergestellt werden. Auch wird dann noch auf die Erschwernisse hingewiesen, die vom Kostenträger verursacht sind.

1979/80: Die letzten beiden Jahre bestätigen die sichtbare Tendenz. Bei allem Wissenswerten, was diese Berichte enthalten, sind sie kaum mehr als Andeutungen zur inneren Problemgeschichte des Hauses. Sie können nicht berichten vom persönlichen Scheitern von Mitarbeitern, vom ständigen Verschleiß in einer außerordentlichen solidarischen Praxis von

Sozialarbeit, Seelsorge und Psychotherapie. Sie können nicht deutlich machen, mit welchem Risiko und welchem Mut die Hauptamtlichen dort arbeiten, und nicht erklären, warum immer wieder neue Hoffnung und Vertrauen entstanden bei so vielen Enttäuschungen.
Doch lohnt es sich, auch davon einiges zu Protokoll zu nehmen. In dieser Einrichtung hatte eben immer alles innen und außen, aber eben auch das »Innen« seine Bedeutung. Sie war offen und verletzlich; aber sie konnte nie tiefer verletzt werden als die, die darin wohnten und lebten. Über sie konnte sie allerdings auch nie hinauskommen. Wie sich das niederschlug in Aufzeichnungen, Skizzen, Konzeptionsmodellen und Protokollen von regelmäßigen Konzeptionssitzungen läßt sich nicht nach Jahreszahlen ordnen. Es ist manchmal eine persönliche Einsicht und Erfahrung, wie sie sich in jenen Gedanken einer Mitarbeiterin von 1979 finden: »Unheimlich müde, spät abends versuche ich, einen Teil der Gedanken zusammenzutragen, die mir in letzter Zeit durch den Kopf gingen. Mir fehlt einfach die Zeit, die Sachen in Ruhe zu durchdenken und klar zu formulieren. Mir fehlt auch – ehrlich gesagt – die große Lust dazu, weil bisher meine Papiere immer unter den Tisch fielen, überhaupt nicht wahrgenommen und schon gar nicht kritisiert wurden. Gleichgültigkeit und Teilnahmslosigkeit lähmen mich und vielleicht auch die ganze Arbeit – alle im Haus. Es fällt immer schwerer, sich dem auf die Dauer zu entziehen... Wir spiegeln das Chaos der Leute wider. Wir bieten zu wenig Orientierungshilfe... Wie weit bin ich schon festgefahren, festgelegt?«
Die Protokollnotiz einer zweitägigen Teamkonferenz im Pfälzer Wald im Februar 1979 bezieht sich ebenfalls auf solche Erfahrungen:
»Ausgehend von der Unzufriedenheit an den Mitarbeitern des Hauses und der Verzweiflung der Mitarbeiter im *Nowhere House*-Alltag wurde versucht, aus der Kritik neue konstruktive Ansätze für die konkrete Arbeit zu entwickeln.
Dem momentanen Sich-Einnisten, der Hotelatmosphäre und den eingeschliffenen Ausweichmechanismen soll mit Verdichtung der Gruppenprozesse begegnet werden. Dies soll zum einen durch zeitliche Aufenthaltsbegrenzung, zum anderen durch räumliches Zusammenrücken erreicht werden. Mit der zeitlichen Begrenzung wäre u. a. eine größere Fluktuation und permanente Konfrontation mit neuen Konfliktstoffen verbunden. Ein näheres Zusammenrücken im Haus würde Isolationstendenzen entgegenwirken und zwangsläufig mehr Reibung-Spannung-Auseinandersetzung forcieren. Verbunden damit ist die Annahme, daß (intensive) Gruppenbildung mit Sucht (= Vereinsamung) unvereinbar ist und daß damit wichtige Erfahrungen – Entwicklungen wachgerufen bzw.

beschleunigt werden... In welcher Form feed back als festes Element integriert wird, muß noch ausführlich erarbeitet werden. ›Leidthema‹ der nächsten Sitzung: Kampf dem Vergessen!«

Dazu liest man dann im Protokoll vom 14. März 1979: »Im Kampf gegen das Vergessen sollten Zukunftsgedanken festgehalten – schriftlich fixiert und öffentlich zum Spiegel gemacht werden. Mit diversen Techniken sollte immer wieder versucht werden, Öffentlichkeit herzustellen, um der Privatheit entgegenzuwirken und Verbindlichkeit mit der Gruppe zu schaffen.«

In einem früheren Diskussionspapier werden folgende unbedingt diskussionswürdige Punkte aufgeführt:

Perspektive '79:

- permanente, lähmende Untergangsstimmung
- Zusammenarbeit im Team – als Voraussetzung für alles andere
- innere Struktur – Überlegung zur Gruppenaufteilung
- Knastabgänge
- Arbeitsaufnahmen bzw. Arbeitsversuche
- Gettosituation
- Kinder und Kleinstkinder
- Pärchen
- Dauerfronten und aggressives Verhalten
- Verantwortungsgefühl fürs Haus von allen
- junge und alte Junkies
- Jugendliche mit hauptsächlichen Alkoholproblemen
- Freizeiten
- Nachtwachen und Spätdienst
- Streetwork
- ambulante Arbeit
- Öffentlichkeitsarbeit

Aus diesem sehr umfänglichen Papier lediglich zwei Passagen, die für die Jahre 1978/79 signifikant sind:

»Mich persönlich lähmt es immer wieder, nicht zu wissen, ob das Haus noch weiterhin existiert – wenn ich längerfristige Gruppenarbeit ins Auge fasse –, wenn sich Leute bewerben, bei denen längerer Aufenthalt einkalkuliert werden muß...

Mir ist klar, daß diese Unsicherheit irgendwo symptomatisch und teilweise auch wichtig ist für diese Arbeit. Nur ich merke halt, daß das permanente Schleudersitzgefühl meinen vollen Einsatz verhindert...«

Und später: »Kurz und deutlich gesagt: Ich finde die Zusammenarbeit im Team miserabel. Aufzuzählen, was mir im einzelnen stinkt, halte ich für müßig. Wenn die weitere Arbeit für die betroffenen Jugendlichen und für das Team einigermaßen befriedigend und effektiv sein soll, dann muß:

- die Bereitschaft hergestellt werden, miteinander und nicht nebeneinander zu arbeiten
- das Einhalten von Zeiten und Aufgaben gegeben sein
- eine bessere Kommunikationsbereitschaft entwickelt werden
- delegieren möglich sein.«

Bewußt oder unbewußt leisteten die Konzeptionssitzungen und Teamkonferenzen ein feed back der eigenen Geschichte des *Nowhere House*. Nicht nur so, daß etwa für die Sitzung im Dezember 1978 als Leitfaden für die aktuelle Diskussion die »Kritische Analyse der Diskrepanz zwischen theoretischem Anspruch und Realität im *Nowhere House*« herausgestellt wurde, sondern auch, daß zunehmend ein Leistungsdruck aus der Vergangenheit abgeleitet worden ist. So heißt es im Protokoll eben jener Konzeptionssitzung zum Problem des Aktivierens:

»Es wird festgestellt, daß von den Hausbewohnern weniger Impulse ausgehen als zur Zeit der ›goldnen Gründerjahre‹ *des Nowhere House*. Das heißt:

- daß heute mehr von den Mitarbeitern ausgehen muß
- daß sie sorgfältiger beobachten und schon kleinste Anregungen aufgreifen sollten
- daß sie insgesamt ein Medium schaffen müssen, das Kreativität anregt...«

In einem späteren Papier wird diese Passage so kommentiert:

»Ich finde auch die Glorifizierung von früher – den golden sixties and seventies – als lähmend. Mit diesem Maßstab gemessen, z. T. gegenwartstaub tradiert, können wir nur scheitern, verzweifeln etc. Ein wichtiges Problem ist, selber nicht zu resignieren; eigene Erwartungen und Enttäuschungen zu erkennen; das gleiche gilt für Phantasie und Durchsetzung.«

Die Arbeit in dieser Einrichtung mit der vorliegenden »Konzeption der Konzeptionslosigkeit« hat zu vielfältigen konzeptionellen Überlegungen angeregt. Man hätte gewünscht, die finanziellen Möglichkeiten zu haben, dieses Projekt gründlich und konsequenter von Anfang an wissenschaftlich begleiten zu können, nicht selbst zu tief hineinverflochten zu sein und wenigstens hie und da Abstand zu gewinnen von dem so dicht bei dicht liegenden Hoffen und Resignieren. Wie dicht dies beides gepaart erscheint, resümiert aus zwei verschiedenen, nur einen halben Monat auseinanderliegenden Berichten die seit 1976 im *Nowhere House* tätige Psychologin Henrike Selling, deren Kritikfähigkeit und Engagement das *Nowhere House* der letzten Jahre viel verdankt. Sie schrieb am 22. 6. 1977:

»Wenn ich mir so die Arbeit der letzten Monate vor Augen führe, spüre ich zum einen so ein Moment der Faszination, der Einmaligkeit (welches Haus bietet sonst einem solchen Publikum soviel Chancen zum Ausleben, Ausprobieren, Umlernen?) und zum anderen aber auch ein Moment von Insel und Sackgasse (wie diese Erfahrung in der gesellschaftlichen Realität umsetzen?).«

Am 5. 7. 1977:

»Es war einmal eine junge Psychologin. Sie kam frisch von der Universität und fing im *Nowhere House* an zu arbeiten.

Sie hatte große Pläne, wollte Selbstreflexion, Kreativität und Solidarität fördern, wollte immer wieder zu selbstverantwortlichem Verhalten animieren, neue Problemstrategien initiieren usw. Doch nach einiger Zeit merkte sie, daß sie eigentlich was ganz anderes machte. Wie eine Kindergartentante stellte sie Spiele bereit, damit die Kinderchen beschäftigt waren. Wie eine Mutter tröstete sie, wenn die Kinder weinend gerannt kamen... Wie eine Sozialarbeiterin ging sie mit den Leuten auf Ämter, besorgte Wohnungen und Arbeit... Dies alles machte sie ganz schön zornig, und sie überlegte, was sie ändern könnte:

- Den Ärger wollte sie nicht länger schlucken, sondern ausspucken
- in keinem Fall wollte sie sich länger auf einsamem Posten fühlen. Und wenn sie nicht gestorben ist, dann lebt sie heute noch und wünscht sich endlich ein feed back.«

Was wir hier nicht zu Protokoll geben, ist die sogenannte Erfolgsquote (etwa Zahl der anhaltend drogenfrei Gewordenen). Die zitierten Berichte geben indirekt Aufschluß darüber. Mancher Ehemalige, sogenannter »Exuser«, hält Freundschaft zum Haus und seinen Mitarbeitern. Dabei verstärkt sich das Bewußtsein, wie sehr Drogenfreiheit im Blick auf eine emanzipatorische Praxis relativiert werden muß.

Wir halten aber fest: Ohne sichtbare Erfolge könnte keiner in dieser Arbeit bestehen. Darüber aber zu schreiben, möchten wir denen überlassen, die es »geschafft« haben.

Zweiter Teil

Heilsame Konflikte
Zusammenspiel der Kräfte

Der Verzicht auf feste institutionelle Ordnung und starre Konzeption zugunsten von Selbstdarstellung, Eigeninitiative und Aktivierung der Patienten hat zur Folge, daß die therapeutischen Mitarbeiter auf geschützte Rollen und genau bezeichnete Funktionen verzichten müssen. Sie nehmen an der kollektiv dargestellten Not unmittelbar teil. Ihre unvermeidliche Mitwirkung an den als heilsam apostrophierten Konflikten ist für das Gelingen der pädagogisch-therapeutischen Arbeit im *Nowhere House* von wesentlicher Bedeutung. Zwar kostet es sie das ständige Risiko ihrer Identität (weil sie durch keine stabile Berufsrolle gestützt und gesichert werden können), dafür erhöht sich aber die therapeutische Wirksamkeit. Die hinsichtlich Rolle und Funktion bestehende Schutzlosigkeit macht die Schranke zwischen Therapeuten und Patienten niedriger und erhöht gleichzeitig die mitmenschliche Glaub- und Vertrauenswürdigkeit des Therapeuten.
Die damit umrißhaft gekennzeichnete Problematik wird im folgenden unter dem Gesichtspunkt der im *Nowhere House*-Team engagierten Berufsgruppen, d. h. des Pfarrers, Psychotherapeuten, Psychologen und Sozialarbeiters, näher beleuchtet. Das daran anschließende Kapitel will mit der Beschreibung der wöchentlichen Hausversammlung einen Eindruck von (der einzigen festen) Einrichtung geben, die zum Dreh- und Angelpunkt für nahezu alle Problemstellungen, Vorgänge und Entscheidungen im *Nowhere House* geworden ist und in der zugleich die Dynamik zwischen Team und Bewohnerkollektiv die intensivste Gestalt gewinnt.
Welche Bedeutung dem konfliktuosen Zusammenspiel der Kräfte auf theoretischer Ebene zukommt, ist in Kapitel 10 ausgeführt.

Kapitel 4

Das Team. Funktionen und Rollen

Man kann die spezifische Aufgabe und Funktion eines Angehörigen des therapeutischen Teams im *Nowhere House* weder aus seiner fachlichen Herkunft noch von seiner fachlichen Qualifikation ableiten. Abgesehen davon, daß eigentlich jedes präformierte Berufsbild in diesem Bereich nicht hat bestehen können, ergab sich jeweils nur im Rückschluß aus der Selbstreflexion des Teams allmählich eine bestimmte Zuständigkeit und demzufolge auch eine konkrete Form der Mitarbeit.

Es handelt sich also, wenn man so will, um eine Bestimmung der je besonderen Arbeitsaufgabe a posteriori. Das trifft auf die um eine stabile und reproduzierbare Berufsrolle ringenden Psychologen und Sozialarbeiter in stärkerem Maße zu als auf die klassischen Berufe des Pfarrers und Arztes. Trotzdem sind auch der Pfarrer und der Arzt nicht freigestellt von einer erheblichen Relativierung ihrer Berufsrolle. Dabei ist es gewiß entscheidend, daß auf derart vorgeschobenen Posten, »vor Ort«, dasjenige, was gewöhnlich die Dignität des Amtes ausmacht, im einen Falle die Kirche, im anderen die Klinik oder eine repräsentative Arztpraxis, fehlen. Wer sich mit dem Volk gemein macht, sich unter die Raufenden mischt, der darf sich natürlich nicht wundern, wenn er Prügel bezieht. Trotzdem blieben die Figuren des Pfarrers und des Arztes in zwingenden Situationen auch im *Nowhere House* eine Orientierung. Die Erwartungen beziehen sich nicht zuletzt auf das hintergründig wirksam gebliebene Ethos, so wenig es vordergründig sich auch zeigen mochte.

Rolle und Funktion eines Teammitglieds bestimmen sich wesentlich aus seiner Bedeutung für die soziale Dynamik im Kollektiv. Allerdings sind Wirkungen und Einflußnahmen so außerordentlich komplex, daß es praktisch nicht gelingt, von daher Kriterien zur Bestimmung der Bedeutung einzelner Teammitglieder zu gewinnen. Eine Ausnahme hat hier von Anfang an der Pfarrer gemacht. Nicht nur als Initiator der Einrichtung, sondern gerade auch als (vielfach geschmähter und oft verleugneter) Pfarrer bot er sich dazu an, daß die *Nowhere House*-Bewohner sich entlasteten, indem sie ihn zu einer überdimensionalen Autorität ausphantasiert und sich dementsprechend auch verhalten haben.

1. Pfarrer

Nicht nur in der Genese der Einrichtung, auch in der Erfahrung ihres weiteren Verlaufs ist die Beschreibung der Rolle des Pfarrers an erster Stelle begründet. Für Außenstehende war er der »Pfarrer, der so ein Haus hat«. Nicht zuletzt kannten die Teamangehörigen und die Öffentlichkeit den Pfarrer aus der Arbeit der Evangelischen Jugend. Er selbst hat nie den Versuch unternommen, sich in bezug auf sein Amt zu tarnen.
Bei jenen Einrichtungen, die sich nach und nach in Konkurrenz zueinander versetzt sahen – vor allem Release-Einrichtungen in manchen Städten –, führte diese Tatsache wohl zu einer negativen Beurteilung. In Bemerkungen wie: »Ihr mit eurem komischen Pfarrer« oder »Karitas, nichts als Karitas, euch fehlt ja das gesellschaftliche Bewußtsein« – drückte sich die Herabsetzung aus.
Demgegenüber konstatierte die Öffentlichkeit die Zuordnung dieser Einrichtung zur Kirche und kirchlichen Jugendarbeit als besonders positiv. Sie räumte dem »Pfarrer« von vornherein einen größeren Spielraum – sollte man sagen Narrenfreiheit? – ein, als sie sonst wohl bereit gewesen wäre, einer so auffälligen und riskanten Unternehmung zu gewähren.
Sicher trug es in den Anfangsjahren schon Früchte, daß gerade die Kirche in Gestalt einiger exponierter Pfarrer sich sehr offen und vorurteilsfrei – gelegentlich von der Sache her auch ausgesprochen engagiert – im Gespräch mit jenen Kräften befunden hat, die der Gesellschaft kritisch gegenüberstanden. Auch hatte man in vielen deutschen Städten die Erfahrung machen können, daß jene Exponenten nicht nur allgemein zu Gesellschaftskritik, sondern dezidiert auch zur Kirchenkritik bereit waren. Daraus ergab sich eine Rollenerwartung, mit der sich zu identifizieren dem Pfarrer um so weniger schwerfiel, je mehr er sich bis dato schon in einer kritischen Befragung sozialer und kirchlicher Wirklichkeit befunden hatte. Vor allem die Jugendarbeit hatte sich ja schon sehr weitgehend als reformistische Gruppe in Kirche und Gesellschaft begreifen gelernt und jene Strategien und Techniken entwickelt, die neue Arbeits- und Kommunikationsformen sowohl im genuin kirchlichen Bereich, wie z. B. Gottesdienst und Gemeindeveranstaltungen, als auch im Bereich der Gesellschaft – Aktionen für die Dritte Welt, Spielplatzprobleme, Ausländerarbeit – mit sich brachten und zu einer Öffnung und Dynamisierung starrer Verfaßtheiten geführt haben. Auch dabei wurde sichtbar, daß solche Initiativen nur möglich waren, weil die Kirche und mit ihr der Pfarrer einen besonderen Schutz und erhöhte Toleranz genießen.
Mit den Epitheta »unkonventionell« und »progressiv« ist nur sehr un-

scharf umschrieben, was sich zumindest an den Rändern der Kirche entwickelt hat. Es war vor allem die Relativierung gegenwärtiger Zustände unter dem Eindruck einer neuverstandenen eschatologischen Ekklesiologie und diese wiederum ein Ausfluß der im Bereich der theologischen Wissenschaften lebendig gewordenen Frage nach der Geschichtlichkeit von Mensch und Gesellschaft; beides brachte Bewegung in die kirchliche Arbeit hinein. Im Zusammenhang damit steht auch ein anderes Menschenbild, das weniger idealistisch-moralisch konstruiert war und sich deutlicher dem biblischen Szenarium, vor allem der Evangelien, verpflichtet wußte.

Es bleibt eine wichtige Erfahrung, daß sich die besondere Rolle des Pfarrers als kirchlicher Funktionär wie als Seelsorger im *Nowhere House* unverschlissen erhalten hat, obwohl die typischen Verrichtungen wie Predigt, Gebet, Sakramentsspendung usw. fehlten. Während man Ärzten schon längst mit großem Mißtrauen begegnete und auf ihre Schweigepflicht nur noch sehr bedingt vertraute, blieb das Vertrauen in die Verschwiegenheit des Seelsorgers ungebrochen. Auch räumte man ihm eine Autorität ein, die weit über das Maß dessen hinausging, was für die Konzeption des Hauses angebracht schien.

So wurde zwar immer über jeden Vorgang und jeden Eingriff in den Ablauf des Heimbetriebes durch die Bewohner abgestimmt, trotzdem war die Ansicht unausrottbar, daß es doch keinen Zweck hätte, wenn der Pfarrer nicht dafür wäre. Daran änderte auch nichts, daß häufig gegen den Pfarrer gestimmt wurde. Man war sogar im Gegensatz zu seiner Meinung bereit, ihm ein Vetorecht einzuräumen zu Zeiten, wo man sonst jeden anderen, der nicht im Haus wohnhaft war – Sozialarbeiter, ehrenamtliche Mitarbeiter, Arzt und Besucher – vom Abstimmungsprozeß ausschließen wollte. Der Schluß liegt nahe, daß die *Nowhere House*-Bewohner davon überzeugt waren, daß so etwas wie ein Pfarrer gebraucht würde, mindestens dieser Pfarrer lebensnotwendig für das Haus sei. Gerade hier aber fallen Differenzierungen schwer.

Ähnliche Einrichtungen haben ähnliche Rollen hervorgebracht. Kaum eine dieser Selbsthilfeeinrichtungen ist ohne die Funktion eines »Spiritus rector« vorstellbar. Auffällig am *Nowhere House* ist lediglich, daß die Personen dort im Grunde nicht austauschbar waren, es auch nie so etwas wie einen »Machtkampf« zur Lösung eines Autoritätskonfliktes gegeben hat. Auch sind alle Versuche von seiten der Verantwortlichen, nach dem zunehmenden Rückzug des Pfarrers aus der laufenden therapeutischen Arbeit im Haus einen neuen verantwortlichen Leiter mit ähnlicher Kompetenz und Rollenidentität nachzuschieben, gescheitert.

War es zunächst möglicherweise auch der Informationsvorsprung, der dem Pfarrer die zentrale Rolle garantierte, so konnte später jedenfalls davon keine Rede mehr sein. Trotzdem steht und fällt eine Sitzung damit, ob er anwesend ist, werden Gruppenentscheidungen nur nach Rücksprache mit ihm getroffen, so daß gelegentlich sogar längere Karenzzeiten erforderlich werden. Bewohner und Teamangehörige unterscheiden sich hier nicht wesentlich. Gelegentliche, aber wiederkehrende Diskussionen um ihn haben seine Rolle eher verfestigt. Gezielte Supervision, die von Anfang an seine Funktion zur Disposition stellen wollte, hatte keinen Erfolg. Eine solche stark mit Autorität besetzte Rolle scheint in vieler Hinsicht dem Konzept der Einrichtung zuwiderzulaufen. Deshalb hat der Pfarrer selbst nicht selten Anstrengungen unternommen, eine Änderung der Rollenerwartung herbeizuführen. Das ist allerdings nur dann gelungen, wenn Kleingruppen, die drogenfrei geworden waren und an eigenen Planungen orientiert im Haus lebten oder gar in einer der drogenfreien Wohngemeinschaften, sich zusammengefunden hatten. So mag mit Blick auf andere Einrichtungen ähnlichen Typs die Frage erlaubt sein, ob nicht die Abhängigkeit des Drogenkonsumenten in der Weise polymorph ist, als sie ihn nicht nur von der Droge, sondern auch in sozialer Hinsicht abhängig sein läßt. Im *Nowhere House* konnte jedenfalls am Maß des selbstbewußten Gestaltungswillens auch der Grad der Abhängigkeit von der Droge abgelesen werden.
Tatsächlich war der Drogenabhängige existentiell entscheidend auf die Unterstützung des Pfarrers angewiesen. Denn dieser pflegte die Kontakte zum Elternhaus, zur Polizei, zur Öffentlichkeit und zur Presse. Er war neben den Vorgängen in der Scene auch bestens informiert über Vorgänge im Trägerverein und repräsentierte diesen Verein den Bewohnern gegenüber. Schließlich war er es auch, den die Öffentlichkeit mit dem Haus identifizierte, so daß seine Person auch für den Drogenabhängigen die Garantie bot, daß die Einrichtung fortgeführt würde. Daß in Krisensituationen, sei es bei einer öffentlichen Kampagne oder bei einer persönlichen Krise bei Überdosis und Horrortrip, der Pfarrer jeweils präsent war, trug ihm den Titel »Nachtschwester« ein, der wie die anderen Benennungen, »Papa They« oder »Guru«, seine besondere Rolle zusätzlich unterstrich. Es muß bezweifelt werden, daß es sich hier nur um den persönlichen Erfolg des Pfarrers handelt. Persönliches Charisma erklärt jedenfalls nicht, weshalb an den persönlichen, familiären und sozialen Verhältnissen des Pfarrers bei den *Nowhere House*-Bewohnern kein Interesse sichtbar wurde. Bezeichnend ist eher ein bestimmtes Ölporträt eines Heiminsassen. Es stellt den Pfarrer in einer typischen Haltung dar. Sitzend mit übergeschla-

genen Beinen, in sich ruhend und beobachtend, fast schwerfällig. Er trägt eine Kopfbedeckung, die schlagartig noch einmal die Rolle sichtbar werden läßt, die ihm im *Nowhere House* übertragen ist. In der einen Hälfte deutlich ausgemalt sieht man eine Mitra, zur anderen Seite aber löst sich dieses zeitlose Requisit in etwas auf, was sowohl eine Narrenkappe als auch ein Doktorhut sein könnte. Da es sich bei diesem Bild um einen ernsthaften und nach der Phantasie gemalten Versuch handelt darzustellen, welche Bedeutung der Pfarrer für die Bewohner gehabt hat, ist seine Ausdeutung erlaubt. Demnach zeigt es die Spannung zwischen kirchlicher Funktion und nowherehäuslicher Rolle auf, ohne sie aufheben zu wollen. Das entspricht den übrigen erfahrbaren Äußerungen von *Nowhere House*-Bewohnern über das Amt des Pfarrers. Dabei fällt eine ganz aus dem Rahmen, die ansonsten auch mehr als witzige Bemerkung zu werten war: »Du hast deinen Jesus und ich mein Bier.« Auch andere Bemerkungen über Klingelbeutel und reiche Pfarrer waren insoweit wohl selten ernst gemeint. Überraschend war allerdings, daß nach dem Wechsel des Pfarrers ins Gemeindepfarramt und nach gelegentlichen Besuchen bei ihm im Gottesdienst kaum ein Verfremdungseffekt zu bemerken war. Wie selbstverständlich wurde er auch in dieser Rolle toleriert. Man nahm es ohne weiteres hin, daß bei kirchlichen Festen der Pfarrer auf die Möglichkeit zu feiern hinwies. Gemeinsame Mahlzeiten phantasierte man von sich aus in ein »Abendmahl« um. Wenn auch kirchliche Trauungen nicht gewünscht wurden, so erwartete man den Pfarrer zumindest als Trauzeugen beim Standesamt. Auch das eine oder andere Kind von *Nowhere House*-Insassen brachte man ihm zur Taufe. Es war auch selbstverständlich, daß er darauf ansprach.
Sein Engagement für die Leute von der Scene wurde ihm nicht als Naivität ausgelegt. Es schien genau das, was man von ihm erwartete, wobei man ihm zutraute, sowohl Pfarrer wie auch in voller Solidarität mit den Freaks zu sein. Solcherlei Erfahrungen bestätigten das, was man zum Leitmotiv für den Einsatz dieser Rolle in einem therapeutischen Konzept machen muß. Die Rolle des Seelsorgers soll bewußt die Spannung zwischen gesellschaftlicher Funktion der Kirche und subkultureller Erwartung aushalten. Sie ist auf Autoritätsabbau anzulegen, hat aber in einer antiautoritären Strategie zeitweise drogenbedingte Autoritätsübertragungen auszuhalten. Sie ist um so humaner und therapeutisch wirkungsvoller, je mehr sie das eine und das andere in Solidarität mit den Betroffenen akzeptiert.

2. Psychotherapeut

Daß sich der Psychotherapeut im *Nowhere House* in einer vergleichsweise randständigen Position befindet, hat der Sache eher gutgetan. Soviel war in den projektbegleitenden Diskussionen eigentlich immer wieder klargeworden, daß man im Ansatz schon jede Form drohender Psychiatrisierung in dieser Praxis vermeiden muß. Trotz der geübten Zurückhaltung war gelegentlich von Bewohnern zu hören, der Psychotherapeut bzw. Psychiater sei wohl nur anwesend, um sie zu beobachten, mit einer Diagnose zu etikettieren und dann in die Anstalt zu schaffen.
Im Unterschied zum Psychologen und den Sozialarbeitern ist der Psychotherapeut kein alltäglich präsenter Begleiter. Er ist deshalb auch kein Adressat für die Einforderung und Gewährung ökonomischer Grundbedürfnisse. (Vergleiche hier die Selbstdarstellung des Pfarrers, der, wenn auch ohne alle zeremonielle Kulisse, sich diesbezüglich in der sakramentalen Handlung der Speisung mit Verteilung von Brot und Wein wiederfand.)
Mehr als der »Psycho«-Titel prägte – aus der Optik der *Nowhere House*-Bewohner – vielfach die Eigenschaft des Arztes (d. i. des Heilkundigen für vorwiegend körperliche Gebrechen) die Rollenerwartung. Man hat den Arzt anvisiert als denjenigen, der legalen Zugang zu rezeptpflichtigen Medikamenten hat. In diesem Zusammenhang muß man sich vergegenwärtigen, was möglicherweise im Süchtigen vor sich geht, wenn er mit demjenigen konfrontiert ist, der legal an die Drogen kommt, für deren Beschaffung er, der Süchtige, sich kriminalisieren muß. Nur wäre die vorbehaltlose Ausgabe von Drogen (auch solchen, die nicht selbst suchterzeugend sind, d. h. von Beruhigungsmitteln, wie sie sich aus Indikationen des sogenannten »Horror Trip« oder »bad Trip« eingebürgert haben, also Valium, Haloperidol, Adumbran, Aponal) alles andere als ein Eingehen auf Grundbedürfnisse. Wir sind hier eher asketisch gewesen und haben es zugelassen, zuweilen sogar gefördert, daß andere Ärzte und Ambulanzen aufgesucht und konsultiert worden sind.
Allerdings waren die anderen Ärzte oft genug auch ein besonderes Problem. Denn es gab immer Drogenabhängige, die naive und willfährige niedergelassene Ärzte ausfindig machten, von denen sie in unkritischer Verschreibung oder auch unmittelbar in die Hand jede Menge Polamidon und Valoron, in Einzelfällen auch harte Suchtmittel, erhielten. Wir waren immer wieder mit den verheerenden Folgen solcher Sorglosigkeit konfrontiert. Einige Drogenabhängige hatten – uns unbekannt – große Vorräte gehortet; wir erfuhren es aber regelmäßig erst dann, wenn eine Über-

dosis zu lebensbedrohlichen Zuständen geführt hatte. Man kann schon sagen: diese niedergelassenen Ärzte sind uns in den Rücken gefallen. Längst schon war (auch in der Standespresse verbreitet) bekannt, daß Polamidon und Valoron nicht Antisucht-, sondern im engen Sinne ihrerseits Suchtmittel sind. Sie Süchtigen zu verschreiben stellt einen Kunstfehler dar.

Es ist trotzdem nicht etwa unserer Enthaltsamkeit bei der Medikamentenausgabe zuzuschreiben, daß man sich von anderen Ärzten Suchtmittel beschaffte. Wir hatten in keinem Falle die Überzeugung gewinnen können, daß Polamidon oder Valoron wirklich indiziert gewesen wären. Daß man daraus wahrhaftige Programme andernorts gemacht hat (z. B. bei Release und Free Clinic), war uns unverständlich.

Selbst in Zweifelsfällen haben wir uns nicht erweichen lassen. Die gefährlichen Auswirkungen eines Mitagierens vor Augen, war uns der mögliche Vorteil solcher ambulanten Entzugsversuche nicht bedeutend genug.

Nun sind auch im *Nowhere House* immer wieder ambulante Entzüge versucht worden, beispielsweise bei gerade erst rückfällig Gewordenen. Dann haben wir auch flankierende Pharmakotherapie zur Vorbeugung gegen Entzugssymptome betrieben. Aber es ging uns bei diesen in aller Regel aus einer bestimmten sozio-dynamischen Konstellation heraus zwingenden Versuchen um einen voraussehbaren günstigen Effekt auf das Kollektiv. Das fast in allen Fällen eingetretene Scheitern war sozusagen einkalkuliert und konnte uns nicht enttäuschen. Wir wollten die zur Mithilfe beim Entzug konkret motivierten *Nowhere House*-Bewohner durchaus auch die Erfahrung eines karitativen Handelns (und nicht nur die Phantasie davon) in Kooperation mit ihresgleichen machen lassen.

Bei alledem hatten wir nie den Optimismus, einen klinischen Entzug bei echt körperlicher Drogenabhängigkeit durch ambulante Maßnahmen ersetzen zu können. Aber wir hatten durchaus ein Interesse, den Ernstfall zu proben und die Erfahrung der mit dem Entzug verbundenen Probleme für den betreffenden Drogenabhängigen wie für seine unmittelbare mitmenschliche Umwelt zu vermitteln.

Seiner Hauptfunktion nach ist der Psychotherapeut/Psychiater im *Nowhere House* aber nicht Arzt. Er arbeitet von allen Angehörigen des Teams auch am wenigsten unmittelbar mit dem Patienten. Seine Aufgabe ist vor allem die Supervision für die anderen, die die beratenden und therapeutischen Aktivitäten wesentlich tragen (Psychologe, Sozialarbeiter). Dieser Aufgabe kann er sich auch nicht routinemäßig entledigen. Diagnosen als solche beispielsweise sind nicht gefragt. Es muß schon deutlich werden, wo und zu welchem Nutzen in der praktischen Arbeit diagnostische Klassifizierungen relevant werden. In der Regel geht es um konkrete Situationen, in denen der therapeutische Mitarbeiter vor Probleme gestellt wird, die ihn als Person fordern, bei denen er z. B. die Diskrepanz erlebt, daß er nicht vermitteln kann, was er will; oder daß er sich selbst in Frage gestellt sieht und verunsichert wird. Das zu klären erfordert ein Stück Selbstanalyse (auf diese Fragen wird weiter unten näher eingegangen).

Die Supervision zielt freilich auch nicht in die Richtung, daß der Patient in die Distanz geschoben wird, etwa dadurch, daß stets wieder das Gattungshafte, Überindividuelle der Drogenabhängigkeit betont und verdeutlicht wurde und von daher der Helfer sich selbst auch als Funktion objektivieren könnte (zwecks Angstentlastung, Freistellung von persönlicher Konfrontation etc.). Mit dieser sterilen Umgangsart, die einem inhumanen Rollenschematismus folgt, haben die psychiatrischen Kliniken bekanntlich ihre notorischen Mißerfolge erzielt.

Es sollte auch auf dieser Ebene vermieden werden, daß das *Nowhere House* zu einer Institution wird, in der sich einmal mehr traditionelle Psychiatrie reproduziert. Der externe Supervisor läßt das nicht befürchten. Er soll aus methodisch disziplinierter Distanz helfen, die unvermeidliche Einengung des Gesichtsfeldes der mitten in der Praxis Stehenden zu überwinden. Zugleich soll aber der Versuchung widerstanden werden, die Arbeit im *Nowhere House* so zu gestalten, daß es zu restriktiver Reglementierung und schließlich die Dynamik der sozialen Prozesse zum Erliegen kommt.

Die Aufmerksamkeit der therapeutischen Mitarbeiter soll sich auf die ganze komplexe soziale Bewegung des Hauses richten. Allzuviel Zergliederung und Wiederholung (z. B. Gruppen- und Einzelsitzungen mit jeweiligem jour fixe) hätten zur Spaltung von (privatem, außertherapeutischem) Wohnen und Leben einerseits und davon abgesetzter Therapie andererseits geführt. Dem wäre aber das Therapeutikum »Kollektiv« zum Opfer gefallen.

Die komplexe soziale Dynamik wahrzunehmen, sich als ein Glied in ihr zu verstehen, schließlich sie (prospektiv) zu deuten, lernt nun freilich auch der Psychotherapeut nirgends. Vor dieser Aufgabe taugt seine Standardausrüstung nur noch soviel, wie er Mut und Phantasie aufbringt, Schulweisheiten zu vergessen. Dabei darf er nicht in bloß beobachtende Passivität verfallen, sondern muß lernen, sein eigenes (therapeutisches) Agieren in den Zusammenhang schon vorhandener Strukturen und Prozesse zu stellen.

Diese Situation ist in mehrfacher Hinsicht ungewöhnlich. Einmal tritt der

Psychotherapeut/Psychiater aus der ihn sonst beschützenden Behausung der Klinik heraus und begibt sich an den soziologischen Ort seines Patienten. Also zum Ursprung, zumindest zum aktuellen Kontext des pathologischen Gegenstandes. Zum anderen trifft er am Einsatzort selbst nicht die gewohnten Verhältnisse an. Es fehlt dort die vertraute Mischung von Geordnetem und Abwegigem (Strukturen, Personen). Statt dessen sieht er sich einer Kumulation von Deviantem gegenüber, das sich als Gesamtheit abweichend organisiert. Hausbackene Erfahrung und Analysentechnik reichen zur Entschlüsselung der fremdartigen Sprache und Interaktionsform nicht aus. Der Psychotherapeut/Psychiater macht die Erfahrung, daß er den Geltungsbereich seines methodischen und technischen Repertoires überschritten hat. Er muß auf von Theorie ungeschützte Empirie umsteigen.

Trotz seines Wirkens in der zweiten Reihe ist der Supervisor Angehöriger des Teams. Auch er kann in einem so konzipierten Praxismodell nicht in Einzelkämpferpose verharren. Und auch er ist auf die permanente Diskussion angewiesen und kommt zu Lösungen nur durch kollektive Auseinandersetzung über die Probleme.

Das Ritual der Psychoanalyse kommt bei dieser Population jugendlicher Drogenabhängiger nicht in Betracht. Diese Zielgruppe erfüllt die Mindestvoraussetzungen (ausreichende Ich-Stärke, gut entwickelte Intelligenz, Introspektionsfähigkeit u. ä.) nicht. »Die Psychoanalyse baut auf des Patienten Mündigkeit, die – im Schonraum der Kur gegen soziale Sanktionen abgeschirmt – im tolerierten Umgang mit Verpöntem sich entfalten soll.«[12]

Zeigt sich hier nicht einmal mehr, daß die Psychoanalyse eine Seelenmassage nur für Privilegierte ist? Aus der Widerlegung ihrer Technik (insoweit auch ihrer Theorie) durch die Deklassierten muß sie sich anscheinend nicht viel machen.

Die Psychoanalyse erhebt weiter den Anspruch, die einzige seriöse psychotherapeutische Wissenschaft und Praxis zu sein. In dem Bereich jedenfalls, von dem hier berichtet wird, ist sie fehl am Platz. Ihre Deplaziertheit als Methode schließt ein, daß auch der Psychoanalytiker in seinem spezifischen Rollenverständnis und Rollenhandeln keine mögliche Funktion hat.

3. Psychologe

So wenig wie bei den anderen Mitarbeitern kann über Stellung, Aufgabe und Funktion des Psychologen im *Nowhere House*-Team Definitives gesagt werden. Soviel ist allerdings deutlich geworden, daß der Psychologe sein Schulwissen hier nicht unterbringen kann. Es paßt nicht auf die Situation, die er antrifft. Sein gängiges Rollen- und Berufsbild läßt sich aufs *Nowhere House* nicht anwenden.

Der Psychologe hat eine ähnliche Schwierigkeit zu bewältigen wie der Psychiater/Psychotherapeut. Nur ist für ihn die *Nowhere House*-Situation noch zwingender und noch bedrängender. Denn er ist ständig damit konfrontiert und davon herausgefordert.

Sein Part ist trotzdem nicht identisch mit Rolle und Aufgabenstellung des Sozialarbeiters. Er braucht sein psychologisches Schulwissen, muß es also gelernt haben, um es wieder »vergessen« zu können; das erst befähigt ihn, kritische Abstriche und Modifikationen vornehmen zu können.

Auch in einer Situation, die sich nicht nach psychologischen Kategorien (die stets individualpsychologisch sind!) strukturieren läßt, ist man auf Denk- und Zusammenhangskriterien angewiesen, um eine kritische Analyse ansetzen zu können. Man muß zu Feststellungen gelangen können wie: hier liegt im Unterschied zu... (sonstwie, sonstwo) das vor; oder: auf das kommt es hier nicht an (z. B. auf diagnostische Klassifikation). Man muß, mit anderen Worten, gegen geläufige Vorstellungen und Vorurteile abgrenzen können.

Der nächste Schritt ist erst derjenige einer theoretischen Ordnung der vorgefundenen Situation. Der Psychologe steht im Grunde genommen vor der Aufgabe (ähnlich wie der Psychotherapeut), die auf die *Nowhere House*-Praxis passende Psychologie zu entwickeln. Er ist also Pionier. Wie beim ersten Mondlandeunternehmen muß der Psychologe für seinen Bereich die Gesetze erkunden, die auf die zu erwartenden konkreten Verhältnisse und Umstände zutreffen.

Dabei ist es ein wichtiges Kriterium, daß der Psychologe im *Nowhere House* nicht von draußen auf den Gegenstand zugeht, d. h. nicht schon fertige Theorie und entsprechend vorgefertigte Methode und Technik im Gepäck hat. Damit würde er sich um wesentliche originäre Erfahrung bringen. Sein Problem, dem er nicht ausweichen darf, besteht darin, sich ohne spezifisches Vorwissen zu orientieren und Methoden und Techniken erst dann zu entwickeln, wenn er schon drinnen ist. Sein therapeutisches Verhalten ist sozusagen durch die Notwendigkeit bestimmt, sich zu »retten«, d. h. sich die umgebende Situation und Landschaft vertraut und ver-

ständlich zu machen. Er muß im gleichen Maße sich selbst und den anderen (hier also den *Nowhere House*-Bewohnern) verständlich werden. Dabei kommt es entscheidend auf Glaubwürdigkeit an.
Mit diagnostischen Weisheiten ist nicht weiterzukommen. Es gilt dasjenige, was kommunikativ relevant ist. Das Gemeinte wird an einem Kontrastbeispiel vielleicht am besten deutlich: ein Klinikpsychiater exploriert stundenlang einen Patienten. Endlich teilt dieser mit, daß er sich vor Mikroben fürchtet, also einen Protozoenwahn hat. Sogleich wird ihm dieses Etikett aufgeklebt. Er ist klassifiziert. Von diesem Augenblick an läuft die Kommunikation zwischen diesem Patienten und seinem Psychiater unter ausschließlich diesem Aspekt. Eine freie Kommunikation kann nicht mehr entstehen. Ohne den diagnostischen Dehumanisierungsprozeß hätte der Protozoenwahn im übrigen kaum Bedeutung erlangt in dieser zwischenmenschlichen Beziehung.
Gerade das ist aber wichtig: daß sich in der Kommunikation zwischen Patienten (in unserem Falle *Nowhere House*-Bewohnern) und Therapeuten (therapeutische Mitarbeiter des Teams) Interaktionen herausbilden und entwickeln lassen, die den spontanen Bedürfnissen entsprechen und die Partner als Menschen und nicht bloß Rollenträger partizipieren lassen.
Es kommt entscheidend darauf an, daß sich solche Beziehungen nur erst einmal entfalten können. Daraus erwachsen empirische Tatsachen, aus denen dann die therapeutische Gesamtsituation entwickelt wird.
Der Psychologe im *Nowhere House* hat im übrigen die Aufgabe, eine Analyse der therapeutischen Situation zu leisten. Das soll ad hoc geschehen, d. h., es muß ständig von neuem geleistet werden. Es handelt sich dabei nicht um diagnostisches, sondern um Arbeitsmaterial, d. h., es darf nicht festlegen, sondern im Gegenteil öffnen und offenhalten. Die vom Psychologen zu erstellenden Situationsanalysen sollen stets wieder in die Praxis eingeführt werden und nach Art eines ständigen feed back Hilfsmittel zur Bewußtseinsarbeit sein.
So trägt der Psychologe dazu bei, die soziale Dynamik im *Nowhere House* möglichst transparent zu halten. Dabei müssen die Hausbewohner Gelegenheit haben, sich darauf einzustellen und sich damit auseinanderzusetzen.
Zur Aufgabe des Psychologen gehören, wenn man es noch etwas genauer faßt, die Strukturierung von Gruppen (z. B. Werkgruppe) und – wo es sich um spontane Aktivitäten von *Nowhere House*-Bewohnern handelt – die projektbegleitende Beratung mit dem Ziel der Unterstützung kollektiver Ansätze. Für diese Aufgabe taugt die übliche individualpsychologische Orientierung des hochschulentlassenen Psychologen freilich wenig. Vielfach erweist sie sich sogar als hinderlich.

Die prüfenden Fragen außenstehender Psychologen an die Adresse des *Nowhere House*-Psychologen entpuppen sich in dieser Sicht als naive Beckmesserei. Er darf sich davon nicht bluffen lassen. Auch unter dem Anspruch wissenschaftlicher Erschließung des *Nowhere House*-Feldes wird hier originäre und kreative Arbeit geleistet. Neben eine neue Theologie und Psychiatrie tritt eine neue Psychologie.

4. Sozialarbeiter

Der Sozialarbeiter im *Nowhere House* hat, wenn man so will, die schwerste Aufgabe. Denn er hat die schwächste Rollenidentität. Seine Funktion ist am ehesten die eines Mediators, nämlich eines Mittlers zwischen z. T. entgegengesetzten Ansprüchen. Einmal ist er von der Institution beauftragt, ist ihren (mehr oder weniger deutlichen und ausformulierten) Zielen verpflichtet und damit unter Erfolgszwang gestellt. Zum anderen ist, oder soll er zumindest sein, der Vertraute der Bewohner, d. h., er soll ihre Intentionen und Bedürfnisse erkennen, verstehen und schließlich auch vertreten.

Das bringt mit sich, daß gerade der Sozialarbeiter, so widersprüchlich es auch klingt, die geringste Übersicht hat. Denn er ist am stärksten im sozialen Feld des Hauses verwickelt.

Sein Vorteil in der Mediatorfunktion gegenüber dem Psychologen ist zweifellos der, daß ihm weniger Vorurteile und weniger Ängste und Argwohn entgegengebracht werden.[13]

Man vermutet im Sozialarbeiter kaum den unbeteiligten Beobachter und Diagnostiker, der aus dem Beobachteten im stillen seine Schlüsse zieht, kurz, sich mit dem Geheimnis des Mehrwissers umgibt und in akademischer Distanz hält.

Der Sozialarbeiter ist nun aber gerade durch seine Rollenlabilität gefährdet. Er sucht nämlich mehr als die anderen Mitarbeiter nach einer Orientierung für seine Arbeit. Dadurch gerät er z. B. in die Versuchung – wir haben an anderer Stelle schon darauf hingewiesen –, mehr als für das Projekt notwendige Ordnungsprinzipien zu installieren und so die »Konzeption der Konzeptionslosigkeit« aufzuheben oder doch zu unterlaufen. Je nach Rollenbewußtsein und Auftreten zieht er sich dann auch prompt den Verdacht zu, ein staatlicher Aufseher, Ordnungswächter oder gar ein Gehilfe von Behörden und Polizei zu sein. Anders gesagt, je mehr der Sozialarbeiter im *Nowhere House* seine Arbeit strukturiert und in ein festes

Berufsbild einzuordnen versucht, desto untauglicher und wirkungsloser wird er gleichzeitig. Was ihn möglicherweise »retten« könnte, zumindest entlastet, das stellt das Projekt im ganzen in Frage.

Nun hat freilich der Sozialarbeiter auch sonst keine Rollensicherheit. Es handelt sich praktisch um einen Beruf ohne vorgegebenes Berufsbild. Aus diesem Grund kann er sich nicht einmal negativ an einem gängigen Rollenverständnis orientieren, wie z. B. Pfarrer und Psychiater. Selbst der Psychologe ist hier bessergestellt.

Zumeist adaptiert sich der Sozialarbeiter an den Stil der ihn beschäftigenden Institution. Das aber kann im *Nowhere House* nicht gelingen, denn es hat keinen betimmten Stil. So muß der Sozialarbeiter zunächst einmal einen Begriff von Wesen, Zielen und Inhalten der Einrichtung entwickeln, um sich dann in dieser von ihm mitbestimmten Praxis *positiv* nach Funktion und Rolle definieren zu können.

Er steht vor dem Problem der Selbstbehauptung ebenso wie dem der Glaubwürdigkeit. Die ständige Krise des Rollenstatus muß, ohne daß das zynisch gemeint ist, auch existentielle Krise sein; der Sozialarbeiter muß die Situation *Nowhere House* ebenso erleiden, vielleicht sogar mehr noch und sozusagen stellvertretend für die nicht leidensfähigen Bewohner (!), damit diese Partner werden können und nicht Kontrahenten.

Wie später in theoretischer Distanz und mit dem Vorteil größerer begrifflicher Klarheit noch eingehender dargelegt wird, ist es für den »Erfolg« der Arbeit von herausragender Bedeutung, daß die Situation *Nowhere House* ständig vage bleibt und in Frage gestellt werden darf und muß. In vorderster Linie der Sozialarbeiter muß sich dabei als Person immer zur Verfügung halten. Er soll durchaus auch die eigenen Probleme einbringen und sich schwach zeigen dürfen. Er soll zu Kontakt und Beziehung einladen. Verbündeter und Vorbild sein, dabei auch Brücke zum anderen Ufer der Gesellschaft, dem Nowhere gegenüber.

Besonders deutlich wird die Funktion des Sozialarbeiters, wo es um die Motivierung zum Entzug geht (vgl. Kap. 8,2). Gerade hier darf er nichts weniger als Normalität und Gesundheit zur Schau tragen. Gerade hier muß er besonders glaubhaft Mit-Leiden, d. h. seine pathische Qualität als Mitmensch bezeugen. Er muß seinen nicht unwesentlichen Teil an Motivation beitragen, damit, wie wir es formuliert haben, »aus meiner (eigenen) und deiner (fremden) Motivation *unsere* gemeinsame Motivation wird«. Der Sozialarbeiter hat demnach die unerhört schwierige Aufgabe zu lösen, als Partner für diese elementare Not-, Leidens- und, daraus hervorwachsend, Hilfsgemeinschaft verfügbar zu sein. Um das zu leisten, braucht er den Rückhalt eines solidarischen Teams. In diesem Team darf

es bei der Auseinandersetzung und kritischen wie selbstkritischen Diskussion über interne Konflikte nicht sein Bewenden haben; es muß stets von neuem durch die kurzfristig sich verändernden konkreten Situationen hindurch der anthropologische Hintergrund aufgehellt und sichtbar gemacht werden. D. h. es muß dauernd harte Bewußtseinsarbeit geleistet werden, um für diese Bereitstellung elementar menschlichen Mitleidens motiviert zu sein. Vielleicht kann gesagt werden, der Sozialarbeiter sei der professionalisierte christliche Bruder, an dem allein in Partnerschaft, schließlich in der Gruppe oder Gemeinde »Genesung zum Menschen« möglich ist. Gemeint ist hier der Mensch als geschichtliches Wesen, als Subjekt, das nur über die Spiegelungen (Reaktionen, Feed back, Bestätigung, Kritik etc.) im Mitmenschen und in der Gesellschaft, mit anderen Worten, in Kommunikation, wirklich und lebendig wird.
Aus dem Gesagten wird deutlich, daß in diesem Teamwork der sogenannten Supervision eine besondere Aufgabe zuwächst. Gegenstand sind weniger methodische Probleme. Vielmehr geht es darum, den vielfältigen Formen der Resignation, bisweilen gar der Verzweiflung, zu begegnen. Dabei handelt es sich gewiß auch jeweils um ein Stück Therapie an den Sozialarbeitern und dem Psychologen.
Angesichts dieser besonderen Beanspruchung der Sozialarbeiter fragt es sich zweifellos – und auch dieser Frage wollen wir keinesfalls ausweichen! –, ob es denn überhaupt moralisch gerechtfertigt werden kann, Mitarbeiter so substantiell zu fordern und in existentielle Krisen geraten zu lassen. Gerade auf diese Grenze galt es besonderes Augenmerk zu richten. Denn aufopfern sollte sich niemand. Im Gegenteil: es war diese (individuelle) Grenze genau aufzuspüren und auch für die Patienten erkennbar werden zu lassen. Sie konnten an derartigen Bekenntnissen der »Schwäche« mehr lernen für ihre Resozialisierung und Rekommunalisierung als an einem gespielten (und letztlich unglaubwürdigen) Übermenschentum; das konnte eigentlich nur ins Gegenteil umschlagen und Grund abgeben für Aggressionen, weil sich das Vorbild dann unerreichbar machte.
Es versteht sich, daß der Sozialarbeiter im *Nowhere House*, obwohl er der dem Drogenabhängigen nächste Kommunikationspartner ist, gleichwohl seinerseits drogenfrei ist. Die sonst gerne lancierte Phrase, daß man sich nur durch Mitkonsum partnerfähig machen könne, ist unserer Erfahrung nach nichts weiter als eine fromme Lüge. Obendrein ist natürlich der drogenkonsumierende »Helfer« ein Widerspruch in sich selbst, der zum Gärtner gemachte sprichwörtliche Bock.

Kapitel 5

Hausversammlung

Wie in Kapitel 3 beschrieben, handelt es sich bei der Hausversammlung um eine jeweils dienstags abends stattfindende Zusammenkunft aller Bewohner und Teamangehörigen. In den Diskussionen hat die Autoritätsproblematik stets großes Interesse gefunden. Vordergründig ging es zumeist um die Autorität des projektleitenden Pfarrers. Es ist nicht zu leugnen, daß sich dabei eine Art kollektiv organisierte Vatersehnsucht manifestiert hat. So beispielsweise, wenn das Wohnkollektiv nahezu einstimmig für die Errichtung einer ziemlich einschränkenden Hausordnung eintrat und wenn in dieser Hausordnung dem Pfarrer ungewöhnlich weitreichende Vollmachten erteilt werden sollten.

Die sich hier offenbarende hierarchische Struktur des Wohnkollektivs ist nie vollends abgebaut worden, obwohl sich zahlreiche Probleme, besonders auch für Teamangehörige, davon ableiteten. Paradoxerweise haben oft gerade jene Teammitglieder, die durch die Autoritätsstellung des Pfarrers faktisch benachteiligt waren, diesen in seiner Rolle noch zusätzlich bestätigt. Offenbar bot das ängstlichen Mitarbeitern, die erst angefangen hatten, im *Nowhere House* zu arbeiten, eine Möglichkeit, sich von Verantwortung zu entlasten, gleichzeitig auch ihrerseits uneingelöste Wünsche an den Vater auf dem Weg der Übertragung nachzuerleben.

Bei grober Analyse der Hausversammlungen kann man drei typische Kompetenzen unterscheiden. Einmal drängen sich immer Klagen und Beanstandungen in den Vordergrund, sei es nächtliche Ruhestörung, rücksichtsloser Umgang mit dem Gemeineigentum, z. B. den gemeinsamen sanitären Anlagen (man debattiert besonders gern und oft über »Scheiße« im direkten Wortsinn, was offensichtlich lustvoll erlebt wird). Die Sitzung wird darüber zum *Tribunal*. Es werden Aggressionen ausagiert, vielfach ungemildert in Form lauter Beschimpfungen, manchmal auch brachial. Stoff für derartige Abrechnungen ist immer vorhanden. Immer hat einer einen anderen »gelinkt«, übervorteilt, angeschwärzt, ausgenutzt. Bei diesen Auseinandersetzungen kommt es entscheidend darauf an, daß die Bewohner lernen, mit Aggressionen umzugehen, Affekte darzustellen, ohne sogleich dafür bestraft zu werden. Weniger wichtig scheint die eigentlich sachliche Aufklärung eines Falles zu sein. Es gelingt schon nicht, die betreffenden Vorkommnisse in Umrissen zu rekonstruieren. Auch ist das Interesse an Tatbestandserhellung und Analyse von Vergangenem denkbar gering.

Wesentlich stärker interessiert man sich für mehr oder weniger *utopische Projekte*, z. B. Fahrten nach Frankreich, ins »wilde Kurdistan«. Das ist in die Zukunft gerichtet und folglich nicht belastet durch irgendwelches Geschehen, das man sowieso schon vergessen hat und bei dem auch nicht klar ist, was man daran falsch gemacht hat. In der Zukunft jedenfalls hat man noch nichts falsch gemacht. Dieses kollektive Phantasieren war schon immer Höhepunkt der Hausversammlung.

Therapeutisch ist dann vor allem die Rückbeziehung aus der kollektiv ausphantasierten Zukunft auf die Gegenwart, auf die *Aktualität*. Mancher hat manchen schon besser verstanden nach solchen Exkursionen in die Zukunft, in die Utopie, ins – »nowhere«. Die Gruppenselbstreflexion des Wohnkollektivs, das unmittelbare Jetzt und Hier, gerade noch das naheliegende Morgen (beispielsweise Planung und Vorbereitung des »Mittwochfrühstücks«) stellen den zentralen Bereich dar, in dem das *Nowhere House* lebt und der nach und nach größer, konkreter und bewußter werden soll.

Die Hausversammlung zeichnet sich auch dadurch aus, daß hier durch entmystifizierende Information im *Nowhere House*-Bewohner der Wirklichkeitssinn geschärft wird. Diese Information bezieht sich meistens auf die objektive Situation des Hauses, gegebenenfalls seine Bedrohtheit von außen (Argwohn seitens Polizei, städtischer Behörden, Presse u. a.). Dabei werden die Grenzen der »Schutzmacht« aufgezeigt. Gleichzeitig wird der einzelne Bewohner auf seinen Teil der Verantwortung für das Ganze und für alle hingewiesen. In kollektiver Diskussion wird oft klarer als im Einzelkontakt, was dem einzelnen das *Nowhere House* bedeutet, ob er es ohne weiteres aufgeben oder verlassen könnte oder ob da für ihn eine (vielleicht bisher noch nicht genutzte) Chance liegt.

Verwunderlich ist es zu sehen, daß eine Einrichtung wie das *Nowhere House*, die sich durch Jahre hindurch zur Spontaneität der Bewohner bekannt hat und auch den Besuch der Hausversammlung nicht im Sinne einer Hausordnung oder von Aufnahmekriterien verpflichtend gemacht hat, so lange an der Übung einer Hausversammlung festhalten konnte. Sie ist praktisch nie ausgefallen. Höchstens phasenweise drohte sie mangels Beteiligung der Hausbewohner auszufallen. Solche Phasen waren aber relativ kurz und hatten eine um so stärkere Belebung zur Folge. Kaum daß eine Sitzungsflaute länger als drei bis vier Wochen dauerte. Sie markierte

dann regelmäßig auch einen »Abfuck« des Wohnkollektivs, jene stimmungsmäßige Depression, die die Folge eines um sich greifenden Drogen- und Alkoholkonsums war und zu oftmals chaotischen, für die Bewohner selbst nicht mehr durchschaubaren Gruppenprozessen führte. Ängste und Hoffnungslosigkeit treiben dann gleichermaßen in resignative Passivität.
Gerade in solchen Zeiten aber bewahrheitete sich auch jener Grundsatz der *Nowhere House*-Therapie, der nach gängigem *Nowhere House*-Slogan die »kontrollierte Verelendung« zuließ, also nicht davor zurückschreckte, das Chaos als Anstoß zur Selbsthilfe wirksam werden zu lassen. Das Chaos konnte selbst zur Herausforderung für die Bewohner im Sinne der Entwicklung eigener Initiativen zur inneren Organisation des Hauses werden.
Obwohl das Team sich zunehmend schwertat, ohne disziplinierende Gegenaktion auszukommen, haben diese positiv nutzbar gemachten Niedergänge dazu geholfen, neue, selbstverantwortete Initiativen durch die Bewohner ins Spiel zu bringen. Andere Einrichtungen haben in solchen Zeiten vorschnell mit Hausverweisen und -verboten, wenn nicht gar Hausschließungen reagiert. Ihnen hätte man gerne einen längeren Atem, mindestens aber ein angemesseneres Konzept gewünscht.
Es gehört wohl eine Menge Stehvermögen dazu, an Sitzungen teilzunehmen, die sich selbst aufzuheben drohen und ein Haus nicht zu schließen, mit dem die Bewohner sich lediglich negativ identifizieren: »Das Nowhere House ist überhaupt das Letzte, was es gibt«, »wie man es hier nur aushalten kann!« (dies aber schon nicht ohne Stolz von einem, der es selbst lange genug darin ausgehalten hatte). Doch erwies die folgende Erholungsphase, daß die Hausversammlung, ebenso wie sie Zielscheibe des Hasses und der negativen Identifikation mit dem *Nowhere House* war, auch Ausdruck der Wertschätzung und Hoffnung sein konnte.
Die Hausversammlungen lebten stets sehr schnell wieder auf und strotzten dann vor Geschäftigkeit und Plänen, die wiederum konkrete Maßnahmen für den einzelnen oder auch die Gesamtbewohnerschaft enthielten. Das Team bemühte sich, zwischen den einzelnen Sitzungen eine Tagesordnung zu erstellen. Der entsprechende Aushang am schwarzen Brett konnte die Aufforderung nicht übersehen lassen, selbst zur Tagesordnung beizutragen. Es stellte sich aber bald heraus, daß Tagesordnungen höchstens ein Einstieg in jenes Drama sein konnten, das sich nach kurzer Anlaufzeit regelmäßig entwickelte. Fast jede Sitzung hatte ihren Höhepunkt. Angefangen wird offiziell um 21 Uhr, aber bis zum tatsächlichen Sitzungsbeginn vergeht dann noch mindestens eine Viertelstunde. Es wird gefragt,

wo der und jener sei, mancher läßt sich entschuldigen, obwohl er dann später doch noch erscheint. Mit der Sitzungsdauer wächst die Aggressivität, manche stehen unter Drogen, manche sind auf Turkey, die meisten versprechen sich nichts von der Sitzung. Und dann springt doch irgendwann der Funke über. Leidenschaftliche Diskussion. Ablenkungsmanöver. Es vergehen Stunden. Verständnis scheint aufzukommen, für diesen oder jenen. Anklagen lösen Klagen ab, Provokationen schaffen Verwirrung. Fast jeder ist »dran«. Es wird nicht viel gelacht, kaum daß einer witzig ist. Humor ist rar, Zynismus tagesüblich. Über Drogen wird nicht viel gesprochen. Jeder kennt sie, auch diejenigen, die sie konsumieren. Wer »zu« ist, versäumt etwas, war dabei, ohne dabeizusein, wenn Wichtiges zur Sprache kommt.

Was wichtig ist, läßt sich im vorhinein allerdings nicht ausmachen. Aufnahmen – könnten wichtig sein, oder das Gespräch, die Befragung eines Anzustellenden, vielleicht einer Bewerberin für die Psychologenstelle. Aber wozu eine Psychologin? Wer braucht denn so jemand? Wozu sind die überhaupt gut? Sie soll sich erklären. Von allen Anstellungsgesprächen wird das für den Bewerber das schwierigste und deprimierendste sein, das er je zu absolvieren hatte.

Solche Befragungen sind häufig. Auch Sozialarbeiter müssen durch, auch Praktikanten, ganz gleich, ob Kurz- oder Langzeitpraktika anstehen. Die Hausversammlungen dauern lang. Man scheint heißzulaufen dabei und möchte die Wärme erhalten. Auch am Ende steht man nicht auf. Bleibt sitzen, vielleicht, weil man Angst hat vor der Nacht, vielleicht aber auch nur, um noch etwas länger heimisch zu sein, nachdem wieder einmal die Fremdheit zwischen den einzelnen überwunden scheint.

Auch wenn nicht jede Dienstagssitzung dramatisch verläuft, beobachten wir doch eine ziemlich gleichbleibende Dynamik. Eine gegenüber anderen Gruppen vergleichsweise lange Anlaufphase, die vornehmlich technisch-sachliche Themen diskutiert, droht sich in Zwiegespräche aufzulösen, die von Unruhe unter den übrigen begleitet sind. Nur zögernd bilden sich Fraktionen, und dies meistens erst, wenn destruktive Vorschläge provozierend zur Diskussion gestellt werden. Dann allerdings ist der Übergang in eine kreative Phase nicht schwierig. In dieser letzten Phase verhindert nur das *Nowhere House* selbst mit seiner penetranten Wirklichkeit, daß man sich in einen gemeinsamen Traum hineinträumt. Dann eigentlich beginnt erst die Diskussion. Sie muß fortgesetzt werden, neue Termine werden fällig, Tea-Meetings, Frühstücksgespräche, neue Aufträge für die Mitarbeiter, neue Mitarbeiter an einer neuen Idee. Etwa einen Springbrunnen im Hinterhof bauen – eine Zukunftsidee für 8 Tage. Oder eine

Fahrt, eine Freizeit, ein Besuch irgendwo, ein Gespräch mit irgendwem. Aber morgen oder übermorgen. Nicht immer ist es ein Zeichen von Entschlußlosigkeit. Mancher wirft dabei seinen Hut zuerst über den Graben, weil er glaubt, dann selbst auch hinüberspringen zu müssen. Zukunftsentwürfe, auch wenn sie manchmal nur von kurzer Lebensdauer sind. Aber ein Teilstück der Therapie, zu dem sich andere gesellen. Ein Spiel von Zukunft. »Phantasmodrama«.

Dritter Teil

Mehr als ein Spiel
Die Elemente der Therapie

Kapitel 6

Kollektive Kreativität

Kreativität – sicher eines jener Worte, die die Menschen anlocken. Sicher auch nicht von ungefähr. Gehört es nicht in den Background des Drogenkonsums? Verwandt jener tiefen Sehnsucht, die Welt und sich selbst in ihr schöner, freundlicher, anders zu sehen, sehen zu können? Sie gar zu verändern, ihr zu bringen, was sie nicht hatte und hat, serenity, tranquillity, peace (STP), Heiterkeit, Ruhe und Frieden!
Freilich gab es genug Abstruses. Auch der Horror war »in«. Mindestens überwand er die Langeweile. Kreativität — konnte eine Reise sein und ein stilles Beschauen und Bestaunen, wenn sich unter den eigenen Empfindungen die Welt verwandelte in eine Landschaft à la Dali mit der Musik von Jimmy Hendrix. Kreativität — war es nicht das, was die Jugend Westeuropas und überhaupt der westlichen Hemisphäre auf die Straßen trieb, sie dort hielt, nachdem der politische Impetus verendet war und sich auf diesem Weg kein Fortkommen gezeigt hatte? Ideen, überdrüssig des politischen Zankes, waren die Leitsterne, unter denen sich die Straßen über Land und Länder bevölkerten, die Plätze der Hauptstädte zur Rast einluden: Amsterdam — immer und immer wieder —, Paris, London, Stockholm. Sie hatten die Heimatlosigkeit selbst gewählt, wenn Weltenbummler überhaupt heimatlos sein können und wenn man auf sphärischer Reise überhaupt noch etwas versteht von dem, was Heimat heißt. Die Welt verändern, indem man sich selbst verwandelte, sich abstrahierte aus den gewachsenen Bindungen, sich neuen, nie geahnten geistigen Welten erschloß und einfach wurde, einfältig und friedlich. Vielleicht eine moderne Gnosis? Vieles deutet darauf hin, daß der Weg nach innen ging und man sich um den Staub keine Gedanken mehr machen wollte, den die Füße aufgewirbelt haben. Was soll der Leib, wenn allein Geistiges zählt, was jene neu auftauchenden sozialen Probleme, wenn man mit der Bewältigung der eigenen Selbstheit und Innerlichkeit alle Hände voll zu tun hatte?
Kreativität – das war wie eine Aufforderung zum Spiel mit der Welt. Hippies, Jesus People – sie wollten Kinder sein, noch einmal oder erst richtig Kinder sein. War das mehr als ein Spiel? Sie wollten spielen. Waren erfinderisch. Schufen immer neue Situationen, unter denen Spiel noch Spaß

machte. Ob sich einer über Nacht im Speyerer Dom einschließen ließ, ob sich andere für Stunden auf einem Friedhof auf die Erde legten, wieder andere in ein Sarglager einbrachen, um sich in Leichenhemden auf den Trip zu begeben oder gar im Hauptfriedhof in die Leichenkammern einstiegen, um einen schon geschlossenen Sarg zu öffnen, ein prickelndes Spiel - nicht mehr, für sie jedenfalls.
So machte man telepathische Seancen, feierte andernorts vielleicht schwarze Messen und spielte russisches Roulette, so pilgerte man von Festival zu Festival, schon wissend und in Kauf nehmend, daß einen die Veranstalter wieder um die Haupt-Pop-Gruppen betrügen und wieder zu wenig Toiletten dasein würden und es zu alledem wahrscheinlich sogar regnen würde. Dieses Spiel konnte einen lachen machen, lachen auch über die Spießer, die Eltern und Lehrer, die Kirche, die Politiker, die Richter. Nach einem Turn-Peace-Shit klopfte man selbst einem »Bullen« freundlich auf die Schulter. So – vielleicht zum ersten Mal in der neueren Geschichte der Mode – machte man seine eigene Mode, trug alte Pelzmäntel aus Omas Zeiten auf, korrigierte die Jeans in Länge und Farbe, drapierte Arme und Hals mit Ketten und Amuletten. Kreativität – Spiel. Das gilt auch für die vielen Wohngemeinschaften mit etwas »big family«-feeling, etwas romantischer Sehnsucht nach Kommunikation in unverstellter Liberalität, vielleicht auch für jene schon früher gestreifte Bewegung der Selbsthilfeeinrichtungen mit ihrem Traum von eigener Kultur und Autarkie mit Hilfe von Silberketten und Batikhemden.
Wir selbst aber wollten mehr. Wir waren kritisch einer Gesellschaft gegenüber, die diese Jugend aus sich heraussetzte, sie entließ, ohne ihr eine Antwort auf die Grundfragen des Lebens gegeben zu haben. Im *Nowhere House* begegneten diese Fragen, immer wieder kulminierend in der Frage nach dem Sinn des Lebens: Wozu lernen, wozu arbeiten, wozu leben! Zukunft, was ist das?

> *»Ich gehe auf gerader Straße*
> *kreisförmig*
> *meinem Tod entgegen.«* (H. Lehmann)

Wie dieses Kreisen stören?
Nicht schwer, sich eine Szene auszumalen. Drei Freaks auf Trip. Vielleicht das eine oder andere Mädchen dabei, unbeteiligt, neugierig. Sie haben eine Idee, schaffen eine Situation: Das Podium en face de tout le monde. Jeder darf die Bühne betreten. Mit einem Satz soll er das sagen, was jeden Menschen im weiten Rund angeht. Es wird feierlich, ernst, tragisch.

Einer steht auf. Setzt an. Stockt. Setzt noch einmal zu reden an und schreit. Oder sagt er es nur so hin, in die Stille, in die Andacht: »Ich kann nicht.« Es ging alle an, wie hätte einer lachen sollen? Dann haben sie es wieder vergessen.

Für uns war es ein weiterer Beweis dafür, daß diese Jugend schöpferisch sein wollte und eine Fähigkeit mitbrachte, sich in neuer Weise auszudrücken. Nur – kritisch war sie nicht mehr, und Zukunft sah sie keine mehr. Ja nicht einmal den Mitmenschen sah sie anders als so: Alle Welt und man selbst einsam ihr gegenüber.

Kreativität hätte allzu leicht zum Reizwort für schöpferische Ergüsse aller Art werden können, ein weiteres, geheimnisvolles, in die reine Spiritualität hineinragendes Signal. Für uns aber gewann der Begriff der »Kollektiven Kreativität« eine kritische Funktion. Wir wollten den »Trip ins Nirwana« nicht mitmachen. Wir mußten nach Möglichkeiten Ausschau halten, den einzelnen in seinen sozialen Parametern konkret werden zu lassen. Die Frage nach dem Sinn des Lebens konnte nur in der Begegnung eine Antwort finden. Zukunft mußte erspielbar werden, ohne die Gegenwart aus den Augen zu verlieren. Ein schweres Programm. Um so schwerer, als es unter Jugendlichen durchgeführt werden sollte, die für Definitionen und Erklärungen nur ein müdes Lächeln aufbringen konnten. Die aber andererseits eine Menge Phantasie mitbrachten, eine große Toleranz für Absonderliches und eine übergroße Fähigkeit, sich Stimmungen jedweder Art zu überlassen.

Für die Mitarbeiter hatte der Begriff der »Kollektiven Kreativität« etwas Befreiendes. Er wurde zum gemeinsamen Nenner für das, was mit Gruppenprozeß und freier Gesellschaft nur sehr schwer zu umschreiben war. Er faßte positiv, was mit Sozialismus und Revolution im Grunde nur negativ beschreibbar war, und gab in kritischen Situationen genug Objektivität, den Ausgang abzuwarten.

Wir verstanden den gesamten Gruppenprozeß im *Nowhere House* unter dem Begriff der Kollektiven Kreativität. Daneben gab es aber auch jene organisierten Gruppenprozesse, die wir nachstehend erläutern werden und die als aktionsartige Kollektive Kreativität zur Verdichtung und Verfremdung der Situation beigetragen haben. Trotz ihrer spielerischen Anlage waren sie mehr als ein Spiel.

Es handelt sich um »Experimentelle Musik«, »Collective Training«, »Collective Working«.

1. Experimentelle Musik

Experimentelle Musik ist hier etwas anderes, als man sonst darunter versteht. Sie hat nichts mit Elektronik zu tun, auch nichts mit den Versuchen neuer Musik mit Klangschrift und Atonalität. Sie diente dazu, im musikalisch-rhythmischen Bereich größere, informelle Gruppen zu kollektiven Aktionen anzuregen.

Mit diesen Aktionen blieben wir dem Ritual des Drogenkonsums am nächsten. Sie waren jenen Sessionen von Haschischkonsumenten angepaßt, die, begleitet von Flöten und Bongos, ein Meditationsritual zur Erlebnisintensivierung ablaufen ließen. Man konnte das an vielen Plätzen, oft auch in der Öffentlichkeit beobachten. Bei unseren Aktionen im *Nowhere House* schalteten wir Melodieinstrumente von vornherein aus. Experimentell daran war, daß wir versuchten, Melodie und Rhythmus auf verschiedenen alltäglichen Gegenständen zu erzeugen. Ergänzt wurde das Instrumentarium aus Flaschen, Kesseln, Töpfen, Schüsseln, Holzbrettern durch einen Satz Orgelpfeifen, die so verteilt wurden, daß der Grundsatz gewahrt blieb, jeder habe nur eine begrenzte, vielleicht nur eine einzige Möglichkeit, am Gruppengeschehen teilzunehmen. »Allein« heißt wenige, »zusammen« heißt mehr Möglichkeiten, ja viele Chancen der Gestaltung und Empfindung zu haben. Virtuosität war ausgeschlossen; Experimentelle Musik war etwas für alle. Allerdings schlossen wir Leute, die sichtlich unter Drogeneinfluß standen, aus, vor allem diejenigen, die gerade einen Trip geworfen hatten und deshalb den Erlebnissen dieser Art von Musik nicht gewachsen sein würden.

Die Sache war sehr beliebt und während einiger Monate häufig geübt. Auch als die Orgelpfeifen aus leicht deformierbarem Blei längst abgeschrieben waren, experimentierte man weiter. Das Szenarium glich sich häufig. In einem besonders mit schalldämmenden Platten abgedichteten Raum saß man in großer Runde – bis zu 25 Personen – bei stark abgedunkeltem Licht am Boden. Themen, Motive, Stimmungen wurden von verschiedenen Seiten angeboten. Häufig Reisemotive, Eisenbahn, Abschied – aber auch erste Liebe, Glück, Hoffnung. Vorschlag des Therapeuten: »Ein Kind ist allein zu Haus ...«! Protest. Lieber: »Indianer auf dem Kriegspfad« – sicher keine ganz zufällige Alternative. Wer beginnt? Das konnte ausgehandelt werden, oder es begann einfach einer, und die anderen schlossen sich nach und nach an. 5, 10, 15 Minuten, dann verlor sich das Gedächtnis, das Thema wurde einer um sich greifenden Ekstase geopfert. Es wurde unterbrochen. Man wollte sprechen, einige blieben stumm, auch von ihnen hätte man gerne etwas gehört.

Ein neues Thema. Das Ganze nie länger als eine Stunde. Lieber hinterher noch etwas anderes, vielleicht »Collective Working«, darauf hätte man jetzt gerade Lust. Das Kollektiv mußte verkraftet werden, viele wollten auch Einzelgespräche. Vertrautes, Gefürchtetes, Bedrängendes war aufgetaucht und neues Vertrauen hergestellt zum Therapeuten, der selbst mit dem Erlebnis fertig werden mußte. Fixer machten dabei eigentlich nie mit, vielleicht war es ihnen zu laut. Vielleicht wichen sie auch dem Gruppenkontakt aus. Gefragt wurden sie schon, aber man hatte sich damit zufriedenzugeben: keine Lust.

Experimentelle Musik begleitete uns durch die Jahre, wenn auch später in veränderter Form. Die Gruppen wurden kleiner. Die Aktion bezog sich stärker auf die Wohngruppe. Gelegentlich wurden auch Musikinstrumente zugelassen. Aber immer kam es dazu, daß Musik gemacht wurde, die nicht von der Melodie, nicht einmal vom Rhythmus lebte, sondern von der Intensität des Engagements im Kollektiv. Vielleicht klang manches sehr ähnlich; für die, die daran beteiligt waren, war es jeweils anders, verbunden mit einem Thema, einer Stimmung, einer Situation. Manches begeisterte auch beim Zuhören. Und irgendwann mußte man selbst mitmachen, fand alles nicht mehr so »blöde« und »kindisch«, wie man gedacht hatte. Man sah, daß es lohnend war, dabeizusein, und fand, daß man eigentlich gerade dazu aufgelegt sei. Trotz allem blieb diese Aktion wenig strukturiert und im Verlauf nicht kontrollierbar oder analysierbar, auch unverbindlicher als anderes, worüber noch zu berichten sein wird.

Andererseits entsprach »Eperimentelle Musik« unseren Grundsätzen, wenn es immer wieder gelang, ein Kollektiv zur Aktion zu bringen, bei der jeder spontan und ohne Nachteil andern gegenüber die Regeln des Verlaufes beeinflussen konnte. Auch konnten sich andere in gleicher Weise mit ihm und seiner Rolle auseinandersetzen. Im Endeffekt freilich veränderte sich die Gruppe während des Musizierens und durch das Musizieren nicht in dem Maße, wie wir das bei anderen therapeutischen Aktionen festgestellt haben. Dazu war das Ganze wohl auch zu stark den Erlebnismustern des Drogenrituals angepaßt. Für die Zeit der Arbeit im *Nowhere House*-Club wurde »Eperimentelle Musik« deshalb häufig auch nur dazu benutzt, Langeweile durch eigene Aktivität zu bekämpfen und vor allem in der Zeit nach dem freiwilligen Verzicht auf LSD oder Haschisch die Möglichkeit zu haben, auch ohne Drogen den Weg beschreiten zu können, den normalerweise der Trip geht, nämlich »deinen Gedankengang«.

2. Collective Training

Man mag darüber streiten, ob es notwendig oder sinnvoll ist, in einer fremden Sprache – in unserem Falle zumeist in Englisch – auszudrücken, was man auch deutsch sagen kann. Es ist aber seit langem üblich, nicht erst seit 1970, daß Jugendliche fremdsprachige Begriffe in ihre Umgangssprache aufgenommen haben und ständig durch weitere vermehren. Solche Begriffe werden verwendet, ohne daß man ihre Schreibweise kennt. Mühelos fällt einem ein Dutzend Begriffe ein, die man nie gelernt hat, aber von allem Anfang an verstand, weil sie sich in der Situation selbst erklärten: »feeling«, »stoned« oder »hook«, »pay day« (wenn bei den GIs Zahltag und damit gute Geschäfte in Aussicht waren), »cool« sein (bei Geschäften, aber auch sonst), »too much« (wenn etwas zu teuer schien), »high«, »auf Trip«, »angeturnt« mit einem »turn piece shit«; die Polizei nannte man »sheriffs«, Neger waren »brothers«, Tabletten hießen »tabs«, »shit« (Haschisch) nannte man schließlich auch »dope«.
In diesem Zusammenhang hätten wir das *Nowhere House* auch niemals »Nirgendwo-Haus« nennen können; für *Collective Training* gab es schwerlich einen gleichwertigen deutschen Namen. Zumindest wäre die Bezeichnung »Gruppentraining« unangebracht gewesen. Man verstand sich nicht als Gruppe, nicht als festen Verband; zwar traf man sich mit Gleichgesinnten, aber die Zusammenkünfte waren zufällig und meistens unstrukturiert. Auf das, was daraus spontan wurde, schien die Bezeichnung Kollektiv besser zu passen. Dabei war es uninteressant, ob diese Unterscheidung zwischen Gruppe und Kollektiv einer wissenschaftlichen Nachprüfung standhalten würde. Hier wie in vielfältigen anderen Zusammenhängen ging es nicht um inhaltliche Bedeutung, sondern bevorzugt um das, was bestimmte Gefühle erregte.
Collective Training erwies sich als überraschend effektiv. Dabei war weniger erstaunlich, daß es seinem Initiator F. Th. vorübergehend den Ruf eines »Guru« eintrug (obwohl auch dies ein Indiz dafür war, daß das Verfahren gut zur Vorstellungswelt der Scene paßte); überraschend war vielmehr, wie konzentriert, wie phantasievoll und wie intensiv sich *Collective Training* gestaltete.
Der erste Versuch fand auf einer Freizeit statt. Ungefähr die Hälfte der Teilnehmer (15) entschlossen sich, bei einer Sache mitzumachen, von der sie noch nichts wußten. Das Arrangement lockte: Wir brauchen ein paar Kerzen und Decken auf dem Fußboden. Wir ziehen unsere Schuhe aus. Wer nicht mitmachen will, zieht sich zurück. Dann werden mit ruhiger Stimme einige Einführungsworte gesprochen: Wir sind nicht nur Geist,

wir sind auch Leib, Körper. Kommunikation beteiligt Geist *und* Körper. Geistiges läßt sich leiblich ausdrücken. Das muß man lernen. Nachher geschieht alles, ohne zu sprechen und ohne sich zu berühren, auch sonst ohne Hilfsmittel, ohne Gegenstände. Man sitzt am Boden, in einer Runde.
I. *Einübung:* Lotossitz. Atemübungen. Beruhigung.
Einzelne Übungen begleitet von kurzen Regieanweisungen. Der »Guru« macht selbst mit. Man streckt sich auf dem Rücken liegend aus. Der Körper muß fühlbar werden. Anspannen der Muskeln nacheinander in der Reihenfolge von Fuß bis Kopf, erst rechte Seite, dann linke Seite, schließlich zusammen. Schwer machen. Das sind wir. Die Zeit vergeht. Jetzt schon zwanzig Minuten. Man möchte so bleiben, liegend, in Ruhe gelassen. Der Trainingsleiter bricht diese Phase ab. Die Stimmung wird gelockert. Manche kehren zurück wie von einem Trip. Man setzt sich auf. Das Gespräch über den nächsten Übungsteil beginnt, aber man läßt sich Zeit für Kommentierungen über das Vorangegangene.
II. *Spiel mit geschlossenen Augen.* Eine kleine Geschichte. Von einem Baum in glühender Mittagshitze. Blätter welk und staubig. Ein leichter Wind trägt Regen heran, bringt Sturm, bewegt den Baum. Das ist bald vorbei. Die Sonne, die Hitze, der Staub. Ende. Nur zur Orientierung wird etwas von zehn Minuten gesagt. Zehn Minuten gehen schnell vorüber. Das Spiel mit geschlossenen Augen beginnt. Jeder spielt auf seine Weise. Aber alle sind bei der Sache. Sie brauchen lange. Die Geschichte vom Baum wird intensiv nacherlebt und gestaltet. Diese Phase wird zum Höhepunkt, obwohl das Spiel mit offenen Augen, das Zu- und Mitspiel mit den anderen, noch aussteht, das eigentliche *Collective Training*. Der Übungsteil wird kurz kommentiert: »Stark«, »ich denke, ich bin auf Trip«, »dufte«! Die Überleitung ist nicht leicht. Belehrungen sind fehl am Platz. Einige Hilfen: Die anderen bedeuten uns doch etwas. Aber was? Man muß es ihnen zeigen, und sie werden reagieren. Man kann sie locken, kann sie abschrecken, kann sie einweihen in ein Geheimnis, man kann anderen den Zutritt verwehren. Alles das ohne Worte, ohne Berührung, ohne Hilfsmittel, auch ohne Regie, und das heißt, daß spontane Aktionen in der Gruppe anlaufen, daß wir Freundschaft und Feindschaft und Gleichgültigkeit erfahren werden.
III. *Spiel mit offenen Augen:* Man erinnert sich lange daran. Nach fünf Jahren hat man noch nichts davon vergessen. Ausgangsstellung nach Belieben: sitzen oder liegen. Keiner bleibt stehen. Die Zeit wird lang bis zum eigentlichen Anfang. Der Trainingsleiter will nicht wieder »Guru« sein. Einer steht auf. Er geht langsam durch den Raum, weicht vorsichtig den Kauernden aus, hat aber kein Ziel. Mit seinen Armen und Händen drückt

er so etwas wie Segen aus. Ein anderer folgt ihm mit den Augen, zieht ihn geradezu an. Nach und nach lebt das Spiel auf, schließlich stehen alle, gehen aufeinander zu, wechseln Positionen und Partner, orientieren sich. Hände, überhaupt Haltungen werden aufeinander abgestimmt. Dann reißt der Faden, es bilden sich kleine Gruppen, auch Gruppen, die aggressiv gegeneinander agieren. Man findet aber kaum Zeit zu Beobachtungen, weil man selber drinsteckt und weil das, was passiert, mit einem selbst geschieht und ständig die Situation verändert. Die Gruppen verändern sich auch wieder. Ein Mädchen sondert sich ab oder wird abgesondert, dann wieder einbezogen, in eine kleine Gruppe aufgenommen. Schließlich entstehen zwei größere Gruppierungen, die sich polarisieren, aber kaum noch aggressiv gegeneinander sind. Dann wird eine zündende Idee aufgebracht, vielleicht von A., B. oder C., das kann man nicht mehr genau feststellen. Nachdem man gegraben hatte und Schätze gehoben, große und kleine Dinge bestaunt und weitergereicht, nachdem man geliebt und gelitten hatte, gepflegt und gejagt, berichtet und erfahren, gehungert und gespeist – einer findet eine Flamme, ein Licht: Feuer, das brennt und geschützt werden muß. Er reicht es weiter, verlangt es wieder zurück, teilt es aus, alle nehmen teil. — Das Spiel ist zu Ende. Jetzt muß man reden, sich aussprechen, sich auch erklären, wo man meint, vielleicht mißverstanden worden zu sein.

IV. Aussprache:

Sie kann lange dauern. Die Aussprache reicht über die Erlebnisse der gerade vergangenen Stunde hinaus. Sie wird zur *Agitation.* Man sagt vieles, was man sonst nicht gesagt hätte. Man hat sich jetzt auch mehr zu sagen. Gleichgültig, ob es acht oder neun Teilnehmer waren oder nur drei oder vier, es gibt nach dieser gemeinsamen Erfahrung jetzt mehr, das einen angeht und die anderen angeht als zuvor.

Collective Training wurde nicht nur im *Nowhere House* erprobt, es hat ebenso in Jugendgruppen, Schulklassen, auch im familiären Umkreis erstaunliche Wirkung gezeitigt. Immer war es mehr als ein Spiel. In keiner anderen Gruppe aber war es so aggressionsarm wie bei den Freaks aus dem *Nowhere House*, auch wenn der schon beim ersten Male im Übungsteil III beobachtete Ablauf regelmäßig wiederkam. Man konnte folgenden charakteristischen Ablauf feststellen:

1. Orientierungsphase
2. Sympathiephase
3. Aggressionsphase
4. Polarisierung in Untergruppen
5. Kreative Phase.

Diese Abfolge konnten wir in ähnlicher Weise beim *Collective Working*, über das anschließend berichtet wird, beobachten. Immer gab es ein besonders deutliches Erleben der Gruppe, auch, daß sich diese während des Spiels veränderte. Wichtig war vor allem die neue kommunikative Erfahrung, welche die Unbeteiligten versäumt hatten.
Oft gab es auch Störungen von außen, von denen, die sich ausgeschlossen fühlten, sich aber anscheinend gegenüber den Akteuren rechtfertigen wollten. Die Gruppe hat solche Zwischenrufe und Kommentare nicht immer verkraftet.
Sie wurden aber ausdrücklich zugelassen, weil auch der, der nicht mitspielte, zum Kollektiv gehörte. Er war ja letztlich das *Nowhere House*, auf das sich die Gespräche und Analysen bezogen. Und das ging alle an.
Collective Training war mehr als andere Aktionen an besondere Situationen geknüpft. Es war vor allem abhängig von den räumlichen Bedingungen, von der Zusammensetzung der Gruppe, von der Anwesenheit eines Trainingsleiters (»Guru«). Man mußte auch genügend Zeit haben. Das alles legte nahe, solche Gruppenaktionen vor allem bei Freizeiten durchzuführen und nur ausnahmsweise im *Nowhere House* selbst.
Auch war es wichtig, daß die Teilnehmer nicht unter Drogeneinfluß standen. Das führte dazu, daß *Collective Training* immer seltener veranstaltet wurde und nach zwei Jahren mit dem Ausscheiden des damaligen Teams, auch in Zusammenhang mit dem Auftauchen eines neuen Konsumententyps, schließlich auch infolge der wachsenden Zeitknappheit des Trainingsleiters vollends aufhörte. Dennoch sprechen unsere Erfahrungen, gerade auch mit therapeutischen Wohngemeinschaften, dafür, *Collective Training* auch weiterhin durchzuführen.

3. Collective Working I

Mehr als alle anderen therapeutischen Aktionen hat *Collective Working* die wechselvolle Geschichte im *Nowhere House* begleitet. Mehr als durch sonst etwas wurde an diesem Spiel deutlich, was Therapie im *Nowhere House* bedeutet. Seit seiner Erfindung (F. Th.) war es Bewohnern, Team, Besuchern des *Nowhere House* gleichermaßen hilfreich. Gelegentlich wurde es »das komische Spiel« genannt, wobei »komisch« durchaus der Ausdruck eines positiven, aber in seiner Bedeutung schwer zu klassifizierenden Erlebnisses war, das man als Mitspieler hatte. Wir konnten damit eine Fülle von Erfahrungen sammeln, auch vergleichende Erfahrung

Abb. 2

durch Anwendung des *Collective Working* bei anderen Zielgruppen, beispielsweise bei Teilnehmern von Gruppenleiterlehrgängen der Evangelischen Jugend, bei Oberstufenklassen des Gymnasiums, bei Teamsitzungen verschiedenster Art. Dadurch gewannen wir einen Überblick darüber, wie das Spiel in verschiedenen Altersgruppen eingesetzt werden kann. Erwachsene, Jugendliche, Kinder können in jeweils spezifischer Weise sich selbst im Zusammenhang mit einem Kollektiv erfahren, ihre Rolle kennenlernen, gegebenenfalls auch ändern.

Collective Working bedarf keiner nennenswerten Vorbereitung. Man braucht eine Spielfläche, zumeist einen Tisch oder einen freien Raum am Boden, und Spielelemente. Diese kann man schnell aus gerade vorhandenem Papier fertigen, ausschneiden oder ausreißen. Man soll möglichst klare geometrische Formen wählen: Dreiecke, Vierecke, Kreise, streifenförmige Gebilde (s. Abb. 2). Variationen sind möglich. Eine Zeitlang spielten wir mit plastischen Elementen, Abfallstücken aus einer Schlosserei, Winkel, Würfel, Quader. Oder auch mit Gebrauchsgegenständen: Streichholzschachteln, Streichhölzern, Zigarettenschachteln, Gläsern, Aschenbechern. Je einfacher die Form, desto vielfältiger die Möglichkeiten. Dies ist schon ein erster Erfahrungssatz, der sich im Laufe des Spiels rasch bewahrheitet. Ambitionen sind gruppenfeindlich, Symbole nicht ehrlich genug, große Spielformen können durch das Spiel an Bedeutung verlieren, kleine gewinnen oft an Bedeutung. Die Regeln sind einfach:

1. Jeder hat ein Spielelement. Für die Dauer des Spiels ist das seine Möglichkeit, im Kollektiv kreativ zu sein. Diese Möglichkeit wählt er sich selbst.
2. Ist einmal begonnen, wird die Reihenfolge des Sitzens beibehalten. Man kann ziehen, wenn man an der Reihe ist. Man muß aber nicht jedes Mal ziehen.
3. Das Überdecken der Spielelemente anderer ist nicht erlaubt. Die Freiheit, sich zu verändern, muß insoweit garantiert sein.
4. Während des Spiels können keine neuen Mitspieler hinzukommen.
5. Das Spiel endet, wenn keiner mehr weiterspielen will. Einzelne Mitspieler können auch während des Spiels ausscheiden.

Einen Spielleiter gibt es nicht. Wohl können einige Mitspieler den Verlauf verschieden stark beeinflussen. Das Spiel dauert ungefähr 60 bis 75 Minuten. Es darf dabei gesprochen werden, kommentiert, aufgefordert, gewünscht, gehofft. Gesetzmäßigkeiten werden sichtbar, Phasen (wie schon beim *Collective Training*), die sich verschieden lang dehnen und in ihrer Aufeinanderfolge deutlich machen, daß Veränderungen eintreten. Auch das wird kommentiert: »Typisch Fixer«, »Der bringt's halt nicht«. Oder

auch selbstkommentierend: »Keine Lust mehr«, »Das geht auch ohne mich«. Die Kommentare werden nicht leichtgenommen. Denn das Spiel wird mit zunehmender Dauer mehr als ein Spiel. Es wird ein Stück Geschichte auf beziehungsreichem Hintergrund, Erkenntnis von Chancen und Scheitern, Verwirklichung von Hoffnung und Angst.
Immer wird deutlich: Die anderen bedeuten mir mehr, als ich dachte und zugeben wollte. Ich selbst bedeute ihnen auch mehr oder vielleicht viel weniger, als ich immer glaubte. Manchmal schleppt es sich hin; dann wird mehr gesprochen als gespielt. Ein andermal entstehen zunehmend Hektik und Spannung, gibt vielleicht einer seine Reserve auf, wird aggressiv, erregt Mitleid oder erweckt Sympathie. Wer als Zuschauer dazukommt, stört kaum; aber auch er wird registriert, und sein Kommentar ist nicht unwichtig: Was kann man dabei gewinnen? So ein paar Dreiecke, was können die schon sagen! Aber laß ihn ein oder zwei Runden zuschauen, dann wäre er gern dabei, würde gern mitspielen. Er muß sich dann eine andere Gruppe suchen. Die jetzige will hinterher nicht gleich wieder spielen. Einmal am Abend genügt. Es kommt selten vor, daß eine Gruppe zwei- oder dreimal, dann allerdings auch mit wechselnder Besetzung, spielt. Denn man hält nicht unbegrenzt Risiko, Konfrontation und Niederlage aus.
Beim Spielanfang ist davon allerdings nicht viel zu spüren.
Phase 1: Orientierungs- und Sachphase.
Noch ist keine Identität zwischen Spielelement und Spieler hergestellt. Es geht darum, wer anfängt. Einer findet sich immer. Er hat die größte Freiheit, sagen wir gelegentlich. Die Spielfläche ist noch frei. Er nutzt sie – aber wohin setzt er? In die Mitte oder seitlich verschoben? Alle sitzen in der Runde, und dem ersten folgen die anderen. Jeder bringt sich ins Spiel. Zunächst will man rasch zu Ende kommen, will Beziehungen herstellen, ein Bild aus Einzelteilen gestalten. Im *Nowhere House* ist diese Phase relativ kurz, vier- bis fünfmal wechselt man seinen Standort. Bei anderen Gruppen – etwa in Schulklassen – reichen zehn Runden unter Umständen nicht aus, um zur zweiten Phase zu kommen. Man hat den Eindruck, als seien in diesen Gruppen die Gruppenbeziehungen derart versachlicht, daß die Anlaufzeit größer sein muß. Eine weitere Unterscheidung ergibt sich aus der Nutzung der Spielfläche. Im *Nowhere House* ergeben sich schnell weite Abstände zwischen den einzelnen Spielelementen, während in anderen Gruppen sehr eng gesetzt wird, fast Kante an Kante, so daß man den Eindruck hat, als werde hier »gegluckt« und als wisse man nicht, daß man auch über größere räumliche Entfernung Beziehungen aufrechterhalten kann. Die zunehmende Identifikation des Spielers mit seinem Spielelement erkennt man daran, wie das Spielelement kommentiert und als

typisch für denjenigen angesehen wird, der es führt. Mitunter finden die anderen Spieler es auch erstaunlich, was sich einer ausgewählt hat. Die Identifizierung zeigt sich auch im sprachlichen Ausdruck: »*Ich* setze mich dahin«, oder »bist *du* das?«.

Das leitet zur *Phase 2: Sympathiephase* über:

Hier werden die grundlegenden Beziehungen dargestellt, in denen jeder steht. Man bekennt sich durch seinen Zug, oft mit typischen Glossen, zueinander. Es zeigen sich Paarbeziehungen, Freundschaften, Abhängigkeiten besonderer Art, Arbeitsgemeinschaften, Stockwerksbeziehungen. Aber es kommt auch zu den ersten negativen Feststellungen: einige fühlen sich vernachlässigt, verraten oder finden die sich bildenden Kleingruppen unbefriedigend und störend. Manche erkennen ein Beziehungsdefizit, fühlen sich verlassen, »frustriert« – ein häufiges Interpretament. Die ziehen sich allmählich zurück. Einer nimmt sein Spielelement ganz an den Rand zurück: »Ich gehe in die Wüste.« Einige Mitspieler finden sich herausgefordert und umwerben ihn, wollen ihn zurückholen. Die Beziehungen werden immer komplizierter und problematischer. Es entsteht ein deutliches Problembewußtsein, das von Spielrunde zu Spielrunde immer ausgeprägter wird. Dieses Problembewußtsein greift auf die Situation überschreitende Interpretamente zurück: Politische Parallelen tauchen auf: »Elitäre Typen«, »Kapitalisten«. Man hört Warnungen, wie: »Gebt acht, der will nur seine Position sichern«; »da manipuliert einer ganz schön«; »der steht kurz vor der Machtergreifung« usw. Eine näherliegende Interpretationsebene ist das *Nowhere House*-Kollektiv: »So macht die das sonst auch immer. Laßt euch doch nicht einwickeln! Mit Mitleid kannst Du keinem Fixer helfen!« u. ä.

Phase 3: Aggressionsphase.

Jetzt ereignen sich Überraschungen! Partner werden in schneller Folge gewechselt. Der Gesamteindruck ist chaotisch. Es sind ungefähr 45 Minuten um. Man erlebt Knalleffekte: D. hat sich lange abseits gehalten. Plötzlich nimmt er sein Spielelement und legt es in die gerade frei gewordene Mitte des Spielfeldes. »Darauf habe ich die ganze Zeit gewartet, und da gehe ich nicht mehr weg!« Gegenfrage von einem der Mitspieler: »Was nützt dir das?«, »Ich bin« – so die Antwort – »heute hier reingekommen und wollte mich vor euch allen auf den Tisch legen und mir den Bauch aufschneiden.« »Willst du uns das Schneiden überlassen!« »Wie ihr wollt.« »Sieh zuerst zu, ob du wirklich in der Mitte bist!« »Bin ich.« Aber alle hatten sich zurückgezogen und bildeten mit ihren Spielelementen eine eigene Spielfläche mit eigenem Mittelpunkt. Die Aggression wird total und ist begleitet von ersten Ermüdungserscheinungen.

Phase 4: Polarisierung in Untergruppen.
Diese Phase, in der die Gruppe in zwei Lager gespalten ist, dauert meist nur kurze Zeit. Man kann darin den Versuch sehen, seine Gruppenbeziehungen zu ordnen, ohne alle miteinbeziehen zu können. Diese Phase wird in besonderem Maße beherrscht von dem, was die Teilnehmer »Ideologien« nennen. Es zeichnet sich ein bestimmtes Bild ab, Schiff, Haus, Blume oder ähnlich. Einer denkt es laut. Die meisten folgen nahezu automatisch der im Raum stehenden Bilddeutung.
Die letzte Phase ist dann schnell erreicht. Es wird gefragt: »Wollen wir das alle?« Wenn nicht, warum machen wir es dann? Müssen wir unbedingt etwas hinkriegen, was man sowieso schon wußte und was aussehen muß wie ein Schiff, Haus, Blume etc.?
So und so. Lange wird man nicht mehr durchhalten. Es entstehen Zugzwänge. Man sollte sich jetzt einmal beeilen. Oder auch: Du könntest das ruhig sitzen lassen. Phase 5 wird herbeigesehnt. Ein originelles, gemeinsames Werk, mit dem jeder zufrieden ist. Das Verschieben und Verrücken soll dann aufhören. Man läßt immer häufiger sitzen. Ob alle integrierbar sein werden? Mancher verfolgt das Spiel nun auch in einer gewissen Angst. Schließlich erwartet jeder, daß am Ende ein abgeschlossenes Bild vorliegt. So ist es auch in aller Regel.
Die *Phase 5,* die kreative, ist zumindest vorläufig ein Abschluß. Aber man wird hinterher weiterdiskutieren, auch wenn das Spiel länger als eine Stunde gedauert hat. Dann werden aber nicht mehr alle dabeisein. Vielleicht ist K., der sich Hammer und Sichel als Spielelement ausgeschnitten hatte, schon wütend weggegangen, weil man ihm klargemacht hat, daß er alles andere als ein Kommunist, im Gegenteil völlig autoritär sei und ständig manipuliert habe. So wäre das denn alles Angeberei mit seinem Symbol, hinter dem er sich dauernd versteckt hat, dessen Anspruch – das habe gerade seine Art zu spielen gezeigt – er in keiner Weise gerecht geworden sei? Oder es war das Umgekehrte passiert, daß W. – es war bei einem Spiel mit plastischen Spielelementen – sich ein besonders großes, schweres Vierkantstück Stahl als Spielelement genommen hatte. Damit wußte er aber nichts anderes anzufangen, als »sich« ständig an die Figur des Therapeuten anzusetzen, die ein Blechwinkel war. »Er ist doch wohl ›zu‹? Bekifft? Denn sonst würde er auch einmal etwas Eigenes bringen und sich nicht so an Papis Hand anklammern.«
Diese Kritik weckte ihn auf. Durch zweimaliges Umsetzen seines Spielelementes schuf er die Voraussetzung eines für alle befriedigenden Ergebnisses. Das Spiel war daraufhin zwei Runden später zu Ende. Es war, als hätten alle auf seinen selbständigen Zug gewartet. Ihm sind dadurch zahl-

reiche neue Einsichten über Haschischrauchen und seine sozialen Aspekte erwachsen. Die übrigen haben erkannt, daß sich der Konsum der verschiedenen Drogen auch verschieden auf die Spieler auswirkt. Das konnte man auf den Alltag im *Nowhere House* übertragen: Der Drogenkonsum beeinflußt nachhaltigst das kommunikative Verhalten.

Zumindest in den ersten Jahrenhatten die Drogenkonsumenten noch bestimmte Vorstellungen davon, was der Drogenkonsum ihnen bringe. Die Wirkungen der Drogen wurden einigermaßen differenziert gekennzeichnet, was sich umgangssprachlich zum Beispiel so ausdrückte, daß, wer unter Alkohol- bzw. Tablettenwirkung stand, »zu« war. Dem Shit wurde der »turn«, bei stärkerem Konsum das »stoned«-Sein zugeordnet. Von »speed« erwartete man eine gewisse Hektik, was schlicht auch »speedig« heißen konnte, während »junk« zwar »hook« machte (was bis heute sehr negativ beurteilt wird), daneben aber auch ein besonderes »feeling« vermittelte, das sich als Ruhe ausweisen mußte, bei der »der Vorhang aufgeht«. Außerdem kam es noch auf den »flash« oder den »kick« an. Ein Trip dagegen machte »high«, ein allerdings immer seltener gebrauchter Ausdruck, da er wohl durch das Gerede in der Öffentlichkeit zu sehr abgegriffen, auch verallgemeinernd auf alle Drogen bezogen worden war.

Je nach Zustand und Drogeneinfluß gestaltete sich auch das Engagement im *Collective Working.* Alkoholisiert oder unter Tabletten wollte man zwar mitspielen, war jedoch nicht in der Lage, auf die Spielzüge der anderen Teilnehmer einzugehen. Wer »stoned« war, wirkte initiativlos; »auf Trip« kam eine Einbeziehung ins Spiel überhaupt nicht in Frage; »auf Schuß« entstanden besondere Probleme in dem Augenblick, wo in der Aggressionsphase eine gewisse Hektik die Beschaulichkeit störte; wer »speedig« war, zog seinerseits eine Menge Aggression auf sich, weil er übermäßig stark manipulieren wollte und die Spielentwicklung durch ständiges Drängen beeinflußte.

Damit ist eine der wesentlichen Funktionen angedeutet, die dieses Spiel im *Nowhere House* hatte. Tatsächlich vermittelte das *Collective Working* dem einzelnen Drogenkonsumenten so etwas wie eine realistische Einschätzung der Drogenauswirkungen aufs eigene Verhalten. Es schaffte sozusagen Beweise für objektiv und subjektiv abweichendes Verhalten, die auch in späteren Gesprächen gültig blieben.

Wichtiger jedoch war eine andere Funktion. Sie veranlaßte uns, *Collective Working* immer dann anzuregen, wenn neu aufgenommene Bewohner in das Kollektiv integriert werden sollten oder wenn kritische Situationen, problematische Entwicklungen, Unsicherheit im Blick auf anstehende Planungen ein gründliches Analysieren des Kollektivs notwendig

machten. Der Vorteil dieses Spiels bestand darin, daß neben dem notwendigen Feed back auch eine neuerliche Belebung des Gruppenprozesses erreicht wurde. Oft wurden neue Planungen durch das *Collective Working* zur Quelle neuer Hoffnungen. Besonders dann, wenn diese Planungen durch die erlebte Zuwendung eines Mitspielers zustande kamen. In jedem Falle trug das Spiel zur Sensibilisierung für kollektives Verhalten bei und gab auch wenig Vorgebildeten eine erstaunliche Sicherheit in der Beurteilung kollektiver Situationen.
Gerade das aber war eine unabdingbare Voraussetzung, wenn wir das Ziel, das wir uns im *Nowhere House* gesetzt haben, erreichen wollten: Kritische Kooperation mit der Gesellschaft. Das will sagen, daß es uns nicht kurzschlüssig um eine Wiedereingliederung abhängiger Jugendlicher in den Arbeitsprozeß gehen konnte. Wenn auf der einen Seite die Möglichkeit zu Kooperation mit einer Gruppe, einem Kollektiv oder der Gesellschaft vermittelt war, so mußte auf der anderen jene kritische Reserve mobilisiert sein, die verhinderte, daß ehemals Drogenabhängige wieder und wieder gesellschaftlich begründetes Versagen und strukturelle Krisen als persönliche Schwäche erlebten und auf diese Weise erneut den Ausweg über die Droge suchten.
Wenn wir davon ausgehen können – und unseres Erachtens bestehen dagegen keine Bedenken –, daß das Drogenproblem mindestens zum Teil eine soziale Genese hat, dann mußten wir auch den Kranken, der den Kampf gegen die Sucht in erster und vorderster Linie, gleichsam stellvertretend für alle, zu führen hat, in die Lage versetzen, diesen Kampf ohne uns und außerhalb weiterzuführen. Von dieser Position her wird auch verständlich, weshalb wir die Therapie gelegentlich in der ersten Zeit auch als »politische Therapie« bezeichnet haben (vgl. Kap. 7,2). Diese Charakteristik ist mindestens so mißdeutbar wie der Begriff der kollektiven Kreativität, obwohl beide das gleiche ausdrücken wollen. In dem Maße, wie sich gesellschaftliche Bedingungen unserer Existenz auch in einem *Nowhere House*-Kollektiv strukturell reproduzieren und durch das *Collective Working* diese Bedingungen (als auf das Zusammenleben in Familie, Schule, Beruf und Staat bezogen) exemplarisch begreifbar und veränderbar wurden, erfolgte im *Nowhere House* so etwas wie eine Politisierung der »Patienten«. Wir gaben uns aber nie dem Mißverständnis hin, als seien gerade diese extrem abhängigen und sichtbar kranken jungen Leute die Erstgeborenen der Revolution, mithin das *Nowhere House* eine radikale Zelle, aus der heraus der Umsturz der Gesellschaft geplant und durchgeführt werden solle. Es war gerade nicht die Ideologie oder eine daraus resultierende Utopie, der wir im *Nowhere House* eine Plattform schaffen

wollten oder geschaffen hätten. Wer das wollte, hatte im *Nowhere House* keine Chance. Der Trend war eindeutig dahin gerichtet, daß vielfältige konkrete Erfahrungen im Kollektiv gemacht werden konnten und Raum für realistische Alternativen gegeben wurde. Solche Alternativen konnten auch in anderen Aktionen sichtbar werden, in anderen Spielformen kollektiver Kreativität, z. B. im »Phantasmodrama« oder einem »Happening in Farbe«, die ebenfalls in die *Nowhere House*-Therapie Eingang gefunden haben. Trotz allem hat das Collective Working über all die Jahre eine zentrale Stellung bewahrt.

4. Collective Working II

Seiner Bedeutung wegen seien im folgenden noch einige kritische Aspekte zum *Collective Working* ausgeführt.
Collective Working ist ein Spiel und – mehr als ein Spiel. Man spielt es, wo sprachliche Mittel versagen. Es ist unverbindlicher als die verbale Kommunikation in der Gruppe. Es ist zugleich eindeutiger. Man kann nicht einen Standpunkt darstellen und ausbauen wie in der Sprache.
Voraussetzung ist die Bereitschaft, sich auf etwas einzulassen, das als Spiel mit Figuren (Spielelementen, Formen, Steinen) beginnt, dann aber zunehmend engagiert wird und einmündet in einen Prozeß, sich selbst und die anderen in der Gruppe besser kennenzulernen.
Schon die Wahl der Figur kann einen festlegen. Hier fällt eine Vorentscheidung. Hinterher hätte man bisweilen gern eine »bessere« (vielleicht weniger entlarvende) Figur gehabt. Aber zu Anfang weiß man nie, was man hinterher weiß. Das Spiel ist ein Abenteuer. Denn was man mit seiner Figur wird, bestimmen weitgehend die Mitspieler. Man hat nicht eine isolierte Figur, die ein ebenso isoliertes Symbol darstellt. Durch Ankopplung kann ein Mitspieler mit seiner Figur eine völlig neue Gestalt daraus machen – *Collective Working*!
Überhaupt macht nicht einer allein, sondern es machen alle zusammen etwas. Ein Spieler kann z. B. eine rechteckige Figur haben, die wie ein Kasten zum Sich-drin-Verstecken aussieht, harmlos und defensiv; ein anderer hat einen Stab, mit dem er vorsichtig um sich tastet; beide zusammen aber können eine Waffe werden, ein Hammer, vielleicht auch ein Beil, also gefährlich und aggressiv.
Wie sich die Mitspieler mit ihren Figuren anlegen, ist nicht zufällig. Sie können mißverständliche und ungewünschte Gesamtsymbole und Gestal-

ten vermeiden, wenn sie sie in Widerspruch zu ihrer Beziehung zu den anderen empfinden. Sie können testen, provozieren; aber auch schonen, unterstützen usw.
Man kann, mit einem Wort gesagt, nicht auf Nummer Sicher gehen. Man kann höchstens einfache, in ihrer Bedeutung überschaubare und bezüglich der denkbaren Kombinationen hinreichend unverfängliche und neutrale Figuren wählen. Extrembeispiel ist eine kreisförmige Scheibe. Damit handelt man sich allerdings ein, daß man selber wenig operationsfähig und wenig ausdrucksfähig ist. Wie eine Kugel rollt man zwischen den anderen herum. Ein Spieler, der vielleicht an Schutz und an Flucht gedacht hatte, wählt für sich das Symbol eines Autos. Damit fuhr er eine ganze Weile zwischen den anderen herum, ließ sich nachschauen und die anderen vor sich ausweichen. Aber dann wollte er aussteigen, um so wirklich auch mitspielen zu können. Das ging dann nicht, weil es die anderen nicht duldeten.
Man selbst *und* die anderen, die Mitspieler, die Mitarbeiter, haben in der Hand, was man werden kann. Wesentliche Erfahrung ist auch: man muß nicht selbst und allein alles richtig machen. Man darf sogar auch einmal schusseln. Die anderen werden die Gestalt ergänzen. Man macht weder selbst und allein alles falsch, noch macht man selbst und allein alles perfekt. Alles ist – *Collective Working*. Wie im Leben überhaupt.
Man kann auch Prozesse nicht anhalten oder einfrieren. Es geht ständig weiter in ewiger Bewegung. Bewahren kann man eine Gestalt nur, wenn man die anderen totschlägt (Nota bene!). Kollektiv zeigt sich, was werden kann. Es zeigt sich auch, was ich allein nicht leisten kann.
Keiner hat die Wahrheit für sich gepachtet und keiner die Lüge. Ich kann nicht bestimmen, ob ich die Wahrheit sage. Ich kann nur die Absicht haben, nicht zu lügen. Aber ich sage es vielleicht so, daß der Partner es so versteht, daß es zur Lüge wird.
Etwas ist so, wie es ankommt. Ich muß darauf sehen, wie das, was ich tue und äußere, beim Partner ankommt. Um mich verständlich zu machen, um zu vermitteln, was ich sagen will, muß ich dem Partner in die Augen sehen. Ich muß stets den Partner einbeziehen. Information ist immer eine Funktion von Kommunikation.
Noch etwas zeigt sich im *Collective Working*. Erst durch den Partner, durch die Partner, entsteht Raum. Ich allein unterscheide eine Fläche, ein Gelände nur in rechts und links und hinten und vorne, wo sich jeweils ungestaltete Wüsten endlos ausdehnen. Ich umschließe keinen Raum. Erst der andere, die anderen, bilden mit mir gemeinsam Raum. Auch der unbegrenzte Raum jenseits des Partners wird durch diesen qualifiziert für

mich. Erst durch den Partner kann Absicht Gestalt annehmen. Ich kann nur einen Punkt besetzen, darauf einen anderen, und dann einen dritten, ohne daß daraus ein Raumganzes, ein räumlicher Zusammenhang wird. Interessante Beobachtung schließlich: mit Figuren, die ungleiche Seiten haben (also unregelmäßige Figuren), verhalte ich mich stets different zu verschiedenen Partnern. Jedenfalls zu ein und derselben Zeit. Wie im Leben überhaupt. Ich muß mich entscheiden. Entscheidungszwang. Jetzt wende ich mich dir zu, und das schließt ein, daß ich mich jedem anderen abwende oder doch zumindest in anderer Weise als dir zuwende. Ich kann nur durch Bewegung, d. h. in einem Zeitverlauf, das wiederum heißt: als geschichtliches Wesen, allen Partnern gerecht werden.
Im *Collective Working* lerne ich auch, daß ich nicht ein Zuwendungsperfektionist sein muß. Die Partner verstehen aus der Situation heraus, daß ich sie augenblicksweise frustriere; es geht ihnen auch nicht anders. Sie erkennen auch ihren möglichen Beitrag zu einer besseren Kommunikation. Sie mögen so beispielsweise ihrerseits durch eine Drehung oder Wendung die Zuordnung verbessern, die Gestalt vollenden.
Man kann auch gut studieren, wie es möglich ist, »Raumgemeinschaften« zu dritt, zu viert usw. zu bilden.[14] Man muß nicht alles auf einen Schlag machen. Man hat Zeit. Man kann Situationen aufbauen mit den Partnern. Man kann zuwarten, die Intentionen und die Phantasie der Partner erst kennenlernen oder auch: erst sich entwickeln lassen.
Collective Working ist seinem Wesen nach auch ein sehr empfindliches diagnostisches Instrument. Diagnostisch in der Weise, daß beispielsweise sichtbar wird, wie sehr ein Mitspieler wirklich in seiner Figur steckt oder wie er etwa sich heraushält, besser: herauszuhalten versucht, denn die anderen üben einen nicht geringen Zwang aus, Farbe zu bekennen. Dabei hat auch der Kommentar eine wesentliche Funktion. Trotzdem sind die Grade der Identifikation mit der selbstgewählten Figur verschieden.
Mitunter sind nur Teilidentifikationen hergestellt. Die Spieler reagieren auf bestimmte Provokationen stark, auf bestimmte andere anscheinend überhaupt nicht. Das läßt jeweils Schlüsse auf den Charakter der Betreffenden zu. Aus diesem Grunde eignet sich *Collective Working* sehr gut auch für die von Zeit zu Zeit fällige Qualitätsprüfung eines Teams.
Wer unterstützt wen gegen wen? Wer übernimmt welche Rolle spontan, und wie differiert das von seinem Rollenauftrag? (Es kommt beispielsweise vor, daß im *Collective Working* ein Therapeut in Patientenposen flieht; wie es ebenso vorkommt, daß Patienten die Führung übernehmen etc.) Die Wenn und Aber, die in der verbalen Auseinandersetzung immer wieder gestatten, eine kommunikative Lage zu vernebeln, Absichten zu rela-

tivieren, scheiden im *Collective Working* weitgehend aus. Hier sind die Dinge eindeutig, wenn freilich auch unverbindlich: »Ich bin längst nicht identisch mit meiner Figur!« (ebensowenig, wie ich für meinen Körper einstehe?). »Mit den konkreten Leuten kann ich nichts anfangen, wenn ich frei hätte, meinen Partner wählen können, dann... Die Schwierigkeiten – soll das wohl heißen –, die hier in Erscheinung treten, ... glaubt bloß nicht, das wären meine! Das kommt ausschließlich von der mir aufgezwungenen Situation. Ihr mutet mir zu, mit Zufällen so umzugehen, als wären es keine.«

Was hier aber Zufall genannt wird, ist eigentlich die typische Situation. Und gerade das, was sich einer glaubt frei herstellen zu können durch »freie« Wahl der Partner, das ist, das wäre Zufall, nämlich zufällig das, was seinen Wünschen und Erwartungen entspricht. Das *Collective Working* ist auch unter diesem Aspekt nicht mehr und nicht weniger zufällig, als partnerschaftliche Konstellationen es sonst sind.

Es hat sich gezeigt, daß die Bemerkungen zum Spiel vielfach die Funktion haben, bei den frustrierten Mitspielern Verständnis dafür zu wecken, daß ich sie gerade nicht beachte. So kommentiere ich etwa einen Zug damit, ich wollte jetzt den Mitspieler Soundso testen oder antreiben oder unterstützen, d. h. etwas tun, was allgemein legitim ist und wogegen niemand etwas einwenden kann. Aber auch das erweist sich mit der Zeit als überflüssige Sorge, als Unterschätzung der anderen Mitspieler und deren Fähigkeit, aus meinen Bewegungen meine Intention zu erschließen. Ich lerne, daß ich mich viel mehr auf die Mitspieler verlassen kann, als ich anfangs geglaubt habe.

Hier ist ein grundlegendes Experiment der Psychophysik, der Arbeitsverband an der zweigriffigen Baumsäge, sehr instruktiv.[15] Dabei wird die Beobachtung gemacht, daß beide Probanden mit jeweils variierenden Kraftbeträgen bei Zug und Druck gemeinsam eine sinusförmige, d. h. gleichmäßig hin- und herschwingende Bewegung der Baumsäge bewirken. Interessant ist vor allem, daß unterdurchschnittliche, d. h. weniger als hälftige Kraftentfaltung eines Partners unbewußt ausgeglichen wird durch entsprechend größere Kraftentfaltung des anderen Partners. Der eine kann sich diesbezüglich auf den anderen verlassen. Die Gesamtleistung, die Gesamtgestalt ist konstant. Das ist korrespondierendes Verhalten, je nach Kräften und Fähigkeiten, in Orientierung an einem kollektiven Leistungsziel.

Ein Mitspieler im *Collective Working* kann natürlich auch kränkende und schmerzliche Erfahrung machen. Aber davon hat er zumeist nicht weniger Gewinn und neue Einsicht bezüglich seiner Wirkung auf andere. Es hatte sich z. B. jener übernommen, indem er ausgerechnet (aus einem Imponierzwang heraus?) Hammer und Sichel als Symbol für sich gewählt hat. Er wollte anscheinend den starken Mann sozialistischen Zuschnitts spielen. Kein schlechtes Lehrstück, was falsch verstandenes Revoluzzertum angeht. Wie kam der in die Bredouille! Wie wenig war, was er da zog und schob, sozialistisch. Wie breit und ungeschützt offen war die ansprüchliche Partie für vernichtende Kritik! Am Ende war er am Ende, Opfer seiner eigenen Arroganz. Vielleicht aber heilsame Lehre für ihn; die Praxis, und zwar die interpersonelle, multipersonelle, bestimmt die Gesetze. Große Ideen, auch wenn sie als sozialistisch ausgewiesen sind, geraten zu Anleitungen für Herrschaft und Unterdrückung, wo sich einer mit ihnen schmückt und seiner Identität wegen unter Erfolgszwang steht. – Dieser Spieler ist trotzdem mit einem blauen Auge davongekommen. Sandkastenspiel, noch nicht Ernstfall; Kontrollfilter vor der Praxis mit all ihrer Verantwortung, mit allen ernsten Konsequenzen.

Wer meint, *Collective Working* sei doch nur Figuren-Legen, d. h. eine Spielerei mit Formen und damit auch noch reichlich unpersönlich, der merkt bald, wenn er einmal mitspielt, daß er solche Distanz nicht halten kann. Erst zieht er seine Figur (wie ein Spielzeug), »dann aber ist er selbst am Zug«.[16]

Weil den teilnehmenden Studenten außer Schweigen nichts mehr einfallen wollte, haben wir in einer Therapiegruppe *Collective Working* gemacht. Motto: »Wer nicht reden will, kann spielen.« Dabei wurde Skat und ähnliches strikt abgelehnt. So läppisch wollte man sich die Zeit nicht vertreiben. Also *Collective Working* trotz viel Skepsis, teilweise auch ungläubigem Schmunzeln. Herumliegende Flugblätter wurden zu Figuren gerissen: ein Baum, eine Schlange (Krokodil), ein Kreis, ein Auto, ein Pfeil (Geschoß, Männchen, Fisch), eine Acht (doppelter Uterus), eine Axt (Ko-Therapeut), abstrakte Figur (konvex-konkave Form mit senkrecht durchgehendem Stab; Therapeut), dann noch eine Art Kaninchen (kauernde Figur).

Irgendwer fängt an. Es geht im Uhrzeigersinn. Immer die Runde. Man kann die Position jeweils ändern, aber man kann sie auch unverändert lassen (»Wenn man sich wohl fühlt«). Jeder legt seine Figur, wie er Lust hat. So unbefangen war man anfangs noch. Später setzte man »seine« Figur und die »Lust« in Gänsefüßchen. Denn man merkte, daß da doch ungeahnte Zwänge im Spiel waren. Das Spiel konnte jederzeit per Konsens unterbrochen und durch Diskussion ersetzt werden. Wenn alle mit der Konstellation zufrieden wären, könnte aufgehört werden.

Der Autofahrer, wie gesagt, wollte irgendwann aussteigen. Aber die Tür

klemmte: die Schutzhülle wurde zum Käfig. Daß er sich mit dem ganzen Auto ins Geäst setzte, verriet zwar Absicht, wirkte aber reichlich lächerlich. Es konstituierte sich eine Frauengruppe, unvermittelt. In der kollektiven Situation ließen die Mädchen nicht zu, durch das permanente Nachsteigen der Männer zu komischen Figuren zu werden. Das ist allenfalls individuell zu ertragen bzw. zu akzeptieren. Als sehr manövrierfähig erwies sich der kleine Fisch (Piranha); er war auch der Schlange (Krokodil) überlegen. Die Therapeuten waren nicht überflüssig, aber auch nicht zentrale Gestalten. Sie bildeten Markierungen, zuweilen Verbindungen, sorgten für Zusammenhang.
Es war nicht ausdrücklich gesagt worden, daß man dabei reden durfte. Es war auch nicht expressis verbis verboten worden. So redeten einige und schwiegen einige. Einige der Schweiger meinten hinterher, sie hätten geglaubt, es sei nicht gestattet zu reden. Zum Beispiel der im Auto. Einigen wurde es schwindelig, weil jede Konstellation nie länger als für die Dauer eines Zuges blieb. Dann war alles wieder anders. Durch Reden hätte man es vielleicht festhalten können!? Wie man es mit Mitteln der Sprache auch sonst zu tun gewohnt ist. Zwar redet man immer weiter; aber man sagt nichts Neues, sondern nur in stets neuen Wendungen dasselbe und festigt so seinen Standpunkt.
Ein Fazit: *Collective Working* ist indiziert bei jeder Form von Obstipation. Was heraus will, muß nicht durch die sprachliche Zensur. Gedanken und Emotionen können sich unmittelbar ausdrücken.
In einer anderen Gruppe: Fast eine halbe Stunde war geschwiegen worden oder doch nur Belangloses verlautet. *Collective Working*! Ein notorischer Schweiger erregte Aufsehen dadurch, daß er sich eine vergleichsweise überdimensionale Figur (»Superman«, »Ballermann«) fertigte. Schon damit drückte er seinen immensen Anspruch gegenüber der Gruppe aus. Dann dokumentierte er seine zügellose Haßliebe damit, daß er sich auf die übrigen Gruppenmitglieder, die sich wie zu einer Wagenburg im Zentrum des Tisches zusammengeschart hatten, legte, so als wollte er sie ersticken. Die Bedrängten zogen einzeln nacheinander unter der drückenden Last ihre Figuren hervor, um sich abseits neu zu formieren. Der Schweiger war von neuem isoliert. Etwas später nahm er nochmals Anlauf. Diesmal ging er dem ganzen System zu Leibe, indem er die beiden aneinandergerückten Tische gewaltsam auseinanderzog, so daß ein Spalt entstehen mußte wie nach einem Erdbeben. Auch das brachte keine grundsätzliche Änderung der Situation für den Grollenden. Schließlich nahm er seine Figur aus dem Spiel, d. h., er plazierte sich am Rand des Tisches und kollabierte dort. Interessant war in diesem Zusammenhang das Verhalten eines anderen Mit-

spielers. Der war auf die Idee gekommen, sich als Tunnel darzustellen (angeblich ein Flugzeug, nur glaubte das keiner; die Figur wurde als Tunnel festgelegt). Er saß zum Zeitpunkt des Erdbebens gerade auf dem Spalt. Die veränderte Geländebeschaffenheit veränderte auch die Bedeutung und Intention der Figur (mehrheitlich im Bewußtsein des Kollektivs): einmal war diese Figur jetzt augenscheinlich eine Brücke zwischen den beiden Teilfeldern, der einzige Übergang sogar (was positiv gewertet wurde); zum anderen aber stellte sich der Tunnelboden nun als Fallgrube dar (was prekär und heimtückisch deshalb wurde, weil an der ursprünglichen (Be-)Deutung des Tunnels auch noch festgehalten wurde bzw. der betreffende Spieler in der Weise damit agitiert wurde, daß er eigentlich gezwungen war, durch Wegziehen vom Spalt den diesbezüglichen Vorwurf zu widerlegen – was er nicht tat. Auslegung: Du läßt die Leute in deinen Tunnel kriechen, und zwar im guten Glauben, sie fänden dort Schutz und Wärme, du läßt es zu, daß sie innerhalb deines Tunnels in den Abgrund stürzen).

Das Spiel regt außerordentlich zu Assoziationen an. Diese können z. T. abstrus sein und wenig unmittelbaren Zusammenhang mit den Figuren und jeweiligen Gestalten haben. Es entsteht gewissermaßen eine zweite Kommunikationsebene, eine verbale. Die sonst funktionierende Zensur wird vernachlässigt, man ist durchs Spiel abgelenkt, unaufmerksamer. So werden Reizdeutungen gegeben, nicht zuletzt von dem (den) Therapeuten. Die Reaktionen werden wiederum aufgenommen, vielleicht erst wieder einmal in Zusammenhang mit dem laufenden Spiel gebracht, dann aber erneut auf der zweiten Ebene bearbeitet, usw.

Nach dem Spiel war man sich immer einig: hier spiegelt sich die Wirklichkeit mit ihren Verhaltenszwängen. Jede Figur hat ein »vorn« und »hinten«. Alles, was man tut, hat Tendenz, ist dezidiert. Man muß Farbe bekennen. Man kann nicht alles. Man kann nichts allein. Man muß Stellung beziehen, besonders auch die Therapeuten (was erleichternd aufgenommen wurde). Keiner kann sich verstecken; er kann nur völlig kneifen und passen. Man stößt auf den Widerspruch, daß man zwar eine Individualität darstellen möchte, d. h., daß man durchaus nicht allen Mitspielern gegenüber die gleiche Seite zeigen, anbieten will, aber daß man doch nicht alles realisieren kann, sondern zur Verwirklichung seiner Individualität den »Kompromiß« (!) eingehen muß, sich erst einmal kollektiv bestimmen zu lassen. Dieser Widerspruch ist unauflösbar. Seine Erklärung findet er in einem dialektischen Verständnis. Dadurch erweist sich jedoch das »freie Individuum« als Illusion.

4. Zukunftsspiele – Phantasmodrama

Die kreativ-spielerischen Elemente in der weitgehend improvisierenden *Nowhere House*-Therapie sind auf Zukunft ausgerichtet, aufs Noch-nicht (weswegen auch der Philosoph Ernst Bloch am denkverwandtesten sein mußte). Nicht mit stierem Blick auf das Gewesene betreiben wir Vergangenheitsbewältigung, sondern wir sind an einer Öffnung in die Zukunft hinein interessiert. Um das möglich zu machen, sind wir auf der Suche nach *utopischem Material,* aus dem Landschaft und Wohnung des Morgen und Übermorgen gebaut werden sollen. Es mußte gelernt werden, wo und wie immer es möglich war, zu gestalten und zu bestimmen, statt sich tatenlos und »schicksalsergeben« an die Zukunft der anderen anzupassen und damit weiter in einer Objektverfassung zu bleiben. Aus den Phantasien etwas machen, die Phantasien dramatisieren, und sei es nur um der Einsicht willen, daß vieles, das meiste vielleicht, nicht zu verwirklichen ist. Einiges aber gelangt in ein Stadium von Konkretheit und Machbarkeit: *konkrete Utopie.*

Phantasmodrama nennen wir solche Zukunftsspiele in Anlehnung an Morenos Psychodrama, das unter der Devise der »Rebellion der unterdrückten Gruppen gegen das Individuum und des unterdrückten Täters gegen das Wort« entstand und das im Ausagieren und Aktualisieren von Konflikterlebnissen mit abschließender »Handlungskartharsis« Lösungen herbeiführt. Mag man diese »Erlebnisbehandlung«, wie sie ebenfalls genannt wird, auch für einen Fortschritt oder zumindest eine sehr nützliche Ergänzung gegenüber der Freudschen Couchanalyse werten, so ist doch nicht zu verkennen, daß hier, entsprechend der individuellen Psychoanalyse, Vergangenheit nachgearbeitet wird. Kommt schon die Gegenwart nur durch unvermeidliche Einfärbungen ins Spiel, so wird die Zukunft, d. h. all das auf Zukunft bezogene Denken und Trachten gar nicht berührt. Wir wollen die *motivierende Phantasie,* die Handeln und Denken dort entscheidend bestimmt, wo sie nicht durch Fremdbestimmung und Repression ganz aufgehoben wird, befreien und fördern und in Probehandeln umsetzen. Auf diese Weise wird etwas vom unterdrückten Selbst erfahrbar gemacht. Das Antizipieren von Zukunft im Spiel braucht aber den Rahmen und den Rückhalt des Kollektivs. Ermutigung wie Kritik tragen gleichermaßen dazu bei, daß die Realitätsprüfung des kollektiv Phantasierten verläßlich ist. So kann erfahren werden, was sonst regelmäßig wieder untergeht und dem Verdikt verfällt, unernst und kindisch zu sein. Es ist aber gewiß sehr wichtig, daß die auf Zukunft tendierenden Antriebe in einem Probeagieren erfahren werden können. Sie werden dadurch für

uns erst wirklich verbindlich, eingedenk des Goethe-Wortes: »Nur was wir erfahren haben, geht uns was an.«
Dabei ist es uns keineswegs nur darum zu tun, über folgenloses Vorwegphantasieren einen sonst unterdrückten Teil unserer selbst kennenzulernen. Wir streben durchaus an, Fundamente zu legen für die Häuser, in denen wir morgen leben wollen, und Straßen zu bauen, auf denen wir morgen gehen wollen. Und hier ist es ganz wesentlich, daß wir heute schon die Weggenossen von morgen finden, diejenigen nämlich, mit denen wir in den phantastischen Zielen übereinstimmen, die uns in den unsrigen und die wir in den ihrigen bestätigen und bestärken. Nicht bloß machen, was uns vorgemacht und vorgeschrieben und abgenötigt wird, sondern dasjenige, das wir gemeinsam wollen. Diese Form von Solidarität nicht erst im Erleiden gemeinsamer Unterdrückung und Bedrängnis, sondern in Phantasie und Planung auf Zukunft hin durchzieht alle kollektive Kreativität. Überflüssig zu betonen, daß sich solches Zukunftspielen gegen zuviel Absicht und Methode (was immer desillusionierend und entzaubernd wirkt) sträubt. Es versteht sich auch von selbst, daß spontane Phantasien gefragt sind und daß Phantasie-»angeboten« (wie sie etwa ungeduldige Gruppenmoderatoren machen) der Erfolg versagt bleiben muß, weil ihnen das emotionelle Engagement abgeht.

Kapitel 7

Nach dem Entzug

Zur Arbeit im *Nowhere House* hat stets gehört, daß es über sich selbst hinaussah. Freilich sind bloße Selbstüberwindung und Selbstaufhebung als nur negativ bestimmte Ziele nicht ausreichend. Das »Jenseits« muß wenigstens utopisch erschlossen sein, um überhaupt motivierende Kräfte freisetzen zu können.

In dem Maße, wie das *Nowhere House* als Glied in einer therapeutischen Kette funktioniert, wird es auch ganz konkret von den Bedingungen der vor- und nachgeordneten Einrichtungen bestimmt. Das waren damals in erster Linie drogenfreie *therapeutische Wohngemeinschaften.* Das wäre heute, um wirkungsvolle soziale Rehabilitation leisten zu können, vor allem auch ein *Sozialtherapeutisches Zentrum.* Als empirischer Bericht werden die Wohngemeinschaften, als die Beschreibung einer dringend erforderlichen Weiterentwicklung wird das Zentrum hier abgehandelt.

Ein weiterer Abschnitt gilt der latent immer mitschwingenden Frage politischer Implikationen bei der therapeutischen Arbeit. Bisweilen wird man mit – zumeist reichlich dilettantischen – Versuchen sogenannter »politischer Therapie« direkt konfrontiert und zu kritisch-abgrenzender Stellungnahme herausgefordert. Hier kommt es auf genaue Unterscheidungen an. So wenig Therapie politisierend sein kann und darf, so sehr soll sie doch in einer anthropologisch ausgewiesenen Bedeutung *politische Propädeutik* sein. Der suchtentwöhnte Mensch braucht, um sich behaupten zu können, die neue Identität des politisch bewußten Subjekts, das sich geschichtlich lebt und verantwortet.

1. Therapeutische Wohngemeinschaften

»Wer's bringt, zieht aus« – dieser Slogan hat das *Nowhere House* von Anfang an deutlich als Durchgangseinrichtung charakterisiert. Dies durfte allerdings nicht zu der falschen Annahme führen, daß jeder, der nach erfolgreichem Drogenentzug das Haus verlassen wollte, auch dauerhaft

drogenfrei und in die früheren sozialen Bezüge integriert weiterleben könnte. Der »Weg in die Freiheit« war mit dem Auszug noch keineswegs ans Ziel gekommen. Drogenfrei zu werden war eine, drogenfrei zu leben die andere und sicher die schwerere Aufgabe. Dabei war es nicht wünschenswert, im übrigen auch für den drogenfrei gewordenen Jugendlichen sicher ungünstig, wenn er nach eigenmotivierter klinischer Entzugsbehandlung auf lange Sicht ins *Nowhere House* zurückkehrte.
Gegen eine solche Rückkehr sprach nicht so sehr die unausbleibliche neuerliche Konfrontation mit der Droge; größere Gefahren barg die Konfrontation mit den Noch-Süchtigen. Sie hinderten ihn in dieser Phase seiner Entwicklung daran, seine Planungen zu problematisieren und kritisch weiterzuverfolgen. Sie drängten ihn vielfach so in die Defensive, daß er anstelle der notwendig flexiblen, selbstkritischen Einstellung mit einer gewissen Sturheit und Starre Positionen bezog, die nur zu Aggression und Spannung im Wohnkollektiv führen konnten. Nicht jedes Hoffen erträgt die Resignation bei anderen. Manche Entscheidung fällt leichter, wenn nicht Rücksicht genommen werden muß auf Leute, die ihrerseits zu solchen Entscheidungen noch nicht bereit sind.
Ein Ausweg aus dem hier skizzierten Dilemma eröffnete sich durch Planung und Einrichtung drogenfreier therapeutischer Wohngemeinschaften (WG). Die erste derartige Wohngruppe wurde 1971 geplant. Sie sollte in personeller Zusammensetzung, Konzeption, schließlich auch finanzieller Absicherung und räumlicher Unterbringung aus dem *Nowhere House* heraus verwirklicht werden. Dabei ging es um ein mittelfristiges Ziel nach Erreichen der Drogenfreiheit.
Nicht unproblematisch war, daß damals Wohngemeinschaften emotional eine deutliche Präferenz vor anderen Formen des Zusammenlebens in der Scene hatten. Es war in der Subkultur geradezu modisch, sich in Wohngemeinschaften zusammenzufinden, die zufällig entstanden waren, oft auch nur ökonomischen Interessen dienten und im übrigen konzeptionslos und unreflektiert den Drogenkonsum eher förderten als eindämmten. Emanzipation und soziale Stabilisierung als die erklärten Ziele unserer Arbeit setzten voraus, daß bei der Organisation drogenfreier Wohngemeinschaften der Akzent auf die Therapie gesetzt wurde. Die Rückkehr des drogenentzogenen Jugendlichen in seine Herkunftsfamilie war jedenfalls keine Alternative. Auch wenn es sich um wirtschaftlich gesicherte Verhältnisse handelte, war das Elternhaus zu stark an der Entstehung des Drogenmißbrauchs beteiligt, als daß eine unvermittelte Rückführung des Jugendlichen nach dem Drogenentzug gewagt werden durfte. Das defizitäre Angebot des Elternhauses hat sich freilich ganz allgemein im

Wunschhorizont der Drogenabhängigen bezüglich Bedeutung und Wertschätzung von Wohngemeinschaften ausgedrückt. Vorherrschend war das Verlangen nach einer »big family«, Geborgenheit unter Gleichgesinnten, Verständnis bei verständigen Leuten, repressionsfreie Lebensräume, freizügige Frequentierung, spontane Intimität. Solche Vorstellungen, die gewiß auch für viele Eltern idealtypisch waren, mußten Utopie bleiben. Die Enttäuschung darüber war nicht aufzuhalten und sicher mit eine Ursache für das allmähliche Versiegen dieser anfänglich euphorischen Bewegung.

Wohngemeinschaftsmitglieder aus dem *Nowhere House* waren gegen solche Utopien ebenfalls nicht ganz gefeit, wiewohl schon wesentlich kritischer eingestellt. Sie waren durchaus bereit, einige Grundsätze für die Wohngemeinschaft zu übernehmen, die sich aus der therapeutischen Absicht ergaben:

1. Nur cleane Leute. Aber nicht ausschließlich ehemalige Drogenkonsumenten.
2. Nur wer clean bleibt, bleibt in der Wohngemeinschaft.
3. Über die wünschenswerte Größe müssen Erfahrungen gesammelt werden. Zunächst zwischen 5 und 10 Personen.
4. Der eigentliche therapeutische Akzent ist von der WG selbst zu setzen. Das schließt Gruppenaktivitäten und gemeinsame Sitzungen ein.
5. Die WG braucht bis zum Anlaufen eine Vorbereitungszeit von mindestens zwei Monaten.
6. Die Vorbereitung schließt die Planung und Einleitung gemeinsamer Arbeitsvorhaben mit möglichst sozialem Charakter ein.
7. Die Trägerschaft durch das *Nowhere House* und den *Nowhere House* e. V. soll die Kontinuität und Intensität der therapeutischen Arbeit sicherstellen.
8. Die Verbindung zum *Nowhere House* und seinen Mitarbeitern wird aufrechterhalten.
9. Die finanzielle Unterstützung durch das *Nowhere House* wird zeitlich begrenzt.

Diese Grundsätze wurden durch die anschließende Praxiserfahrung bestätigt. Das zeigte vor allem die Tatsache, daß die Grundsätze im Umgang mit den WGs und in diesen selbst durch ständige Diskussion lebendig gehalten wurden. Natürlich waren wir in einigen Punkten auch Fehleinschätzungen aufgesessen.

Zusammensetzung

Wir hatten die Hoffnung, genügend engagierte junge Leute zu finden, die bereit waren, mit ehemals drogenabhängigen Jugendlichen zusammenzuziehen, um mit ihnen eine WG zu bilden. Unser Optimismus stützte sich dabei auf die schon erwähnte modische Beliebtheit von Wohngemeinschaften, konkret auf das Angebot eines eigens zu diesem Zweck gegründeten Vereins »Kollektiv Selbsthilfe e. V.«. Dieser hatte es zu seinem hauptsächlichen Ziel erklärt, mit Heimentlaufenen, Strafentlassenen und ehemals Drogenabhängigen Wohngemeinschaften zu gründen. So war im April 1972 die erste, im Januar 1973 die dritte Wohngemeinschaft entstanden. Auch die aus anderen Voraussetzungen heraus aufgebaute zweite Wohngemeinschaft bot, was die Nichtkonsumenten angeht, keine Probleme (Gründung im Juni 1972). Bei der vierten Wohngemeinschaft (April 1973) wurden dann erstmals größere Schwierigkeiten deutlich.

WG	ges.	NA		EA	Alter	Berufe
I	9		5	4	18–24	NA: 2 Stud., 3 Schüler
		m	4	3		EA: 2 Stud., 2 Berufslose
		w	1	1		
II	6		2	4	17–25	NA: 1 Sozialarbeiter
		m	—	4		1 Student
		w	2	—		EA: 4 Berufslose
III	7		4	3	16–21	NA: 1 Stud., 3 Schüler
		m	2	1		EA: 3 Schüler
		w	2	2		
IV	6		4	2	17–23	NA: 4 div. Berufe
		m	2	1		EA: 2 Berufslose
		w	2	1		

Abb. 3
Abkürzungen: NA = Nicht-(Drogen-)Abhängige
EA = ehemals (Drogen-)Abhängige
m = männlich w = weiblich

In WG I und WG IV gab es vorbestehende Zweierbeziehungen, und zwar bei WG I sowohl bei den NA (Ehepaar) als auch bei den EA (stabile Freundschaftsbeziehung), bei WG IV lebten die NA-Bewohner in zwei festen Paarbindungen.

Drogenfreiheit

Drogenfreiheit war nicht immer gewährleistet. In WG I und WG III waren die Nichtkonsumenten außerstande, rückfällig gewordene Mitbewohner auszuschließen. In beiden Fällen wollte man es noch einmal mit ihnen ver-

suchen. Gelegentlich wurde der Rückfall in neuerlichen Konsum vor den Mitarbeitern verheimlicht. Denn man befürchtete, daß die Forderung nach Drogenfreiheit durchgesetzt und entsprechende Sanktionen verhängt würden. Nach Bekanntwerden überließen wir es trotzdem der Selbstverwaltung der WG, darüber zu entscheiden, ob der rückfällig Gewordene noch eine Chance haben sollte oder auszuschließen sei. Damit war die WG aber offensichtlich überfordert. Das Zusammenleben wurde schließlich so zermürbend, daß die WG-Bewohner um Intervention baten, damit sie den Ausschluß durchführen konnten. Danach war die Situation geklärt. Die drei übrigen ehemaligen Konsumenten blieben bis über das Ende der WG hinaus clean. WG II verlor von drei ehemals Abhängigen zwei durch Rückfall; einer davon wurde ins *Nowhere House* zurückgenommen. Er war bald darauf clean und blieb es auch.
WG III löste sich durch freiwilliges Ausscheiden von drei rückfällig gewordenen Bewohnern auf. WG IV scheiterte nach kurzer Zeit an mietrechtlichen Problemen. Ihre Mitglieder mußten ins *Nowhere House* zurückgenommen werden. Im übrigen wurde versucht, die Wohngemeinschaft nach Auszug oder Ausschluß von Mitgliedern wieder aufzufüllen. Daraus entstanden naturgemäß neue Probleme, vor allem durch die Integrationsschwierigkeiten der Neulinge. Die neuen WG-Anwärter waren oftmals noch Konsumenten und zum Drogenentzug schlecht motiviert, nachdem sie gerade erst aus Untersuchungshaft oder Klinik kamen. Erst kurze Zeit entzogen, sind sie rasch wieder in den Drogenkonsum abgeglitten. Drogenfreie Wohngemeinschaften sind, wie auch diese Erfahrung gezeigt hat, grundsätzlich keine Garantie für Drogenfreiheit.

Belegung

Die Größe einer Wohngemeinschaft ist natürlich abhängig vom Raumangebot. Hier stellten sich kaum Probleme, weil durch Entgegenkommen der Stadt geeignete Wohneinheiten angemietet werden konnten. Es war möglich, auf den spezifischen Bedarf der Gruppe abzustellen. So konnten wir mit einer Belegung von 9–11 Personen in WG I und je 6 Personen in WG II und WG IV sowie 7 Personen in WG III experimentieren. In WG I standen 11, zeitweise sogar 13 Räume zur Verfügung, während es in den übrigen Wohngemeinschaften 4–5 Räume waren. In WG I stellte sich bald heraus, daß die Belegungsstärke zu groß war; es bildeten sich zwei Untergruppen mit zwei Küchen; schließlich wurden die WG-Versammlungen nur noch von einer Untergruppe besucht. Dabei erwiesen sich die im *Nowhere House* entstandenen Bindungen als erstaunlich stabil. Nach auch sonst gemachten Erfahrungen erscheint eine Belegung mit 6 Personen aus therapeutischen und wirtschaftlichen Gründen optimal.

Therapeutische Qualität

Die Frage nach der therapeutischen Qualität der Wohngemeinschaften ist eine Frage an ihr Selbstverständnis. Sie hängt besonders davon ab, welche Gruppenpraxis in der jeweiligen Wohngemeinschaft verwirklicht werden kann. Zweifellos werden schon bei der Zusammensetzung die Weichen gestellt. In allen WGs sollte schon durch die Beziehung zwischen ehemals Drogenabhängigen und Nichtkonsumenten ein therapeutischer Effekt erzielt werden (vgl. Tabelle Abb. 3).
Für die Einrichtung einer therapeutischen Wohngemeinschaft bedarf es besserer Gründe als nur, auf diese Weise Geld zu sparen oder überhaupt leichter zu einer Wohnung zu kommen. Auch ist es nicht so, daß der Eintritt in eine WG automatisch persönliche Konflikte löst. Wohngemeinschaften müssen von ihrem Selbstverständnis her eine Einladung zur Dauerreflexion sein, wenn sie sinnvolle therapeutische Aktionen in Gang setzen wollen. In diese Dauerreflexion sind Fragen der technischen Gestaltung und der wirtschaftlichen Verhältnisse der WG genauso einzubeziehen wie die jeweilige persönliche Problemlage und die Rolle jedes Mitglieds im Kollektiv. Die Bewohner ohne Drogenvergangenheit brachten vielfach stark romantisierende Vorstellungen mit und hatten hochgesteckte Erwartungen an die Gemeinschaftsfähigkeit und Emanzipationsbereitschaft der Mitbewohner. Zu leicht übersahen sie das spezielle Gewicht, das auch in diesem Stadium noch dem Problem des Drogenkonsums und der Drogenabhängigkeit zukam. Sie waren auch kaum in der Lage, die besondere soziale Problematik der ehemals Drogenabhängigen zu würdigen. Zu diesem Zweck hätte man grundsätzlich immer wieder auch das Problem »Besucher« in die Diskussion einbeziehen müssen. Sofern diese nämlich nicht aus der Scene kamen, waren sie wohl für die NA-Mitglieder in gewisser Selbstverständlichkeit auch in großer Zahl tolerierbar, nicht aber für die ehemals Abhängigen. Auch »Dauergästen« hätte man kritischer begegnen müssen. Ihre Vorerfahrungen aus dem *Nowhere House* haben es den »Ehemaligen« erleichtert, gerade in diesem Punkt bewußter auf die Wohngemeinschaft einzuwirken. Bei WG I und WG II zeigte sich, daß sie eine wesentlich höhere Frustrationstoleranz mitbrachten als die übrigen Bewohner. Das war bei der oft sehr unreflektierten Aggressivität der anderen auch vonnöten. Denn gerade diese zogen sich gern aus der Wohngemeinschaft zurück. Manche zogen zeitweise ganz aus, um später wieder zurückzukehren.

Ein gewisser Verschleiß war unverkennbar. Wir mußten schließlich von der ursprünglichen Vorstellung abrücken, wonach die NA-Gruppe nach einiger Zeit erneut für eine WG zur Disposition stehen sollte. Denn diese zog es vor, sich in einer neuen und jetzt eigenen Wohngemeinschaft (ohne vormals Drogenabhängige) zusammenzuschließen. Es stellte sich auch heraus, daß man die Mitglieder einer Wohngemeinschaft nicht gleichsam »professionell« für neue Aufgaben mit neuen Leuten abstellen konnte; dies verbot schon die Erkenntnis, daß Wohngemeinschaften sehr intensive Bindungen, gleichsam Lebensgemeinschaften, hervorbringen.
Wenn man die Wohngemeinschaften differenzierter untersucht, vor allem ihr Selbstverständnis, ergibt sich ein vielfältiges Bild:
WG I: Gruppengespräche spielten in der Anfangszeit (etwa ein halbes Jahr lang) eine wichtige Rolle. In den WG-Sitzungen, die zunächst wöchentlich zu bestimmter Zeit angesetzt waren, verstand man sich in einer emanzipatorischen Praxis und versuchte, die auftauchenden Probleme auch politisch zu analysieren. Eine gemeinsame Kasse, in die jeder einen festen Betrag einzuzahlen hatte, ein spezielles Konto für städtische Gebühren und die oft gemeinsame Ausgestaltung der Wohnräume, ergänzt durch eine gemeinsame Küche und zwei Gemeinschaftsräume, auch einen Raum für elektronisches Basteln, zeigen deutlich das Bemühen um eine gemeinsame Basis. Verlautbarungen in Gestalt von Wandzeitungen, wechselnde Zuständigkeit für die Vertretung nach außen etc. ergänzen dieses Bild. An den Sitzungen nahmen öfters auch Mitarbeiter aus dem *Nowhere House*-Team teil. Nach etwa einem halben Jahr spaltete sich im Zusammenhang mit dem Rückfälligwerden eines Mitglieds und mit der unreflektierten Aufnahme eines neuen das Kollektiv. Es entstand eine zweite Küche und eine zweite Kasse. Die gemeinsame Sitzung löste sich auf. Statt dessen kam es zu kleinen zufälligen Gruppensitzungen. Zur Begründung wurde vorgebracht: man »braucht seine Ruhe. Man kann doch nicht dauernd über sich reden und nachdenken. Wenn einer das Bedürfnis hat, dann weiß er ja, wo die anderen zu finden sind.«
Die allmähliche Auflösung der kollektiven Aktivitäten war von der zunehmend stärker werdenden Diskreditierung der EA-Mitglieder begleitet. Sie wollten nach einiger Zeit den theoretischen Höhenflügen der NA-Mitglieder nicht mehr folgen, versuchten aber vergeblich, sich in praktischen Fragen Gehör zu verschaffen. Ihnen mißfiel, daß man zu viele »Fremde« ohne Absprache in der WG wohnen lasse und keine Zeit mehr füreinander habe. Im übrigen täten sich einige Bewohner zu stark hervor. Der Versuch, an die Praxis der »Gründerzeit« mit ihren ausführlichen Gruppengeprächen wieder anzuknüpfen, mißlang. Das langsame, aber

stetige Auseinanderleben bis hin zur Auflösung nach etwa zwei Jahren war nicht aufzuhalten. Die EA-Bewohner haben allerdings, sieht man einmal von dem einen Rückfall ab, den Auflösungsprozeß gut überstanden und sind – wenn auch in verschiedenen Wohnungen und Wohngemeinschaften lebend – drogenfrei.

WG II: Hier wurden stark »bürgerliche« Argumente vertreten. Man erwartete sich in erster Linie reibungsloses Wohnen. Trotzdem war man bereit, in Gruppensitzungen sich selbst zu kontrollieren. Allerdings hinderte das anderweitige berufliche Engagement die NA-Mitglieder daran, sich zeitlich stärker in der Wohngemeinschaft zu engagieren. Hinzu kam die für die Wohngruppe belastende Rolle der Sozialarbeiterin, eine ausgesprochene »Mutterrolle«, die noch dadurch zusätzlich aufgewertet wurde, daß zwischen ihr und einem der EA-Bewohner eine stabile Zweierbeziehung entstand. Hier verband sich die unangezweifelte Autorität des einen mit dem mütterlichen Anspruch des anderen und führte schon nach kurzer Zeit zu einem Konflikt, der nicht mehr zu verkraften war. Er verstärkte sich noch durch zwei Rückfälle und führte nach Wiederauffüllung der Wohngemeinschaft schließlich zu deren Auflösung.

WG III. Ablehnung von privatem Raum und Privateigentum charakterisierten diese WG. Nach Ausscheiden zweier EA-Mitglieder verschärfte sich der radikale Ansatz noch weiter und führte zu ausgesprochen rigorosen Verhaltensvorschriften. Das Auffüllen der WG wurde dadurch erschwert, daß die Gruppe es sich nicht erlauben konnte, neuen Mitgliedern, und sei es auch nur für eine Übergangszeit, Zugeständnisse zu machen. Vorzug dieser WG war aber zweifellos, daß mehr Raum als sonst für Planung und Analyse der Gruppensituation gegeben war.

WG IV: Für das Selbstverständnis dieser Wohngemeinschaft war ausschlaggebend, daß die NA-Bewohner berufstätig waren und außerdem in einer Zweierbeziehung lebten, die EA-Bewohner aber zu intensiver Bindung nicht imstande waren. Diese Wohngemeinschaft war aber zu kurzlebig, so daß sich abschließend darüber nichts sagen läßt.

Vorbereitungsphase

Eine therapeutische Wohngemeinschaft braucht ihre Vorbereitungszeit. Besonders dann, wenn zum einen ein Teil der zukünftigen Bewohner schon in einer wohngemeinschaftsähnlichen Gemeinschaft lebt und zum anderen es darum geht, vor Einzug in die neue Wohngemeinschaft eine Drogenentziehung durchzuführen.

Nur nach gründlicher Vorbereitung konnte daher eine Wohngemeinschaft in den Motivationszusammenhang, der einen dauerhaften Drogenentzug versprach, einbezogen werden. Nur dann konnten auch die NA-Mitglieder einer WG auf die besondere Problematik drogenabhängiger Mitglieder eingestellt werden. Zur Vorbereitung der WG gehörte auch, daß ein Auswahlverfahren stattfinden konnte. So sicher es nämlich ist, daß man nicht mit jedem zusammenleben kann, von dem man es auf den ersten Blick meint, so sicher ist es auch, daß man nur aus freien Stücken und nach gründlicher Überlegung und Auswahl in eine Lebensbeziehung auf Zeit eintritt.

Besonders intensiv waren die Vorbereitungen für WG I. Sie umschlossen sowohl gemeinsame, sich über Wochen erstreckende Gruppensitzungen, Planungen und Agitationen als auch eine Freizeit. Obwohl letztere für einen größeren Kreis durchgeführt wurde, vermochten gerade die WG-Aspiranten sich als Gruppe darzustellen. Für WG II war die Voraussetzung gegenseitigen Sich-Kennens schon dadurch gegeben, daß die miteinziehende Sozialarbeiterin als Praktikantin im *Nowhere House* tätig war und mit den späteren WG-Mitgliedern auch eine Auslandsfahrt unternommen hatte.

Bei WG III waren ehemals Drogenabhängige zwar beteiligt, doch bestand dort kein ursprünglicher Zusammenhang mit dem *Nowhere House*. Man konnte aber von einer gemeinsamen Wohnpraxis ausgehen, die sich allerdings schon bald als unzureichend herausgestellt hat. Bei WG IV gingen wir sogar soweit, die Eltern der Jugendlichen in die Vorbereitungsarbeit einzubeziehen. Das hat sicher den Start der WG erleichtert, das frühe Scheitern aus WG-fremden Gründen aber nicht verhindern können.

Soziales Engagement

Sosehr Wohngemeinschaften eine emanzipatorische Praxis zugeschrieben wurde, so wenig war diese doch selbstverständlich. Sie konnte eigentlich nur über bestimmte nach außen gerichtete Aktivitäten hergestellt werden. Unsere Erfahrungen rechtfertigen die Behauptung, daß der Außenverlagerung des Gruppenprozesses besondere Bedeutung für die Stabilität der WG zukommt. Sie führt sowohl zur Versachlichung der Gruppendiskussion wie auch zur Konzentration des Gruppengeschehens. Sie kann zeitweise befreiend wirken für eine Gruppe, die ihre eigene Struktur ständig reflektiert; sie kann auch Erfolgserlebnisse vermitteln, die gerade in Krisenzeiten gebraucht werden, um Resignation abzuwehren. Schließlich schärft sie auch über den Umweg des Außen den Blick für das Innen. Nicht zuletzt verhelfen sie den häufig im »Drop out« lebenden Exuser dazu, in neue soziale Zusammenhänge einzutreten.

War es schon wichtig, daß die *Nowhere House*-Bewohner an Planungen und Aktionen der Evangelischen Jugend teilnahmen, so war ein ähnliches Engagement für die drogenfreien Wohngemeinschaften erst recht unerläßlich. Gerade WG I und WG III haben sich über ihre Außenbeziehungen am Leben erhalten. Dabei zeigte sich, daß in der Geschichte einer Wohngemeinschaft die Außenengagements durchaus wechseln können; wichtig war nur, daß die gemachten Erfahrungen auch aufgearbeitet wurden. Neue Aktivitäten bedeuteten immer zugleich ein weiteres Abrücken vom *Nowhere House*. Das war grundsätzlich zu befürworten, denn die dabei gewonnene Erkenntnis kam durchaus auch dem *Nowhere House* zugute.

Die Unterbringung der WG I in einem sozialen Brennpunkt, nämlich in einer Obdachlosensiedlung, zeichnete von Anfang an ein bestimmtes Engagement vor. Allein schon die bessere Ausstattung mit Wohnraum bedeutete eine Privilegierung der WG vor den anderen dort lebenden Bürgern. Der Konflikt mit ihnen war also kaum vermeidbar. Man suchte Mittel und Wege, ihn auszuräumen.

Bald nach dem Einzug begann man, sich um die Kinder der Siedlung zu kümmern. Mit der Evangelischen Jugend zusammen wurde ein Kinderfest veranstaltet. In der Wohnung wurden zwei Malräume eingerichtet und Spiele angeschafft, so daß die Kinder dort betreut werden konnten. Bei kinderreichen Familien der Siedlung ließ man sich als Babysitter engagieren. Die Intensität dieser Arbeit schrumpfte allerdings, nachdem verschiedentlich – möglicherweise gerade durch die Kinder – Diebstähle vorgekommen waren. Immerhin wurde durch die Aktion erreicht, daß die Wohngemeinschaft in der Folgezeit nicht nur geduldet, sondern sogar in der Bewohnerversammlung im Rahmen der Obdachlosenhilfe aufgewertet wurde. Für weiterreichendes Engagement wäre allerdings die verstärkte Zusammenarbeit mit der Arbeitsgemeinschaft »Soziale Brennpunkte« wünschenswert gewesen.

Schließlich aber hinderten die inneren Schwierigkeiten die Wohngruppe daran, kollektiv nach außen zu handeln. Es blieb den einzelnen WG-Mitgliedern überlassen, sich sozial zu betätigen. Sie wurden von den übrigen Bewohnern nicht mehr unterstützt. Trotzdem gelang eine Verlagerung der Außenbeziehungen auf ein neues Projekt, und zwar auf das Jugendzentrum in Selbstverwaltung, das in Mannheim entstanden war. Dieses Engagement hat wohl zeitweise eine Klammer für die beiden damals schon deutlich hervortretenden Untergruppierungen der WG bedeutet. Auch nach Auflösung der WG war das Jugendzentrum für geraume Zeit noch Stätte des Kontaktes für die ehemaligen WG-Angehörigen.

WG III gehörte bei der Gründung einer linksgerichteten Jugendorganisation »Hydra« an. Im Zusammenhang mit dieser über ganz West-Europa verbreiteten Bewegung wurde zunächst eine Menge theoretischer Vorarbeit geleistet, auch konkrete Öffentlichkeitsarbeit für ökonomisch gefährdete Bevölkerungsgruppen Europas, wie etwa die Bergarbeiter in Limburg. Die schweizerische Sektion der »Hydra« organisierte schließlich im Dezember 1972 einen internationalen Kongreß zur Bildung europäischer Jugendgemeinschaften in Basel. WG III war geschlossen dort und gründete mit den übrigen versammelten Jugendlichen den Verein »Europäische Pioniersiedlungen«. Dieser Verein hat seitdem als Europäische Pioniersiedlung »Longo Mai« gearbeitet und in der WG III in Ludwigshafen sein deutsches Büro erhalten. Die auf dem Baseler Kongreß verabschiedete Resolution macht verständlich, daß es sich für die Wohngemeinschaftsmitglieder um eine Lebensaufgabe handelte. Es heißt darin:

»Der Kongreß für die Bildung europäischer Jugendgemeinschaften, der vom 18. bis 20. Dezember 1972 in Basel stattfand und an dem Jugendliche aus zehn europäischen Ländern teilnahmen, hat einstimmig beschlossen: Wir verlangen von den Regierungen aller Staaten Europas einige Quadratkilometer Land in unterentwickelten, wirtschaftlich und sozial bedrohten Regionen, auf denen wir unsere europäischen Jugendgemeinschaften als experimentelle Zonen des freien menschlichen Lebens und Zusammenwirkens auf der sozialen Grundlage der Genossenschaft aufbauen können.
Wir sind der Ansicht, daß ein solches Experiment imstande ist, dem Europagedanken, dem Gedanken vom demokratischen und friedlichen Zusammenleben der Völker einen lebendigen Inhalt zu verleihen. Wir und die von uns vertretenen Gruppen und Bewegungen sind entschlossen, mit vollem Einsatz unserer Kräfte die Idee der europäischen Jugendgemeinschaften zu verwirklichen.

Mit Pioniergruß, der Kongreß in Basel.«

Hier ist nicht der Ort, die Entwicklung dieser Bewegung im einzelnen nachzuzeichnen. Immerhin hat sie einen recht stürmischen Aufschwung genommen und neben der Kooperative in Longo Mai in Südfrankreich Ländereien und Gehöfte auch in der Schweiz, in Belgien und, seit Sommer 1974, in unserer unmittelbaren Nähe in Bundenthal in der Pfalz in Bewirtschaftung. WG III hat trotz starker Beanspruchung durch Longo Mai die Zusammenarbeit mit dem *Nowhere House* aufrechterhalten, war auch zu kurzfristigen Aufnahmen von Drogenabhängigen bereit, wenn auch in der Regel die Verbindung durch den Abhängigen selbst wieder gelöst wurde, weil er dem »Pionier«-Anspruch nicht gewachsen war. Drogenkonsum war selbstverständlich ausgeschlossen. Offenbar fällt das weniger schwer, wenn man von einer übergreifenden Idee beherrscht ist und alle Kräfte in ein erfolgreiches Projekt stecken kann. Daß man dann umgekehrt nicht in der Lage sein würde, sich besonders auf neu hinzugekommene drogengefährdete Mitglieder einzustellen, leuchtet ein.

Trägerschaft

Der inzwischen gegründete Nowhere House e. V. sollte mietrechtlich die Trägerschaft der WGs übernehmen. Er hatte sich auch finanziell und personell engagiert. Das bedeutete, daß auch die NA-Mitglieder von Mietkosten befreit waren. Für die Sicherung des Lebensunterhalts der EA-Mitglieder mußte der im *Nowhere House* eingeführte kostendeckende Pflegesatz vom zuständigen Jugendamt aufgebracht werden. Mietverträge wurden schon deshalb nicht geschlossen, weil zwischen Wohnungsmieter einerseits und Stadt Ludwigshafen andererseits nur Nutzungsverträge mit kurzfristiger Kündigung vereinbart waren (WG I und WG III). In den Fällen, wo der *Nowhere House* e. V. Mietverträge mit den Vermietern abgeschlossen hatte, konnten diese trotzdem nicht an die Wohngemeinschaften weitergegeben werden, da unter Umständen auch fristlose Kündigungen – z. B. beim Rückfall – notwendig waren und Wohngemeinschaften in aller Regel keine juristische Person darstellen. Dies hat des öfteren zu heißen Debatten geführt, die teilweise in dem schon zitierten Pamphlet »Der linke und der rechte Teil der Fessel« ihren Niederschlag gefunden haben. Dort heißt es u. a.:

»Theysohnsche Vorstellung über das Nowhere-House-Modell:

Durchlauferhitzer
Leute kommen rein und wenn sie die Hierarchie durchlaufen haben, werden sie in therapeutische Wohngemeinschaften umgesiedelt, dort bleiben sie abhängig von ihm, weil er das Geld weiter verwaltet – anschließend Wiedereingliederung in das bürgerliche Leben. Wirklichkeit:
Drehtürpsychiatrie . . .
Den Arschlöchern, die sogenannte therapeutische Wohngemeinschaften für den Pfaffen stabilisieren, indem sie diese übernehmen, sei gesagt: Kapiert endlich mal, worum's eigentlich geht!
Es geht ums Leben-wollen, um die Solidarität mit den bisher Gemordeten und den vielen, deren Lebenstage schon jetzt gezählt werden, in barer Münze!«[18]

Was hier behauptet wird, war nie unsere Konzeption, auch nicht die der therapeutischen Wohngemeinschaften. Vom *Nowhere House* als Geldgeber abhängig zu sein war schon deshalb nicht so unerträglich, weil es jedem freistand, auf einen Pflegesatz zu verzichten und direkt um Sozialhilfe und Wohngeld nachzusuchen. Daß WG I, in der das besagte Pamphlet entstanden ist, bei ihrer Auflösung DM 30 000.— Schulden beim *Nowhere House* e. V. hatte (die nie beglichen worden sind), spricht eher dafür, daß vor allem in finanzieller Hinsicht mit dieser Wohngemeinschaft großzügig verfahren worden ist.
Ähnliche Konflikte hat es mit anderen Wohngemeinschaften nicht gegeben, was die Vermutung stützt, daß der Autor des Pamphlets kein Bewoh-

ner, sondern ein Dauergast der Wohngemeinschaft war, der diese trotzdem nur oberflächlich kannte.
Natürlich hat es sich nie um so etwas wie »Drehtürpsychiatrie« gehandelt (»Rein ins Nowhere House – wieder raus nach Landeck [Irrenhaus in der Pfalz] – wieder rein ins Nowhere House – wieder raus nach Landeck usw. bis ins bürgerliche Grab!«).[19]
Ebenso wie im *Nowhere House* war in den WGs die sich selbst bestimmende Gruppe Grundlage jeder therapeutischen Arbeit. So waren auch die Besuche durch die Mitarbeiter des Hauses nicht darauf angelegt, vom *Nowhere House* e. V. her Auflagen und Einschränkungen in die Wohngemeinschaft hineinzutragen.

Verbindung zum Nowhere House

Sowohl vom *Nowhere House* als auch von seiten der Wohngemeinschaften wurde es als Mangel empfunden, daß der Kontakt zwischen den Wohngruppen nicht direkt, sondern nur indirekt über die Mitarbeiter lief. Die WGs untereinander hatten überhaupt keine Verbindung. Um so wichtiger waren, wenn auch lose und unstrukturierte, Beziehungen zum *Nowhere House*. Gelegentlich nahmen einige Ehemalige an den Dienstagsitzungen teil. Das reichte zwar kaum aus, um im *Nowhere House* eine wirkliche Alternative zu vermitteln, trotzdem war die Erfahrung mit drogenfreien WGs als Bestandteil der therapeutischen Arbeit dringend erforderlich.
Der Erfahrungsaustausch mußte organisiert werden. Die WGs sollten deshalb zu jeweils einer Dienstagsitzung im Monat eingeladen werden. Daran interessiert waren vor allem jene Bewohner, die im Anschluß an eine Therapiefahrt nach Süd-Frankreich selbst eine drogenfreie WG gründen wollten.
Auch wenn aus den verschiedensten Gründen aus diesem Projekt nichts geworden ist, so war die Auseinandersetzung mit Wohngemeinschafterfahrenen Leuten für die neue Projektgruppe sehr förderlich. Sie verhalf nämlich dazu, daß die Motivation für den Auszug hinterfragt werden und als uneinheitlich und illusionär erkannt werden konnte: »Ich will hier 'raus. Ich will meine Ruhe, will was tun, arbeiten.« – »Ich werde bald dreißig. Und dann?« – »Allein zu ziehen oder nur als Paar ist zu langweilig. Man muß sich unterhalten können.« – »Zwei allein, das hält keiner aus.« (Aus einem Sitzungsprotokoll)

Befristung

Der Plan, die finanzielle Unterstützung zeitlich zu begrenzen, ist oft gescheitert. Ursprünglich sollte eine WG schon nach einem Jahr allein für sich aufkommen. Das führte in WG I zu einer hohen Schuldenlast. Nur WG III war in der Lage, ohne Unterstützung, wenn auch bei fortdauernder mietrechtlicher Trägerschaft durch den *Nowhere House* e. V., auszukommen. Ebenso hat WG II in veränderter Besetzung auf eigene Verantwortung weiterbestanden. Es hat sich darüber hinaus in jüngster Zeit die Auffassung durchgesetzt, daß man in den drogenfreien Wohngemeinschaften zeitlich flexibler sein müsse als im *Nowhere House* selbst. Während dort nach spätestens neun Monaten über einen weiteren Verbleib abzustimmen war, war in den drogenfreien Wohngemeinschaften davon auszugehen, daß nach der Entziehung zeitliche Beschränkungen die Möglichkeit verbauen könnten, einen drogenfrei Gewordenen ausreichend zu unterstützen.

2. Therapeutische Absicht und politischer Anspruch

Seit den Berliner Kommune-Experimenten der 60er Jahre, die als K 1 und K 2 inzwischen Geschichte, wenn nicht gar Legende geworden sind, ist Wohngemeinschaft mehr als eine bloß auf Zweckmäßigkeitserwägungen (z. B. Wirtschaftlichkeit, Apparateersparnis, ständige Ablösung in Haushalt und Kinderbetreuung) beruhende Form kollektiven Zusammenlebens. Bekanntlich sollte mit diesen Versuchen das Individuum revolutioniert und die bürgerliche Kleinfamilie als verfehlte Erziehungs- und Lebensform entlarvt und überwunden werden.

Es ist hier nicht der Ort, diese Problematik in allen Einzelheiten darzustellen und den neuesten Stand der Diskussion darüber aufzuzeigen. Nur soviel sei gesagt, daß der ursprüngliche politische Anspruch nicht gehalten werden konnte vor einer Praxis, in der man die zwingende dialektische Wechselwirkung zwischen jenen quasi sozialistischen Inseln und einer unrevolutionierten kapitalistischen Gesellschaft nicht so einfach vergessen konnte, wie das in der Theorie möglich war.

Unser Beitrag zum Thema geht im wesentlichen zurück auf die Erfahrung mit einer therapeutischen Wohngemeinschaft (WG I), die aus einer Gruppe ehemaliger *Nowhere House*-Bewohner hervorgegangen ist unter Zusammenschluß mit einer Gruppe drogenfreier politisch engagierter Ju-

gendlicher und Studenten. Schon diese Zusammensetzung bewirkte zwangsläufig einen dauerhaften Konflikt. Man konnte von Anfang an auf eine ständige Auseinandersetzung gefaßt sein zwischen soeben erst clean gewordenen Exusern als Objekten, an denen man unmittelbar die menschenvernichtende Wirkung der kapitalistischen Gesellschaft beweisen konnte, und politisch geschulten, kritisch bewußten, wissenden und lehrenden »Sozialisten«. Jedenfalls hielten sie sich für das alles; hier ist Skepsis am Platz, denn der Kontrast zu den völlig derangierten Vertretern sozialer Randgruppen macht dergleichen Profilierung einfach.
Man hatte demnach von vornherein eine reichlich problematische Gegensätzlichkeit in Bewußtsein und Interessen. Die Exuser schienen dazu bestimmt zu sein, als Beweismaterial einer politischen Anklage zu dienen, mehr noch als Alibi. Das führte paradoxerweise zu einem prekären Abhängigkeitsverhältnis; denn die Exuser konnten sich, mit solcher Bedeutung ausgestattet, durchaus einiges »leisten«, ohne daß man sie fallenzulassen wagte. Ihnen war bald klar geworden, daß sie gebraucht wurden, eben als Beweis, als Alibi etc . . .
Das Eingeständnis des drohenden Scheiterns bei derart ambitionierten und einem erbitterten Erfolgszwang unterworfenen Aktionisten zählt bekanntlich zu den Seltenheiten. Man fürchtet die Blamage und entwickelt eine sonst unbegreifliche Toleranz nach innen. So konnten vereinzelt rückfällig gewordene Fixer einigermaßen sicher sein, daß sie von ihren politischen Betreuern in der Wohngemeinschaft nicht nur nicht verraten, sondern im Ernstfall sogar geschützt werden würden.
Es gibt ein falsches Bild, wenn man diese negativen Linien allzu dick auszieht. Alles in allem ist es zu bemerkenswert wenig größeren Pannen gekommen. Uns liegt vor allem daran, über die besondere Soziodynamik einer Wohngruppe Klarheit zu erlangen, die sich wie diese aus zwei konträren Teilgruppen zusammensetzt. Um es vorwegzunehmen: Zu einer Homogenisierung, d. h. zur Ausbildung einer umfassenden Solidarität des Wohnkollektivs ist es zu keiner Zeit gekommen. Dabei läßt sich nicht mit letzter Sicherheit feststellen, ob die Wirkungen aufeinander überwiegend hemmend oder nicht doch zumeist förderlich waren. Es muß beispielsweise keineswegs falsch sein, wenn die politische Fraktion der Wohngruppe in ihrem Tatendrang gebremst und an einer widerständigen Praxis zu Revision der vorgefaßten politischen Urteile gezwungen wurde. Aber gerade in der Verarbeitung solcher unliebsamen Erfahrungen zeigte sich, von welcher sozialen Qualität das politische Engagement war. Die Bewußtseinsarbeit der NA-Mitglieder war per Saldo nicht sonderlich überzeugend. Bei genauem Hinsehen war vieles, zu vieles, dem Zufall überlassen.

Es fehlte eine durchgehende klare Perspektive. Dem durchschnittlichen Verhalten haftete vieles an, was im Grunde auch für den Drogenkonsumenten galt. Im Wohnbereich war nicht viel zu spüren von Politisierung. Er war sozusagen das Naherholungsgebiet, in das man vom politischen Straßenkampf heimkehrte und in dem man sich gehen- und hängenließ, Erholung konsumierte und somit eigentlich nichts anderes machte als das, was die Nichtpolitischen auch taten: bewußtlos genießen.
Diese Kritik trifft nicht nur spezifisch unsere Wohngruppe. Es handelt sich vielmehr um einen auch andernorts immer wieder zu konstatierenden Widerspruch sogenannter politischer Wohngruppen: Die Politisierung macht vor der Wohnungstür halt. Daheimbleibende Nichtpolitische bekommen ewas von der Funktion über- bzw. unparteiischer Mütter, bei denen man noch richtig regredieren und den ganzen »politischen Krampf« vergessen kann.
Man darf die Hypothese formulieren: was sich immer in Wohngruppen abspielt und vielfach nur verbrämte Wiederholung von Familie (wohlgemerkt bürgerliche Familie und damit freilich im Sinne der betreffenden Definition reaktionär) ist, wurde in dieser Therapeutischen WG, allerdings in zugespitzer Form, praktiziert. Nur wird hier wie sonst das Übliche dann auffällig, wenn es unter einem hohen Anspruch auftritt und an diesem Anspruch füglich auch gemessen wird. Man hatte ja ausgesprochen die Absicht, aus apolitischen Ex-Fixern politisch aktives Volk, wenn nicht gar eigenbestimmte »politische Kämpfer« zu machen. Man wollte gerade hier zeigen, daß politische Aktivierung heilsam sei, und zwar auch im medizinisch-therapeutischen Sinne, d. h. eine wirkliche Alternative für die Spritze darstellte, nach dem Motto »Umrüsten! Statt sich selbst den Feind treffen!«
Man kann feststellen, daß die Anstrengung unserer therapeutischen WG, wenn man sie an diesem Anspruch mißt, gescheitert ist. Aber gerade in diesem Scheitern liegt eine wertvolle Erfahrung, die für die Therapie produktiv werden kann. Es lohnt sich, sie genauer zu analysieren. Man darf nicht vorschnell den Schluß ziehen, eine Idee sei falsch und der Ansatz grundsätzlich verfehlt, weil statt der vorphantasierten Ergebnisse und Entwicklungen etwas anderes eintritt. Es bildet nicht zuletzt auch die politische Anschauung und Urteilsfähigkeit, wenn man sich die einzelnen Phasen und Vermittlungsschritte aus der Nähe ansieht. Jedenfalls braucht die Therapie diese Schulung an der Praxis. Therapie ist aber politische Propädeutik.[20]
Es wird nicht behauptet, daß Politik und Therapie identisch seien. Zwischen einer richtigen politischen Analyse und Programmatik und einer

verhaltensändernden persönlichen Einsicht liegt erst noch der breitgefächerte Bereich therapeutischer (und pädagogischer) Methodik. Wenn dem Patienten (hier dem Drogenabhängigen) einsichtig werden soll, daß er als politisches Subjekt eine Alternative hat zu existieren, müssen ihm diese Zusammenhänge überzeugend klargemacht werden. Er muß die ihn bestimmenden überindividuellen (gesellschaftlichen) Tatsachen vor allem auch emotionell erfahren haben, um überhaupt den Zusammenhang zwischen Gesellschaft und eigener Bedürfnishaftigkeit bzw. der Unterdrückung von Bedürfnissen gewahren zu können.

Bezieht man diese Überlegungen auf das hier beschriebene Experiment einer gemischten Gruppe von Exusern und politisch Engagierten, so bedeutet das, daß politische Arbeit in der Zerrform einer besonders hoch bewerteten außerhäuslichen Leistung, die als progressiv, revolutionär, sozialistisch u. a. qualifiziert worden ist, praktiziert wurde. Im Unterschied hierzu ist das politische Wollen und Tun im Innern der Wohngemeinschaft schon bald zum Erliegen gekommen. Die beiden Teilgruppen haben sich voneinander isoliert und bezüglich ihres je besonderen Freizeitverhaltens abseits von allem politischen Anspruch toleriert.

Wie auch in anderen Bereichen hat sich gezeigt, daß ein wesentlicher Fehler darin liegt, daß »politisch« zwar nicht im Sinne von »berufspolitisch« begriffen wird, daß es aber den »privaten Bereich« zumeist ausspart und Politik als etwas vorstellt, das man außerhalb abwickelt, etwas, das man in eine politische Szene hineinprojiziert. Mit dieser Haltung unterscheidet man sich nicht sehr von der anderen Seite.

Das Kleinkollektiv der Gruppe, auch und insbesondere der Wohngruppe, ist durchaus als politische Leistung zu verstehen. Kommt es doch gerade darauf an, Strukturen des Zusammenlebens zu erkunden und zu entwickeln, an denen überhaupt erst erfahren werden kann, was politische Notwendigkeiten sind und was mögliche Übereinstimmung von persönlichem Bedürfnis und politischer Absicht ist. Nur dann, wenn diese Verbindung hergestellt werden kann, wird »politischer Kampf« sinnvoll. Auch nur dann kann er erfolgreich geführt werden, nämlich aus dem unmittelbaren persönlichen Engagement heraus, als *meine* Sache, die auch *deine* und auch *seine* ist. Solidarität ist nicht etwas, das man bloß intellektuell und verstandesmäßig absprechen kann. Es ist umfassende existentielle Qualität; Solidarität darf nicht nur rational, sondern muß ebenso auch emotional und aktional sein.[21] Dazu eignen sich von ihren Voraussetzungen her nichts so gut wie Wohngemeinschaft und Kleingruppe. Eine Bedingung ist jedoch, daß die Mitglieder im Bewußtsein übereinstimmen. Wo das nicht der Fall ist, muß ein gemeinsames Bewußtsein erst erarbeitet

werden. Der Weg dahin führt über eine entsprechend qualifizierte Pädagogik oder Therapie, d. h. über eine politische Propädeutik.
In der therapeutischen WG, von der wir sprachen, hat sich statt dessen ziemlich unreflektiert und in voller Schärfe die »Klassengesellschaft« reproduziert. Auch die über mehrere Monate hinweg unternommene Gruppenagitation hat die Fronten nicht nennenswert aufgeweicht. Es wurden zwar kontroverse Diskussionen geführt, Widersprüche aufgezeigt, kurzfristig auch eingesehen, aber insgesamt blieb das Muster einer Klassengesellschaft im Kleinen bestehen. Man schien auf beiden Seiten vom Status quo größere Vorteile zu haben, oder sich zu versprechen, als von einer Revision. Gegen den Versuch, auf gemeinsame Tatsachen hinzuweisen und aufzuzeigen, daß die Positionen sich letzten Endes nur in der Interpretation unterschieden, wurden jedenfalls größere Widerstände aufgeboten. Bezeichnenderweise hielt es die Politischen nur am Tisch, solange die Diskussion hinreichend allgemein blieb und der theoriegefällige gesellschaftliche Kontext zur Drogensucht skizziert wurde. Ebenso bezeichnenderweise räumten sie aber das Feld, wenn die Gruppenanalyse mehr introspektiv wurde und die jeweiligen persönlichen Bedürfnisse ins Blickfeld kamen. Nach einer ersten Reaktion des Erstaunens und Betroffenseins »machten sie zu« und zogen sich zurück. Die letzten Sitzungen wurden mit den Exusern allein veranstaltet, mit denen also, denen der immer heftigere Vorwurf mangelnder Solidarität und politischer Untätigkeit galt. Sie sagten: warum soll ich das und jenes (Politische) tun, wenn ich nicht einsehen kann, daß das auch mir etwas bringt, außer zusätzliche Schwierigkeiten mit Polizei usw. . . . Was habe ich von Eurer Revolution in 100 Jahren? Auf solche Klage und Abwehr wurde zumeist mit Verurteilungen reagiert, nicht selten mit abwertenden Beschimpfungen wie: »Reaktionäres Schwein!« u. ä.
Dieses Verhalten fiel in Wahrheit auf die Unfähigkeit der Politischen zurück, sich selbst zu prüfen und einzugestehen, daß sie ihrerseits kontroverse Bedürfnisse hatten, diese aber unterdrückten, wobei ihnen teilweise das politische Bekenntnis und Engagement als Mittel der Verdrängung diente. Man kann die Hypothese wagen, daß sich die Politischen mit den Exusern deshalb nicht verstanden, weil sie selbst auch drogenabhängig waren, nämlich abhängig von der zur Droge pervertierten politischen Arbeit, und daß sie sich dessen nicht bewußt werden wollten.
Das Experiment Therapeutische WG, das in seiner ganzen Breite im vorangegangenen Abschnitt beschrieben wurde, war dennoch ein Erfolg. Das *Nowhere House* brauchte diese Einrichtung für die Nachentzugsphase seiner Bewohner. Die therapeutischen Wohngemeinschaften hat-

ten tatsächlich zur Gesellschaft hin einen offenen Horizont. Weniger als im *Nowhere House* bestand die Neigung, sich in einer selbstregelnden Subsozietät gegen die Gesellschaft abzuschotten.

Es war darum gegangen, die Chance der Drogenfreiheit (nach der klinischen Entwöhnungsbehandlung) durch wichtige Aspekte zu ergänzen, um so einen Brückenkopf zu haben, von wo aus wieder geschichtliche Existenz in der unmittelbaren kritischen Auseinandersetzung mit pathogenen Strukturen der Gesellschaft erprobt werden konnte.

Dabei war entscheidend wichtig, daß an der Zuordnung zum Kleinkollektiv einer Gruppe festgehalten werden konnte. Das *Nowhere House* ertrug es, diesen Wohnkollektiven als negatives Vorbild zu dienen. Dies entsprach sogar den Erwartungen des Teams, aber auch der *Nowhere House*-Bewohner, die ihrerseits an der Vorstellung einer besseren Alternative interessiert waren.

Es gehört mit zum Prinzip des Konkretmachens von Utopie, daß Alternativen nicht bloße Vorstellungsinhalte bleiben, sondern ein konkretes Substrat bekommen. Diese Funktion haben die therapeutischen Wohngemeinschaften in durchaus ausreichendem Maße erfüllt. Auch das projektierte Sozialtherapeutische Zentrum ist demgegenüber kaum als eine Steigerung oder gar als ein Nonplusultra anzusehen. Unsere Zeit ist in bestimmter Hinsicht schnellebig. Was vor Jahren möglich und »in« war, ist es heute nicht mehr. Was heute üblich und vielleicht auch zweckmäßig ist, war es noch vor wenigen Jahren keineswegs. Mit einem sich ständig wandelnden Bewußtsein verändern sich auch die Bedeutungen und die politischen Tendenzen, die einem Projekt anhaften. Auf diese Wandlung muß man sich taktisch einstellen, wenn man, statt dem Ideal einer dogmatisch-konsistenten politischen Theorie zu frönen, am Anspruch einer wirkungsvollen, mithin praxisfähigen Pädagogik bzw. Psychotherapie festhalten will.

Die Erfahrung hat gelehrt, daß dasjenige, was sich als politischer Anspruch darstellt, im allgemeinen zu rigide und den taktischen Erfordernissen einer sich wandelnden gesamtgesellschaftlichen Situation gegenüber zu unsensibel ist. Es taugt nicht als Grundlage einer methodisch flexiblen therapeutischen Arbeit. Wir scheuen uns nicht, in diesem Sinne den Primat therapeutischer Absicht *vor* politischem Anspruch zu behaupten. Das Experiment der Therapeutischen WG müßte denn auch nur als gescheitert gelten, wenn man den politischen Anspruch zum Maßstab macht. Eigentlich war gerade das Versagen eines politischen Konzepts mit der Folge, daß sich am Ende politisch Gescheiterte beieinander befanden, lehrreich und therapeutisch effektvoll.

Aus größerer zeitlicher Distanz können wir feststellen, daß die Zahl der rückfällig gewordenen Drogenkonsumenten (Fixer) bei der Population, die in der Nachentzugsphase eine Therapeutische WG durchlaufen hat, außerordentlich gering ist im Vergleich zu der Rückfallquote derjenigen, die sich nach dem Entzug aus dem *Nowhere House* wieder in die Isolation der privatistischen Einzelexistenz begeben haben.

3. Projekt »Sozialtherapeutisches Zentrum«

In all den Jahren unserer Arbeit mit drogenabhängigen Jugendlichen hat sich gezeigt, daß das *Nowhere House* Glied einer therapeutischen Kette ist und für sich allein nicht ausreicht, dem Anspruch umfassender Behandlung und Rehabilitation zu genügen. Andererseits war es schwierig, den im *Nowhere House* zum Drogenentzug motivierten Jugendlichen an bestehende, konventionell-psychiatrische und Rehabilitationseinrichtungen weiterzuleiten. Wo es geschah, war der Mißerfolg in aller Regel nicht aufzuhalten.

Es mußten also Bedingungen geschaffen werden, unter denen der entzugsmotivierte drogenabhängige Jugendliche nicht nur seinen Motiviertheitsgrad halten konnte, sondern darüber hinaus zusätzliche Perspektiven kennenlernte.

Die im *Nowhere House* kollektiv vermittelte Motivierung ging vielfach dadurch wieder verloren, daß die Klienten neuerlich in eine Situation der Vereinzelung, des mangelnden, zumeist völlig fehlenden menschlichen Kontaktes gerieten. In dieser Situation des Isoliertseins wurden die schon überwunden geglaubten Gründe des Drogenmißbrauchs wiederbelebt. Der Rückfall in die Abhängigkeit war unaufhaltsam. Die regelmäßig angestellten Analysen der Drogenszene im allgemeinen, auch bezüglich der Ziele und Effizienz unserer Arbeit, haben immer wieder deutlich gemacht, daß auf die Einrichtung *Nowhere House* nicht verzichtet werden kann. In konsequenter Weiterentwicklung dieser Einrichtung mußte aber ein Zwischenglied geschaffen werden, eine Half-way-Institution, eine Schleuse zwischen *Nowhere House* und Gesellschaft. Der auf dieser Stufe klinisch Drogenentzogene und zu Drogenfreiheit motivierte Jugendliche sollte so leichter den Anschluß an die offene Gesellschaft mit ihren Zwängen und Chancen finden können. Dabei war klar, daß hier nicht auf die historische Situation zurückgegangen werden konnte, die seinerzeit zum *Nowhere House* geführt hatte. Statt dessen waren neue und andere gesell-

schaftliche und personelle Voraussetzungen zu beachten. Das hing zusammen mit der insgesamt veränderten Szenerie des gesellschaftlichen Lebens, besonders der Drogenscene.
Vor allem hat sich der Bewußtseinsstand unserer Zielgruppe in den vergangenen Jahren deutlich verändert. Das Drogenproblem stellt, wie heute nicht mehr ernsthaft bezweifelt werden kann, lediglich *eine* Facette des umfassenderen Problembereichs Jugend dar. Dementsprechend war unsere Arbeit und unser Interesse auszuweiten auf andere typische Gruppen, so vor allem auf die nicht seßhaften und arbeitslosen sowie die straffällig gewordenen Jugendlichen. Die drogenabhängigen und die drogenabhängig gewesenen Jugendlichen sollten im übrigen auch keinesfalls nur mit ihresgleichen, sondern gerade auch mit anderen Jugendlichen in Kontakt, Auseinandersetzung, vor allem in Kooperation treten können.
Das in Weiterführung des *Nowhere House*-Konzeptes für notwendig erkannte »Sozialtherapeutische Zentrum« sehen wir als eine in ihrer Grundstruktur zweiteilige Einrichtung. Einmal muß es dort einen stationären oder *Wohnbereich* geben, in dem nicht mehr, aber auch nach Möglichkeit nicht weniger als 10 Bewohner gleichzeitig leben sollen. Diese Bewohner müssen drogenfrei, »clean« sein. In zurückliegender Zeit hatten sie freilich selbst Drogenerfahrung. Diese Erfahrung kann sie in bestimmter Weise zusätzlich qualifizieren, um ihrerseits aktiv therapeutische Aufgaben zu übernehmen. Sie werden dabei angeleitet und beraten von wenigstens einem hauptamtlichen Sozialarbeiter. Als Wohngruppe repräsentieren die dort lebenden Jugendlichen eine gewiß sehr wichtige Teilgruppe des therapeutischen Teams. Es kommt hier wesentlich auch auf die Eigeninitiative und Eigenaktivität der Bewohner an, wenn es sich auch nicht im eigentlichen Sinne um eine Selbsthilfeeinrichtung (etwa nach Art des »Release«) handelt.
Der andere Teil des »Sozialtherapeutischen Zentrums« ist *ambulant*. Hier sollen therapeutische Programme laufen, die sowohl von drinnen, d. h. vom Wohnbereich aus, als auch von draußen (Scene, *Nowhere House*, Beratungsstelle für Jugendliche) beschickt werden (vgl. Abb. 4).
Der ambulante Bereich wird also eine *Durchmischungszone* sein, in der man sich bei gemeinschaftlichen Arbeiten trifft und kennenlernt. Drogenabhängige aus dem *Nowhere House* mögen durch entsprechende Information der Wohngruppe eine Orientierung gewinnen, die ihnen den Entzug erleichtert. Dabei dienen die Angehörigen der Wohngruppe selbst als Leitbild; von ihnen geht eine Signalwirkung aus. Dem noch Drogenabhängigen ist die Möglichkeit eröffnet, im Anschluß an einen erfolgreichen klinischen Entzug seinerseits Angehöriger dieser Wohngruppe zu werden.

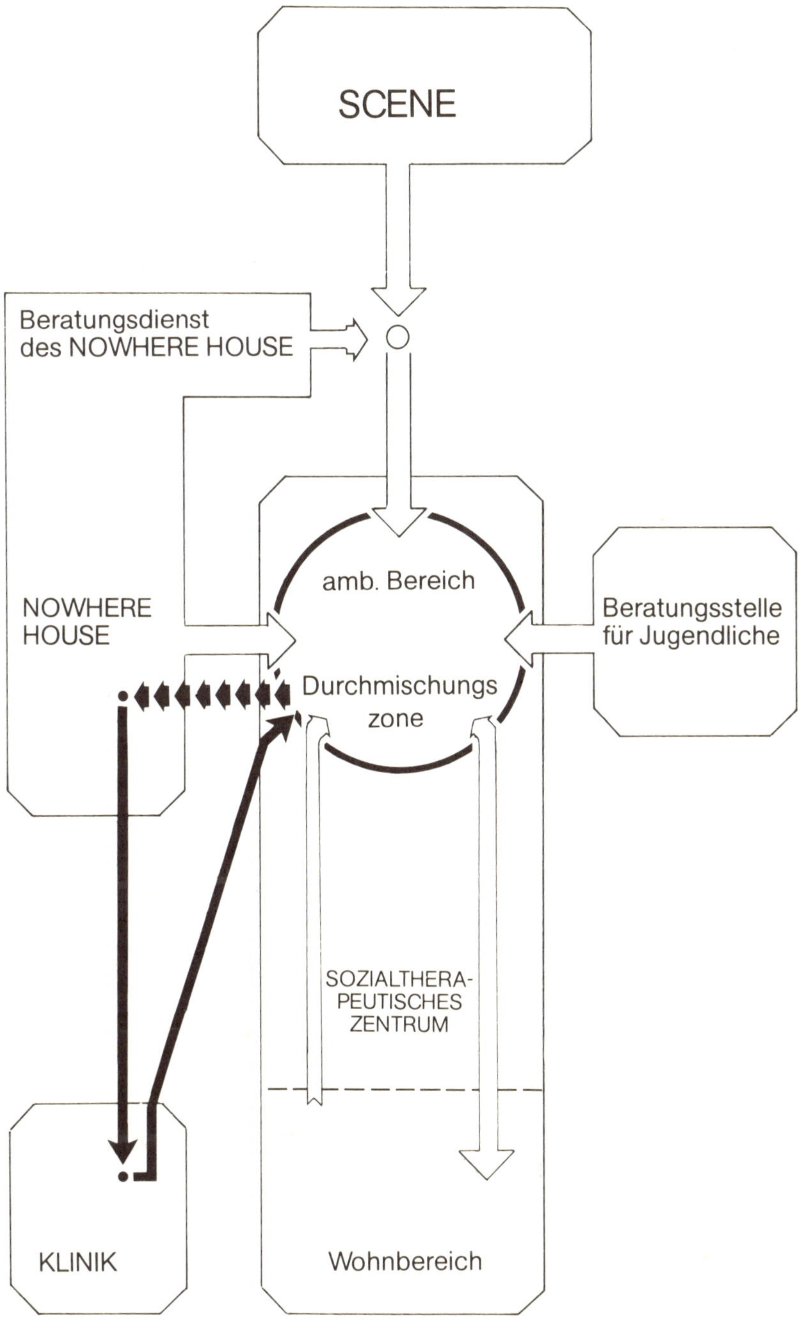
SCENE
Beratungsdienst
des NOWHERE HOUSE
NOWHERE
HOUSE
amb. Bereich
Durchmischungs
zone
Beratungsstelle
für Jugendliche
SOZIALTHERA-
PEUTISCHES
ZENTRUM
KLINIK
Wohnbereich

Abb. 4

Über die Erfahrungen im ambulanten Bereich wird also die im *Nowhere House* bereits entwickelte Perspektive für die Nachentzugszeit weiter konkretisiert. Diese Bewegung eines Klienten ist im Schema durch einen gestrichelten Pfeil dargestellt, der zunächst ins *Nowhere House* zurück und von da in die Klinik führt. Von der Klinik aus kommt der Jugendliche, der inzwischen in eine drogenfreie Wohngemeinschaft vermittelt worden ist, wieder in den ambulanten Bereich, wo er neuerlich am Rehabilitationsprogramm der »Durchmischungszone« teilnimmt.

Wir haben folgende Leitkriterien für das »Sozialtherapeutische Zentrum« aufgestellt:

1. Es sollen eine bis zwei Gruppen (Stockwerksgemeinschaften), insgesamt nicht mehr als zehn Bewohner gleichzeitig dort leben.
2. Als hauptamtliche Mitarbeiter sollen ein Sozialarbeiter und ein »therapeutischer Hausmeister« zur Verfügung stehen. Sie übernehmen Aufgaben sowohl im ambulanten als auch im Wohnbereich.
   Durch sie wird gleichzeitig der funktionale Zusammenhang mit dem *Nowhere House* gesichert.
3. Zugänge im ambulanten wie im Wohnbereich erfolgen im wesentlichen (wenn nicht ausschließlich) von
   a) dem Wohnkollektiv des »Sozialtherapeutischen Zentrums«,
   b) dem Wohnkollektiv *Nowhere House*,
   c) der Beratungsstelle für Jugendliche der Stadt Ludwigshafen,
   d) der Scene.
4. Das »Sozialtherapeutische Zentrum« hat hauptsächlich folgende Aufgaben:
   a) Übernahme therapeutischer Aktivitäten in der »Durchmischungszone«, d. h. im ambulanten Bereich des Zentrums selbst.
   b) Kritische Selbstreflexion der Wohngruppe. Beschlußfassung über Aufnahmen und Abgänge.
   c) Motivationshilfe beim Entzug durch Teilnahme an therapeutischen Aktionen und Aktivitäten (Weiterentwicklung der kollektiven Kreativität, Werkgruppen, Gesprächsgruppen u. a.).
   d) Als Kontaktzentrum (mit ähnlicher Funktion wie unter c).
   e) Teilnahme an besonderen Aktionen im sozialen und jugendpolitischen Raum mit Vermittlung durch das *Nowhere House*.
5. Wöchentliche Hausversammlung.
6. Das »Sozialtherapeutische Zentrum« soll neben den entsprechenden Wohnräumen auch über Funktionsräume und Sportanlagen verfügen.
7. Das Aufnahmereglement, das über den Eintritt in die Wohngruppe entscheidet, soll auch den ambulanten Bereich mit einbeziehen.

Die Verwirklichung eines solchen Projektes ist zunächst gescheitert. Dabei hat es nicht an Überzeugungskraft der Argumente, auch nicht an der Einsicht der maßgeblichen Personen und Stellen gefehlt. Es erwies sich aber als politisch schwer durchsetzbar, die Bevölkerung eines für die Einrichtung vorgesehenen Wohngebietes für ein solches »Experiment« mit sozial derangierten und fürs erste noch außerhalb der gesellschaftlichen Ordnung lebenden Jugendlichen, überhaupt mit Randgruppenangehörigen, zu gewinnen.
Trotzdem ist das »Sozialtherapeutische Zentrum« als weiterführende Einrichtung unbedingt erforderlich. Das *Nowhere House* für sich allein ist der komplexen Aufgabe der Rehabilitation jugendlicher Menschen nicht gewachsen. Auch für die Zukunft behält es seine Bedeutung als Anlaufstelle.

Vierter Teil

Einsichten

Kapitel 8

Ohne Hoffnung

Über Rausch, Abhängigkeit, Sucht gibt es ein breitstreuendes multidisziplinäres Schrifttum. Die Auffassungen sind nicht einheitlich. Sie kritisch zu vergleichen wäre bestimmt interessant. Es soll hier aber keine langatmige akademische Literaturübersicht gegeben werden. Lediglich einige Schlaglichter sollen deutlich machen, wie sich Spekulatives, Dogmatisches und Moralisches mischen. Allgemein kann man feststellen, daß man es mit Spiegelungen einer auch sonst typischen Tendenz zu tun hat, nämlich jene Moral zu retten und zu verteidigen, die Erlaubtes, Erwünschtes und Geübtes, also den Konformismus jeder Schattierung, auch wissenschaftlich erlaubt sein läßt, wie sie umgekehrt Verbotenes und Mißliebiges auch wissenschaftlich verwirft.
In den letzten fünfzig Jahren hat man klinische Forschung über massenhaft auftretende Sucht vor allem beim Alkoholismus betrieben. Diese Forschung ist zum traurigen Beispiel dafür geraten, daß sich Wissenschaft dort, wo das gesamtgesellschaftliche Interesse kontrovers ist, korrumpieren läßt und sogar noch Legitimationen liefert für *die* Verhältnisse, die zumindest mitverursachend sind. Der Nutzen des Alkohols als euphorisierende und betäubende Droge liegt sicher auf der Hand, denn Alkohol macht unkritisch und lähmt politische Opposition (was freilich die anderen Drogen auch bewirken). Trotzdem ist es volkswirtschaftlich unhaltbar, daß es in der BRD eine Million Alkoholkranke gibt. Vielleicht zwingt diese volkswirtschaftlich nachteilige Inzidenz dazu, eine jahrzehntelang betriebene Erbforschung aufzugeben und nicht mehr sogenannte Alkoholikerfamilien zu konstruieren, wo schlicht die sozio-kulturellen Bedingungen die Krankheitsursache darstellen. Die Ergebnisse der traditionellen Alkoholismusforschung waren deshalb nicht zu gebrauchen.
Die Theoretiker der Gegenseite, die im Drogenkonsum (und seinen Folgen) nicht ein zerstörerisches Schicksal sahen, sondern, sofern es um LSD und Haschisch ging, das Tor zum Übermenschentum entdeckt zu haben glaubten, waren auch nicht klüger. Sie vertraten bekanntlich die Meinung, die behaupteten psychologischen und allgemein gesundheitlichen Schäden durch Halluzinogene und Cannabis seien erfunden. In Wahrheit

schädigten sie den Konsumenten nicht, sondern höben ihn auf eine höhere Ebene der Wahrnehmung und des Bewußtseins (»Bewußtseinserweiterung«). Durch Verbot dieser Stoffe solle dem Bürger der Schlüssel zur Emanzipation, letztlich zur (gewaltlosen) Befreiung aus den Fesseln der repressiven Gesellschaft, genommen werden. Die »Legende« von der Gefährlichkeit der genannten Stoffe diene lediglich dazu, von den eigentlichen Verbotsgründen abzulenken.

Auch diese (scheinbar gesellschaftskritische) Auffassung hat sich inzwischen längst als nicht haltbar erwiesen. Zwar bleibt richtig, daß die Halluzinogene und Cannabis-Drogen, zumal wenn sie besonnen, d. h. nach gewissen Erfahrungsregeln, eingenommen werden, nicht den Gefährlichkeitsgrad erreichen wie der Alkohol und wie im übrigen auch die viel unauffälligeren, aber in unwahrscheinlichen Mengen konsumierten Schmerz-, Schlaf- und Beruhigungstabletten.

Heute weiß man: eine kontrolliert-besonnene Form des Drogenkonsums gibt es bei Jugendlichen nicht. Der jugendliche Konsument ist polymorph drogenabhängig. Fast scheint es, daß allein die Gelegenheit, d. h. das Angebot auf dem Markt, darüber entscheidet, was und wieviel konsumiert wird. Es werden tatsächlich auch alle denkbaren Kombinationen praktiziert. Zumindest in dieser Form wird neue und subjektiv weiterbringende Erfahrung und Selbsterfahrung nicht gewonnen. Vor allem, wenn Alkohol im Spiel ist, ist das Gegenteil der Fall. Die Tendenz ist destruktiv, primitivierend, depravierend. Sowohl das Menschenbild der Traditionalisten (Sucht als Anlage- und somatisches Leiden) als auch der Ekstatiker und Phantasten (Erlebnissteigerung und »Bewußtseinserweiterung«) ist erschreckend. Bei beiden wird dem Menschen die Fähigkeit aberkannt, sich geschichtlich zu verwirklichen, als handelndes Subjekt sich geistig zu bestimmen und zu verantworten. Statt dessen wird er gedacht entweder als schicksalhaft prädeterminiert, d. h. über den genetischen Code vorprogrammiert, oder als die sattsam bekannte »Maschine Mensch«, die physiko-chemisch definiert ist und die nichts anderes tun kann, als in naturwissenschaftlich vorgeschriebener Weise auf Reize zu reagieren. Die »Freiheit« und die »neuen« (exaltierten) Erfahrungen, die von den Ekstatikern gepriesen werden, sind der pharmako-dynamischen Wirkung der Rauschdrogen auf eben diesen technischen Apparat Mensch zu danken.

Im vorliegenden Kapitel soll der Denk- und Erfahrungshintergrund des Drogenproblems etwas ausgeleuchtet werden. Dabei ziehen wir die Hauptlinien einer Kritik, von der unsere Praxis mitgetragen wird und die wir ständig im Ringen um unser Selbstverständnis von neuem haben leisten müssen. Nach einer kritischen Abgrenzung gegen die traditionelle psychiatrische Lehre von der Sucht und nach Auseinandersetzung mit den von Psychoanalyse und phänomenologischer Anthropologie gelieferten Beiträgen zur Wesensbestimmung der Sucht geht es uns in einem weiteren Abschnitt darum, Schwer- und Angelpunkt des eigenen Ansatzes darzustellen: Motivierung zum Entzug. Dabei kommt es auf den essentiellen Unterschied an, daß wir es nicht ausschließlich mit Exusern (wie »Release« und »Daytop«), sondern mit noch manifest Drogenabhängigen zu tun haben, bei denen wir nach geeigneten pädagogischen und therapeutischen Wegen suchen.

1. Theoretisches zur Drogenabhängigkeit

Hier kann nur nach den Hauptaspekten kurz dargestellt werden, was (deskriptive) Psychopathologie, Psychoanalyse und (phänomenologische) Anthropologie zum Wesen der Sucht gesagt haben. Nur soviel, um deutlich zu machen, wo und wie und mit welchem Unterschied wir die Akzente setzen, um die eigene unmittelbare Erfahrung zu verstehen. Weil uns als Praktikern durch Praxis unbehelligtes Denken nicht möglich ist, bleibt dies freilich fragmentarische Theorie, bisweilen auch nur Aphorismus.
Die herkömmliche Theorie der Drogenabhängigkeit ist, wo sie nicht wie die Psychoanalyse die Ätiologie unterstreicht, oberflächlich beschreibend. Bezeichnenderweise ist von Drogenabhängigkeit*en* im Plural die Rede, womit schon eine Typologie impliziert ist, die den pharmakologischen Effekt zum Leitkriterium nimmt. Auch nicht in die Tiefe gehen Theorien, die eine konkrete Drogenabhängigkeit im Dreiecksfeld zwischen »Persönlichkeit«, »sozialem Milieu« und Droge lokalisieren.[22] Süchtiges Verhalten, Drogenabhängigkeit wird als etwas vorgestellt, das »durch Wiederholung, Gewöhnung, Motivation mit Lebensgeschichte aufgeladen wird«[23], danach zu einer Automatisierung[24] führt und mit zunehmender Ich-Entfremdung einhergeht. Dabei laufen Konditionierungsvorgänge mit somatischen und sozialen Rückkopplungen ab.
Mehr als nur diese Mechanismen, die – von der »lebensgeschichtlichen Aufladung« abgesehen – auch im Tierversuch beobachtet werden können, hat die Psychoanalyse aufgeklärt. Allerdings ist der verbreiteten Auffassung, daß der später Drogenabhängige von frühester Kindheit an oral fixiert sei, d. h. vor dem Auftreten der eigentlichen Sucht schon eine süchtige Struktur aufgewiesen habe, von anderen Psychoanalytikern widersprochen worden.[25] Auch prämorbid nicht süchtig strukturierte Men-

schen können, wie man nachgewiesen hat, süchtig werden.[26] Trotzdem glaubt man zu wissen, daß ängstlich-verschlossene, sensitive und leicht kränkbare Persönlichkeiten mit asthenisch-leptosomer Veranlagung, des weiteren übergewissenhafte, ehrgeizige, leistungs- und erfolgsbezogene Menschen verstärkt zu süchtiger Entgleisung neigen. Was die frühkindliche Situation betrifft, so gehen die Meinungen darüber, ob bei später süchtig werdenden Personen eine überstarke Mutterbindung[27] oder aber ein affektiv abweisender bzw. vollends fehlender Vater ein disponierendes Moment darstellen, auseinander.

Kielholz, Battegay und Ladewig haben die psychoanalytische Definition der Sucht wie folgt wiedergegeben: »Das Ich des Drogenabhängigen erträgt die rivalisierenden Ansprüche von Über-Ich und Es nicht und regrediert auf eine prägenitale Entwicklungsstufe mit den ihr entsprechenden Triebbefriedigungstendenzen. Hat das Individuum diese – infantilen – Möglichkeiten des Lustgewinns erst einmal erfahren, wird es entsprechend der im Unbewußten vorherrschenden Wiederholungstendenz immer wieder danach trachten, sich die gleiche Lust zu verschaffen bzw. auf die gleiche Weise Unlust zu verhüten.«[28]

Als Motive zum Drogenkonsum bzw. Drogenmißbrauch hat man herausgestellt: Streben nach Lustgewinn bzw. Unlustverhütung; Korrektur der Realität (in psychoanalytischer Sprache: das Lustprinzip wird über das Realitätsprinzip gestellt); Flucht in eine Scheinwelt; Streben nach Betäubung und Vergessen psychischer Konflikte; Leistungssteigerung; Intensivierung erotischen Erlebens; Angst vor Isoliertheit; Behebung von Langeweile; Streben nach Selbsterfahrung; Markierung eines Statussymbols. »Mit Hilfe der Droge soll die äußere Realität entweder gemieden oder korrigiert werden, um in eine – lustvollere – Fiktion der Wirklichkeit zu gelangen und in ihr möglichst lange zu verharren.«[29]

Man sieht leicht, wie sich in diese Definition negative Bewertungen einschleichen. Im übrigen bleibt es bei einer Verhaltensbeschreibung. Das in der süchtigen Daseinsform bzw. -fehlform sich manifestierende spezifisch menschliche Leiden kann so gar nicht in den Blick kommen. Das im Grunde Menschliche der Sucht wird insbesondere nicht deutlich, wenn eine Psychopathologie des akuten Rausches beschrieben wird, wobei sich dann ein sogenannter Morphin-Typ, ein Barbiturat-Typ und ein Halluzinogen-Typ, ein Stimulantien-Typ (Kokain, Amphetamine) und ein Cannabis-Typ voneinander unterscheiden lassen. Freilich ist die angestrebte Wirkung (z. B. beim Cannabis-Typ und Halluzinogen-Typ: rasches Verblassen von Denkinhalten, mnestische Störungen, Übermächtigwerden von Partialaspekten, Gedankenabreißen) durchaus ein Schlüssel zum

Verständnis; aber es sagt kaum etwas über das Wesen der Drogenabhängigkeit aus.

Eine von vornherein negative, geradezu moralisch abqualifizierende Wertung findet man auch in der Definition, die Jaspers gegeben hat: »Sucht entspringt einer abnormen Unerträglichkeit, welche vergeblich durch die Befriedigung der Sucht aufgehoben werden soll.« Oder: »Statt im Aufbau eines Lebens geschieht alles nur in süchtiger Wiederholung des Gleichen.«[30]

Mehr auf der Ebene des Erlebens und anthropologischer Sinnhaftigkeit hat von Gebsattel[31] zur Strukturerhellung beigetragen. Er fand, daß sich in der Sucht sowohl ein »Moment gesteigerten Sich-selbst-Fühlens und Sich-selber-Innewerdens« als auch »Selbstvergessenheit und Selbstbetäubung« finden. Es werde die zuständliche Seite des Daseins überbetont. »Was in ihm (im süchtigen Verhalten) vorliegt, ist eine Proportionsänderung im Verhältnis des Sich-selber-Fühlens zum aktuosen Leben der Selbstverwirklichung und Selbstgestaltung, und zwar zugunsten des Sich-selber-Fühlens.« Sucht wird erkannt als eine absurde und zerstörerische Form von »Selbstgenuß«. Sucht ist zugleich Abwehr. Dies ist besonders deutlich in Fällen, wo Patienten im Beginn manisch-depressiver Phasen zu Alkohol greifen. Abgewehrt wird dabei aber nicht nur eine Depression oder ein Schmerz (im Falle körperlicher Leiden), sondern, wie von Gebsattel betont, auch der im Durchstehen des Leids gelegene »existentielle Aufschwung«. Überhaupt signalisiert die Sucht Stagnation: »Der Sucht verfallen, tritt der Mensch auf der Stelle, und das buchstäblich: er scheidet aus der lebensimmanenten Zeit aus, aus der Zeit, die das Zeitigungselement der Persönlichkeit und ihrer Gestaltwerdung ist. Sie ist, die Sucht, dem Selbstverwirklichungsdrang der Persönlichkeit konträr und hebt ihn auf.« Wie beim Zwangskranken »rückt das Leben nicht von der Stelle«. Dabei findet, wie von Gebsattel feststellt, eine »geheime, latente Fühlungnahme mit der Norm« statt, aber mit einem deutlich destruktiven Zug ins Negative. Die Norm ist dazu da, um unter Lustgewinn gegen sie zu verstoßen. Der destruktive Drang nach Selbstzerstörung und Selbstaufhebung wird in süchtiger Scheinverwirklichung ausgelebt.

Was in der tiefenpsychologisch-anthropologischen Untersuchung süchtigen Verhaltens bei von Gebsattel trotz der Rückbeziehung auf das allgemeine Leid und Leiden des Menschen ausbleibt, ist Gesellschaft und Geschichte. Überhaupt wurde das Soziale beim Süchtigen früher bevorzugt als etwas gesehen, das sekundär, als Folge der Sucht, in Unordnung gerät, und nicht als etwas, das ursächliche Bedeutung haben könnte. Erst in den letzten Jahrzehnten hat sich eine Sensibilität auch dafür entwickelt, daß in

Ätiologie und Pathogenese der Sucht gestörte mitmenschlich-soziale Beziehungen und Situationen eine entscheidend wichtige Rolle spielen.[32]
Irrwege, die vor allem für die Therapie nichts gebracht haben (außer Resignation), waren fraglos die aufwendig betriebenen Konstitutions- und Erblichkeitsforschungen. Weitergeführt haben Rückschlüsse aus der therapeutischen, speziell psychotherapeutischen Erfahrung mit Süchtigen. Hervorzuheben ist vor allem die psychoanalytische Theorie der Entstehung süchtigen Verhaltens (orale Fixierung), die eine Vorstellung von der *Psychodynamik* der Sucht überhaupt erst möglich gemacht hat. Allerdings sind die Auffassungen, die Sucht und süchtiges Verhalten mit einem Fehlen der Über-Ich-Instanz erklären, nur zur Hälfte richtig. Die Gesellschaft wird in toto internalisiert (nicht: der Süchtige projiziert auf die Gesellschaft). Im Suchtverhalten wird Gesellschaft eigentlich nur reproduziert und auf die Spitze getrieben. Man muß, um das sehen zu können, freilich eine kritische Gesellschaftstheorie haben und darf nicht dem Irrglauben aufsitzen, die Gesellschaft sei »heil« oder »zweite Natur«.
Die Phänomenologie bzw. Anthropologie hat Strukturen erfaßt und kenntlich gemacht, die das eigentlich Deviante, z. B. am Zeitkriterium, eindrücklich werden lassen. Die Merkmale der bloßen Zuständlichkeit und Zeitlosigkeit sind in die Dimension von Geschichte und Geschichtlichkeit hinein zu verlängern. Es zeigt sich, daß der Drogenabhängige ohne Geschichte lebt, Geschichte verloren hat. Man kann von einer *Achronie* sprechen. Diese Zeitstörung wird beim Versuch einer therapeutischen Begegnung mit dem Drogenabhängigen unmittelbar erfahren. Jedenfalls können Therapeut und Patient nicht in der sonst gewohnten Weise miteinander kommunizieren und korrespondieren. Wir haben die Erfahrung gemacht, daß wie kaum ein anderer Patient der Süchtige gar nicht da ist. Er hat sich selbst nicht, wie er die Zeit verloren hat. Er ist nicht geschichtlich. In seiner Achronie ist er handlungsunfähig. Er kann nichts entwickeln. Er vermag nicht, Konflikte zu erleben, geschweige denn auszutragen. Er ist in die Geschichtslosigkeit geflüchtet. Auf der therapeutischen Bühne steht der Therapeut allein. Sein Patient ist nicht Partner, sondern im direktesten Sinne Objekt: geschichtsloses, konfliktunfähiges Wesen.
In der Drogenabhängigkeit ist ein Selbstverhältnis (wenn von »selbst« überhaupt noch gesprochen werden kann) installiert, das als *narzißtischer Selbstkonsum* beschrieben werden kann. Man ist an Max Stirners »Eigenheit«[33] erinnert, die, in Ludwig Binswangers kritischer Kommentierung »der höchste Ausdruck der Selbstgewinnung durch verzehrenden Selbstgenuß«[34] ist. In anderer Terminologie: wir begegnen in der Sucht dem Extrem der Selbstentfremdung. Der Drogenabhängige macht sich selbst zur

Ware. Der eigene Körper wird Genußobjekt. Die »Beziehung« zu sich »selbst« mißrät zur Warenbeziehung. Die Anführungszeichen sollen verdeutlichen, daß in dieser existentiellen Fehlform eigentlich von »Beziehung« und »selbst« nicht gut gesprochen werden kann. Denn Sucht bedeutet: Verlust der Subjektivität, Verlust der Identität, Verlust der Geschichte und Verlust der Kommunikation. Nicht zuletzt ist es der Verlust der Realitätstoleranz, der, nach temporärer Drogenfreiheit, zum Rückfall in die Sucht führt.

Gern wird auch »Glück« und »Traum« mit Drogenkonsum assoziiert. Das ist ein zeitloses »Glück« – neben der Geschichte, nämlich ohne Fortgang, ohne Entwicklung, ohne Inhalt, ohne Ziele; eigentlich gar kein Leben, lebend tot; Flucht aus der Wirklichkeit als Motiv. Aber was der Süchtige als Verhalten produziert, ist auf andere Weise gerade zugespitzte, exzessive Wirklichkeit. Das ist kein Widerspruch, sondern findet seine Erklärung darin, daß die gesamte Gesellschaft mit ihren Konsumorgien und ihrem Konkurrenz- und Leistungsprinzip nichts anderes als eine überdimensionale Sucht ist (nach materiellen Gütern, nach Reichtum, Glück und Anerkennung). Berauschung[35] ist ubiquitär, Illusion und Illusionierung (Demagogie, massenhafte Verarschung und Täuschung) ebenso.

Im *Nowhere House* wird Gesellschaft auf brutale Weise wiederholt, gelegentlich übertrieben, karikiert. Und die Sucht nimmt sich daneben absolut nicht fremd aus. Gesellschaft und Suchtverhalten integrieren einander. Sucht ist also eine besonders markante Form angepaßten (wohl besser: überangepaßten) Verhaltens. In den Süchtigen hat die Gesellschaft ihre typischen Opfer. Sie stellen den Extremfall einer Zeitstörung dar: Verlust der Geschichte, Geschichtslosigkeit, Achronie. Sie fehlen sich selbst, es fehlt jede Perspektive, es fehlt das Gedächtnis ebenso wie die Fähigkeit zu transzendieren, Zukunft zu planen oder Bevorstehendes prognostisch zu antizipieren.

Wie die im *Nowhere House* zu beobachtenden zwischenmenschlichen Interaktionen deutlich als Warenbeziehungen (nach den Regeln des Warenfetischismus und des Tauschwerts) zu erkennen sind, kann auch die Beziehung des Drogenabhängigen zu sich selbst als eine Warenbeziehung angesehen werden: das geschichtlich verantwortliche Sich-selbst-Sein wird ersetzt durch das drogenvermittelte Sich-selbst-Haben. Man macht sich seinen Körper (der schon damit zum entfremdeten Objekt seines »Inhabers« geworden ist) zum Genuß- bzw. Lustobjekt. Man erfährt sich selbst nur mehr über den Umweg eines »Feeling« und qualifiziert dieses Erlebnis als »Bewußtseinserweiterung«. Dabei ist kaum zweifelhaft, daß die Sucht die verderblichste Form narzißtischen Selbstkonsums darstellt.

Das, was Impulse aufnehmen, »Ideen« und Initiativen entwickeln müßte, der Körper, ist dem Süchtigen völlig entfremdet, denn er ist ja zur Ware pervertiert. Je mehr er ihn »hat«, desto weniger kann er ihn »sein«. Der sonst beobachtete abwegige Modus der Zwischenmenschlichkeit, der in Begriffen wie »Besitzanspruch« als etwas hoffnungslos Bürgerliches erscheint, wird mit dieser suchtspezifischen Form der Selbstaneignung und der Selbstzerstörung noch übertroffen.

Wir haben mit Absicht bei der Bestimmung der Sucht eine Struktur verdeutlicht, die nicht nur die Erfahrung mit den von uns betreuten jugendlichen Drogenabhängigen deckt, sondern zugleich hinreichend allgemein und allgemeingültig ist, um eigene Leidenserfahrung damit in Vergleich setzen zu können. Wir alle sind, als Verzweifelte und Geängstigte (im Kierkegaardschen Sinne), »krank an der Zeit«. Wir alle gelangen nur durch das Bündnis mit dem helfenden Bruder-Mensch zur Eigentlichkeit unserer geschichtlichen Existenz. Die Drogenabhängigen übertreffen uns nur quantitativ. Allerdings entziehen sie sich unserer Hilfe am ausdauerndsten dadurch, daß sie uns und sich selbst die Entferntesten sind.

2. Problem der Motivierung zum Entzug

So gut wie alle Einrichtungen zur Behandlung Drogenabhängiger stellen den Drogenentzug in den Mittelpunkt oder, wie beispielsweise »Release«, an den Anfang. Der Entzug wird zum A und O, Anfang oder Ziel. Alles dreht sich um ihn. Ihn herbeizuführen, wie auch den drohenden Rückfall zu verhüten, scheint jedes Mittel zu rechtfertigen.

Die Probleme, die schon vorliegen und diejenigen, die mit dem Drogenentzug erst entstehen, werden kaum gesehen. Gerade mit diesen Problemen aber muß sich auseinandersetzen, wer nicht nur um jeden Preis zum Erfolg kommen will, sondern wie wir davon überzeugt ist, daß die *Motivierung* zum Entzug der überhaupt wichtigste Vorgang ist. Hier fällt die Entscheidung. Wer fremdmotiviert den Drogenkonsum aufgibt, ist vom Grundleiden des zur Sucht verkommenen Daseins nicht befreit. Er wird andere Formen süchtigen Verhaltens entwickeln, die, weil sie »kulturintegriert« und entsprechend unauffällig sind, sich dann erst recht jeder Hilfe und Rettung entziehen.

Auch im *Nowhere House* nimmt die Frage des Drogenentzugs, auch wenn sie nicht fortwährend thematisiert wird, breiten Raum ein. Es wird nicht einfach hingenommen, daß einer zum Beispiel fixt. Ebensowenig wie sonstwo ist der Fixer im *Nowhere House* integriert. Er ist für sich, allein.

Wenn er mit anderen in Berührung kommt, wird, ausgesprochen oder nicht, er selbst und sein Fixen in Frage gestellt. Die Beziehungen zwischen einem noch Fixenden und einem Nicht- oder Nicht-mehr-Konsumenten ist immer asymmetrisch. Die Frage, ob der andere denn nicht auch »drücken« sollte, stellt sich nicht. Jedenfalls nicht in der Gruppe. Dort sprechen auch Fixer untereinander bevorzugt von dem, was nicht ist: von Drogenfreiheit, vom »clean«-Sein. Wenn einer zwei Tage nicht gedrückt hat, spricht er schon mit Glanz in den Augen von Entzug und »clean«.
Was heißt nun Entzug für den Betroffenen? Dem Fixer wird das entzogen, was ihn ausmacht, was ihn bestimmt. Wenn er sagt, er wolle aufhören, dann meint er das als Zugeständnis an die anderen. Für ihn bedeutet das nicht eine Tat für die anderen, damit es denen besser gehen soll, damit die weniger Sorgen mit ihm haben sollen. Er will die anderen vielmehr beschwichtigen. Der Fixer ist moralisch im Hintertreffen. Er kann sein süchtiges Verhalten nicht rechtfertigen. Er weiß keine Motive für sein Fixen, die auch von den anderen verstanden und anerkannt werden könnten.
Auf der anderen Seite besteht die Not des Fixers gerade auch darin, daß er ebensowenig Motive *gegen* den Rauschmittelkonsum findet. Jedenfalls keine, an die er selbst glauben könnte. Die ihm bekannten Motive sind die der anderen, die der braven, sauberen Bürger. Die haben noch etwas vor im Leben und mit ihrem Leben in den nächsten 20 Jahren. Das ist auch kein Wunder. Denn die stehen auch jetzt sicher auf beiden Beinen, haben Haus, Familie, Beruf. Im Vergleich hierzu hat der Fixer nur die »Pumpe«. Die Fähigkeit, sich auf die Zukunft auszurichten, ist so gründlich verschüttet, daß er nicht einmal weiß, ob er morgen noch den benötigten »Junk« haben wird.
Die Forderung nach dem Entzug ist gleichbedeutend mit einer Aufforderung zur bedingungslosen Kapitulation. Der Fixer befindet sich in einer Situation, die derjenigen eines gejagten Verbrechers vergleichbar ist, der schließlich im Lichtkegel der Tiefstrahler steht und aufgefordert wird, die Waffe fortzuwerfen und sich zu ergeben. Der Fixer soll aufgeben, ohne daß er etwas dafür bekommt. Eine wirkliche Alternative gibt es nicht. Entzug bedeutet »Turkey«. Danach tut sich ein gähnendes Nichts auf. Es ist eine einzige Schinderei. Alles sträubt sich dagegen.
Man weiß, was alles versucht wird: Appell an die Jugend, an die Gesundheit, an die Moral. Eine rosige Zukunft ohne »Junk« wird ausgemalt. Alles wird wieder ins Lot kommen, die sozialen und beruflichen Verhältnisse werden sich wieder normalisieren. Nur – das alles überzeugt nicht. So kann man keinen Fixer überzeugen. Ihm fehlt es nicht an Phantasie. Aber er kann sie nicht umsetzen in konkrete Planung.

Das *Nowhere House* bietet dem Fixer keine »idealen« Bedingungen, denn auf die Dauer läßt es nicht zu, daß er isoliert lebt. Er gerät, ob er das will oder nicht, in soziale Interaktion. Das entspricht nicht seinen Fixerbedürfnissen. Als Fixer sucht er soziale Kontakte – die man besser pseudosozial nennen sollte – entweder nur aus dem Zwang der Mittelbeschaffung (des »Checkens«) oder mit dem Ziel, sie im Augenblick ihres Entstehens auch schon wieder »wegzuschießen«.
Im *Nowhere House* aber gibt es ständig Intervall-Kontakte. Vor allem gibt es auch Kontakte im »Turkey«. Wesentlich dabei ist sicher, daß die Kontakte von anderen Hausbewohnern ausgehen, weil diese das Bedürfnis danach empfinden. Der Fixer wird nicht als Experte angesehen, sondern er ist schlicht als Mensch gefragt. Als einer gefragt zu sein, der unter dem »Junk« verschüttet ist, wird nach einiger Zeit zu einer Erfahrung, die zwar noch keine Alternative zum Fixen, wohl aber eine wesentliche emotionale Orientierungshilfe darstellt.
Was es bedeutet, »zu« zu sein, ist nur über interpersonelle Erfahrung zu erfassen. Das ist zwar negative Erfahrung, die besagt, daß in dem Maße Kommunikation abnimmt und schließlich völlig verkümmert, wie ein Partner »zu« ist. Hinzu tritt aber die Erfahrung, daß sich – vice versa – das Drücken mit kommunikativen Interessen und Bedürfnissen am allerwenigsten legitimieren läßt. Im Gegenteil: es wirkt diesen Interessen und Bedürfnissen diametral entgegen.
In dem Maße, wie die Bewohner im *Nowhere House* eine Gemeinschaft bilden, entsteht über die Befriedigung von Einzelbedürfnissen hinaus eine soziale Leistungsnorm. An dieser Norm wird alles, was im Bereich zwischenmenschlicher Beziehungen spielt, gemessen. Das heißt für den Fixer wie für jeden anderen in der Gruppe, daß er nichts mehr ausschließlich für sich selbst macht oder unterläßt, sondern daß er immer auch die anderen vertritt beziehungsweise mit hineinreißt. »Wenn du dich schießt, schießt du auch auf mich!«
Nicht mehr auf »meine« und »deine« Motive, sondern ganz ausgesprochen auf *unsere* Motive kommt es an. Dein Entzug muß unser gemeinsames Unternehmen werden. Über diese interpersonelle Motivierung zum Entzug muß man sich im klaren sein. Es handelt sich um einen kollektiven Prozeß, auch wenn der Fixer, solange er noch drückt, also überwiegend noch »Individualist« ist, im Kollektiv mit seinen Einsichten und Entschlüssen nicht leben und sich nicht an den anderen orientieren kann. Es müssen gleichwohl im Kollektiv die Voraussetzungen der Solidarität geschaffen werden. Es muß zuerst der Leidenszusammenhang zwischen »gesunden« Nicht-Fixern und »kranken« Fixern hergestellt werden, um eine fundierte Motivierung

zum Entzug möglich zu machen. Der Aufbau eines sozialen Kollektivs muß zur Hauptsache, der Entzug darf zur Nebensache werden. Je mehr der Entzug Nebensache wird, desto sicherer gelingt er.

»Deine Motive sind nicht meine Motive!« Das ist richtig. Aber auch meine Motive (gesetzt den Fall, ich hätte sie) genügen nicht. Stark genug sind erst *unsere* Motive.

Es gilt also: aus negativen müssen *positive,* aus fremden müssen *eigene* und aus meinen und deinen getrennten Motiven müssen *unsere gemeinsamen* werden.

Wie kommen wir an dieses Ziel?

Dazu ist es erforderlich, sich zu vergegenwärtigen, was denn überhaupt das Gemeinsame im *Nowhere House* ist. Wir nehmen in diesem Zusammenhang bewußt etwas vorweg, was in den abschließenden Kapiteln noch ausführlicher und dort unter Hervorhebung der grundsätzlichen Bedeutung abgehandelt wird.

Diese extreme Erfahrung trägt einen an den Punkt, wo sich Verhältnisse umdrehen und Normvorstellungen kopfstehen können. So werden durchaus auch die gesunden, die anscheinend problemlos lebenden drogenfreien Bürger zum Problem. Wo so wenig rollenmäßige Panzerung und Distanz gegeben sind, wo die therapeutischen Mitarbeiter so unmittelbar persönlich verfügbar sein und sich fordern lassen müssen, erschließt sich auch diesen, per definitionem Gesunden, die eigene Patientenhaftigkeit. Nicht, daß es sich um bisher latent gewesene und jetzt erkannte klinische Defekte handeln würde; was sie entdecken, ist die jedermann eigene, nur eben gründlich verdeckte und versteckte Brüchigkeit und Angst, die üblicherweise (unter dem Schutz der herrschenden gesellschaftlichen Moral- und Normvorstellungen) bis zur Unkenntlichkeit und Nicht-mehr-Geständnisfähigkeit hinter perfekt funktionierenden Sozial- und Berufsrollen verborgen sind. Es zeigt sich hier aber nicht nur Ähnlichkeit im Leiden. Wesentlicher ist gewiß, daß man erkennt, daß Sicherheit, Anerkennung und Erfolg (kurz die sogenannte »Gesundheit«) der einen Angst, Ablehnung und Elend (kurz die sogenannte »Krankheit«) der anderen zur Voraussetzung haben.

Hier muß das, was getrennt wurde, damit unsere Gesellschaft funktioniert, wieder zum Nutzen aller in den gemeinsamen Zusammenhang zurückgeholt werden. Es handelt sich um den *einen,* wiewohl in seine Bestandteile zerlegten und in den Teilaspekten individuell-einzeln dargestellten Leidens- und Schuldzusammenhang. Unsere Unschuld und unsere Unabhängigkeit stellen sich als Wahn heraus. Wir müssen es aufgeben, zynisch zu unterscheiden zwischen Siegern und Besiegten.

Wenn die Hilfe gelingen soll, muß der Gesunde dabei sein negativ ausgrenzendes Selbstverständnis aufgeben. Er muß sich zum Pathischen bekennen. Hilfe setzt Teilhabe an der Not voraus (nicht deren geheuchelte Imitation, auch nicht vorgetäuschtes Mitleid). Der helfende Mitmensch, also explizit der Therapeut, muß sich glaubwürdig machen. Er muß sich von seinem Bewußtsein her ausweisen als einer, der sich ins dialektische Verhältnis von Not und Hilfe findet. Notleidender und Helfender müssen sich gegenseitig zum leidfähigen ganzen Menschen ergänzen (wobei »ganz« hier keineswegs »gesund« heißt).

Gerade bei Süchtigen ist bekanntlich häufig das Gegenteil der Fall. Hier beherrschen moralische Entrüstung und Abqualifikation das Feld. Hier wird in der Regel nicht die Bruderhand entgegengestreckt. Der Süchtige wird statt dessen bevorzugt mit kategorischen Imperativen eingedeckt. Es wird an seine Vernunft und Einsicht appelliert. Ausgerechnet der Drogenabhängige, der sich selbst am wenigsten noch hat, der aus geschichtlicher Existenz herausgefallen ist, soll plötzlich ein »besseres Ich« mobilisieren und das Ruder herumreißen können.

Er ist schon zutiefst in der Sackgasse der Vereinzelung und am Selbstsein gescheitert. Und er »leidet« ja an nichts weniger als an gerade dieser totalen Unfähigkeit des Leidens, weil ihm (geschichtliche) Zeit fehlt. Dazu befindet er sich in der äußersten mitmenschlichen Isolierung. Den Süchtigen auf sich selbst zu verweisen und auf eine Verantwortlichkeit für sich selbst ist nahezu schon ein Hohn. Denn erstens hat er sich nicht, und zweitens ist er gerade an sich gescheitert und braucht nichts nötiger als den anderen, den Mitmenschen. Der Drogenabhängige muß erst in die Lage versetzt werden, wieder Entscheidungen für sich treffen zu können. Dazu braucht er die Erfahrung des anderen und die über den anderen vermittelte Erfahrung seiner selbst durch mitmenschliche Kommunikation. Diese muß seinen solitär-isolierten Status sozusagen unterlaufen. Das gelingt nicht, wie im Kapitel »Signale der Hoffnung« später noch ausgeführt wird, auf der Ebene verbaler Kommunikation. Es muß im Vorfeld davon im Rahmen kollektiv-kreativer Umgangsformen, dem Spiel ähnlicher als der kritischen Diskussion, gelingen.

In der Motivierung zum Entzug sehen wir die eigentliche Aufgabe einer therapeutischen Hilfe für Drogenabhängige. Das bedeutet, den aus der Gesellschaft und aus mitmenschlicher Beziehung Herausgefallenen wieder einzuholen und hereinzuholen in den gemeinsamen Zusammenhang kollektiv-mitmenschlichen Lebens. Ihm dort als Bruder begegnen, elementar und naiv, ihm der andere Mensch sein, an dem er sich selbst wieder verstehen lernt, dessen Interesse er spürt, mit dem zusammen er Hoffnung schöpfen

und wieder Zukunft phantasieren kann. Mit dem er schließlich eine *gemeinsame positive Motivation* für den Entzug, d. h. für die Rückkehr in die Geschichtlichkeit mitmenschlicher Existenz, entwickeln kann.
Dabei ist der vordergründige Anlaß, die Frage nach dem Fixen, kaum noch maßgebend und bestimmend. Wichtiger ist die hintergründige Frage nach dem, was auch noch ist. Welche verborgenen oder verkümmerten Interessen und Bedürfnisse, auch Empfindlichkeiten, hat der Süchtige außerhalb seines Suchtverhaltens? Wo treffe ich mich mit ihm? – Wir müssen erkunden, ob und wie wir uns die möglichen Partner sind.
Wir haben jetzt bewußt den fürs Gelingen eines Entzugs entscheidend wichtigen Faktor des Kollektivs ausgelassen, um den elementaren Vorgang der bipersonal-kommunikativ vermittelten Motivierung zum Entzug näher untersuchen zu können. In den lebendigen Zusammenhang mit dem Kollektiv gelangt der Einzelne nicht selten über die bipersonale Beziehung. Sie muß zur Personalisierung des Problems führen. Darin erschließt sich das Subjekt (des Patienten wie des Therapeuten) Wege der konkreten Auseinandersetzung mit dem Problem, die auch, wenn später in der Gruppe überindividuelle Zusammenhänge freigelegt werden, nicht aufgegeben werden dürfen.
Im Unterschied hierzu wirkungslos bleiben nach unserer Erfahrung Konstruktionen, bei denen das Kollektiv lediglich einen Gruppendruck ausübt und für den Fall des Scheiterns Sanktionen androht. Auf entsprechende methodische Ansätze, wie sie andernorts erfolglos praktiziert worden sind, kommen wir im folgenden Kapitel ausführlich zu sprechen.

Kapitel 9

Kritisches zu anderen Einrichtungen

1. Drogenfreiheit: Ziel oder Voraussetzung der Therapie?

Das *Nowhere House* versteht sich als »Haus in der Scene«. Damit ist ausgedrückt, daß wir bewußt am konkret Gegebenen ansetzen. Es erschien uns vermessen und auch gar nicht durchführbar, aus Drogenabhängigen ganz andere Menschen zu machen. Vielmehr sollten zielgerichtete positive Impulse, auch wenn sie un- oder antikonventionell waren, verstärkt werden. Es mußte mit dem »Material« gearbeitet werden, das da war. Wir durften nicht, was die Drogensubkultur ausmachte, in Bausch und Bogen verwerfen.

Es ging darum, vorhandene Energien aufzunehmen. Für uns war es nicht zulässig, Menschen ohne Rücksicht auf ihre bisherigen Orientierungen und Wertsetzungen unter total fremde Bestimmung zu stellen. Statt dessen mußte es gelingen, die hinter aufmüpfigem und modisch-bizarrem Verhalten verborgenen eigentlichen Bedürfnisse freizulegen und zu verdeutlichen. Die vorhandenen Energien waren aber nicht nur freizusetzen, sondern umzulenken, zu verstärken, gegebenenfalls zu ergänzen und zu bündeln zugunsten der Entfaltung kollektiver Strukturen. Dabei erwies sich, daß Drogenabhängigkeit auf Dauer kein die Kommunikation fördernder, sondern im Gegenteil ein sie hemmender, sogar zerstörender Faktor ist. In dem Maße, in dem es gelingt, Drogenabhängige, die in individuelle Vereinzelung und Verbesonderung geflüchtet sind, gemeinschaftsfähig zu machen, verliert das Drogenproblem von selbst an Bedeutung.

Jeder therapeutische Ansatz mißt sich daran, ob der eingeschlagene Weg zur Ausbildung eigener positiver Motivation (zum Entzug und anschließenden drogenfreien Leben) führt oder nicht. Für jene brutalen behavioristischen Programme von »Daytop« und verwandten Konzepten fehlten uns die notwendige oberflächliche Theorie und Ideologie. Wir waren zu keiner Zeit davon überzeugt, daß das Faktum und Fatum der Drogenabhängigkeit als ein bloß äußerliches, wie ein Parasit den Menschen befallendes Übel zu verstehen sei und daß der Mensch darunter sozusagen in-

takt bleibe. Wir haben uns die Vorstellung nicht zu eigen machen können, es gelte lediglich den Menschen von einer Geißel zu befreien und es genüge zur Erreichung dieses Ziels, den kürzest möglichen Weg über Zerstörung pathologischer Mechanismen und deren Ersatz durch »höherwertige«, leistungssteigernde, sozialfreundliche, kurz »gesunde« Mechanismen zu gehen.
Die durch entsprechende Therapieprogramme erreichten und laut verkündeten »Erfolge« haben uns wenig beeindruckt; denn uns schauderte bei der Vorstellung, daß durch derartige »Roßkuren« Drogenabhängige nicht von ihren Zwängen befreit, sondern zu menschlichen Automaten gemacht wurden, die nach dem sehr primitiven Lohn-Strafe-Prinzip funktionieren. Am Ende solcher Dressurakte steht nicht das verantwortliche geschichtliche Subjekt, sondern der um einige Grade nun noch besinnungslosere, entfremdete Mensch, der dumpfe Anpassung und alles andere als Freiheit praktiziert.
Wir greifen stichprobenartig ein in Norddeutschland realisiertes Projekt heraus und versuchen, an diesem Beispiel einige typische Merkmale aufzuzeigen. In der »Intensivgruppe« einer therapeutischen Wohngemeinschaft werden die Drogenabhängigen ständig »beaufsichtigt« und »kontrolliert«. Durch mehrfachen Rollenwechsel und ständiges feed back in der Gruppe werden das »Dekonditionieren und Neuerlernen von Verhalten« beschleunigt. »Die Gruppe wird zum Trainingsfeld für ein neues, adäquateres Verhalten«. Davon erwartet man sich eine »Steigerung des Selbstwertgefühls« und auch eine »Steigerung des Ichs«. Die angewandten Methoden sind Verhaltenstherapie, Gestalttherapie, Psychodrama. Sie werden so praktiziert, daß der Klient zum Objekt gemacht wird. Das sieht dann so aus: »Neuaufgenommene werden stark eingeschränkt. Vom ersten Tag an haben sie jedoch die Aussicht auf weniger Einschränkung. Das ist ein Lernprozeß, in dem sie ihre Rollenflexibilität steigern können, indem sie erkennen müssen, daß sich mit mehr Freiheit auch mehr Verantwortung und Pflicht verbindet. Deswegen gibt es in jeder Stufe mehr Freiheit und mehr Verantwortung.« Die Einschränkung erscheint gerechtfertigt, denn: »Sie waren ja auch die Zeit zuvor durch ihren ständigen Abusus stark eingeschränkt.« Im übrigen muß »die Hierarchie der ›Scene‹ abgebaut werden«; an diese Stelle muß ein »neues soziales Gefüge« gesetzt werden. »Der Rausschmiß auf den Genuß von Drogen ist nicht einfach eine Strafe, sondern resultiert aus der Überlegung, daß die absolute Drogenfreiheit Voraussetzung für jegliche Behandlung ist.«
Hier haben wir wieder den notorischen Kurzschluß: was Ziel sein muß, wird aus erfolgspsychologischen Gründen kurzerhand zur Voraussetzung

erklärt. Gesundheit wird zur unabdingbaren Vorleistung für Therapie. Man klammert den wichtigsten und schwersten Teil der Therapie ungeniert aus. Es muß erst ohne Zutun der Drogentherapeuten ein Wunder geschehen: nämlich das Wunder der »absoluten Drogenfreiheit«. Erst danach läßt man sich mit den Exusern ein.
In jeder chirurgischen Klinik ist ein sogenannter septischer Operationssaal eingerichtet für Eingriffe, die ohne Aufschub erfolgen müssen, obwohl die im übrigen strikt geltende Grundbedingung der völligen Asepsis nicht erfüllt ist. Es handelt sich hier um eine analoge Situation. Sie stellt sicher eine große Herausforderung dar. Vor ihr weichen diese »cleanen« therapeutischen Methoden mehr oder weniger elegant aus.
Das *Nowhere House* hat sich dieser Herausforderung bewußt gestellt. Nach unserer Erfahrung ist es im übrigen grundfalsch, ausschließlich auf die Drogenproblematik abzuzielen. Das Problem ist viel umfassender. Man kann ihm nur beikommen, wenn man den therapeutischen Blick weitet und soziale Pathologie einbezieht. Das setzt aber voraus, daß man die soziale Pathologie sich überhaupt erst einmal darstellen läßt. Was man aussperrt, kann sich nicht darstellen, man sieht es nicht. Vielleicht weiß man deshalb auch nichts davon, obwohl so sehr modegerecht (so auch im zitierten Modell) vom sozial-pathologischen Phänomen geredet und mit diesem Gerede Eindruck geschunden wird.
Wenn man sich lediglich auf den aseptischen Teil der Therapie, d. h. auf die Resozialisierung Drogenabhängiger bzw. ehemals Drogenabhängiger spezialisiert, stellen sich auch kaum jene motivpsychologischen Probleme, die in unserer Arbeit vorherrschen. Jene »cleanen« Programme treten in einem Stadium mit dem Drogenabhängigen in Verbindung, wo sich dieser schon (wieder) an gängige gesellschaftsimmanente Normen und Wertvorstellungen angepaßt und Drogenfreiheit als Wert an sich akzeptiert hat. Das entspricht der Reihenfolge: erst das Glaubensbekenntnis, dann die feierliche Aufnahme in die Kirche.
In unseren Augen ist das, in der Konsequenz jedenfalls, nichts weiter als rüder Sozial-Darwinismus und hat mit Humanität und christlicher Nächstenhilfe kaum etwas gemein. Denen, die es durch »Wunderheilung« geschafft haben, verhilft man zusätzlich zu »völliger Stabilisierung, Bewußtwerden des eigenen Verhaltens, Aufarbeiten vergangener Konfliktsituationen, Sensibilisierung anderen gegenüber (Du-Erlebnis), Steigerung der Frustrationstoleranz, Möglichkeiten, die eigene Kreativität und Flexibilität voll auszuschöpfen, Neukonditionierung adäquater Verhaltensweisen, individueller Persönlichkeitsentfaltung, voller Resozialisierung, Beruf nach eigenen Fähigkeiten und Wünschen«.

So verführerisch und marktschreierisch steht es bekanntlich in vielen therapeutischen Programmen, die damit freilich eine fatale Ähnlichkeit mit Versandhauskatalogen nicht mehr leugnen können. Man muß sorgfältig darauf achten, was hier angepriesen wird. Es ist jedenfalls nicht das Kollektiv als neue solidarische Lebensform. Im Gegenteil, es ist wie gehabt der Ich-starke, durchsetzungsfähige, individualistische Einzelkämpfer, der clevere Ausbeuter und Unterdrücker, der Universaltyp, den unsere gegenwärtige Gesellschaft braucht und favorisiert.

In einem anderen Projekt sieht die Hausordnung vor, daß der Neue beim Eintritt »grundsätzlich gefilzt«, danach einer achtwöchigen Ausgangssperre sowie Post- und Telefonkontrolle unterzogen wird. Zwar wird ein Gegengewicht geschaffen durch obligatorische Teilnahme an Gruppen- und Einzelgesprächen und auf diese Weise versucht, die durch Therapiekonzept und Gruppenbedürfnisse eingeschränkte persönliche Freiheit des einzelnen zu problematisieren, den Konflikt durchsichtig zu machen und, was repressiv erscheint, doch wieder als emanzipatorisch auszuweisen. Aber vor aller Diskussion ist die Gewalt schon ein »fait accompli«, und die spätere Diskussion kann die mobilisierten affektiven Widerstände des Eingeschränkten kaum wieder aufheben. Der Patient wird in der Therapie ebenso passiv gehalten, wie er es zuvor in der Sucht war. Drogenabhängigkeit und Therapie stellen also ein Kontinuum dar, d. h. sie gehen nahtlos ineinander über. Der Trick besteht darin, daß man lediglich das Suchtmittel substituiert, die einsozialisierten Zwangsmechanismen aber unverändert bestehen läßt. Die Absicht geht offensichtlich dahin, den Drogenabhängigen nunmehr süchtig zu machen auf die Ideale und Werte, nicht zuletzt die »Waren« unserer Gesellschaft, die als solche nicht kritisch hinterfragt wird.

Man hat es also, genau besehen, mit nichts anderem zu tun als mit dem vielmillionenfach in der Werbung bewährten behavioristischen Modell der totalen Manipulation. Man muß sich nur an ein Grundbedürfnis, einen »drive«, ankoppeln und erreicht dann über einige Stimulus-Response-Trainings jedes gewünschte (marktgerechte) Verhalten des Probanden. Je geringer die Frustrationstoleranz, desto leichteres Spiel. Es sei denn, der Behandelte bricht aus der Therapie aus. Dann aber hat er mit »Daytop«, »Release« und ähnlichen Einrichtungen bzw. umgekehrt diese mit ihm nichts mehr zu schaffen. Die weiteren Verläufe tragen sich dann wieder außerhalb zu – im Nirgendwo!

2. Die Polizei, ein Partner?

Von Staatsanwälten und Polizeibeamten wird gelegentlich die (freilich unreflektierte) Meinung vertreten, die strikte Beachtung von Recht, Gesetz und Ordnung verbürge seelische Gesundheit. Auch die Umkehrung dieses Vorurteils, wonach Mißachtung und Verfehlung von Recht und Ordnung unweigerlich zu Krankheit führen sollen, ist durchaus verbreitet.

Deviantes Verhalten, wie es klinisch beschrieben werden kann, ist tatsächlich häufig mit Verstößen gegen Rechts- und Sittenordnung verbunden. Nur macht das Vorurteil hier gern Wirkung zu Ursachen. Der Verstoß gegen Recht und Ordnung wird in den Rang der eigentlichen Causa für psychische Devianz gehoben. Bezeichnenderweise taucht bei dieser Bewertung des Problems die Gesellschaft nur in den idealistisch-verklärten Formen der Rechts- und Sittenordnung auf. Diese Normen zu internalisieren verspricht seelische Gesundheit; es nicht zu tun ist mit Krankheit (als Strafe) bedroht.

Sieht man einmal davon ab, daß dabei die normative Gesellschaft zur Religion und eine antiquierte Sündenangst zum Züchtigungsmittel gemacht werden, so ist es doch einigermaßen erstaunlich, daß hier verbürgte Tatsachen der Neurosenentstehung einfach ignoriert werden. Der pathogenetische Zusammenhang zwischen gesellschaftlicher Repression (Triebunterdrückung, Verhaltenszwänge, Internalisierung sozialer Normen) und neurotischer Fehlentwicklung wird geleugnet.

Die herrschenden Gesetze sind freilich nicht von Psychotherapeuten und Psychohygienikern gemacht worden. Noch weniger gilt das von den Dienstvorschriften der Ordnungs- und Strafverfolgungsbehörden. Der durch die Tätigkeit dieser Behörden mitgeprägte Alltag ist, wie jeder psychotherapeutische Praktiker es ständig von neuem erlebt, weit davon entfernt, eine optimale Bedingung für psychisches und soziales Wohlergehen zu sein. Es ist umgekehrt schon eine Binsenwahrheit, daß eben diese Exponenten unserer Gesellschaft und unseres Staates mitkonstituierend sind für die uns alle betreffenden Konflikte.

Man muß sorgfältig unterscheiden und darf sich in diesem Zusammenhang nicht verwirren lassen. Auch nicht durch den Hinweis auf die angebliche anthropologische Stimmigkeit der Grundrechte (des Grundgesetzes), woran sich alles nachgesetzte Recht, alle Gesetze, messen lassen müssen. In der Tat kommen im Prozeß der grundrechtlichen Prüfung eines in Gesetzesvorschriften verstrickten Menschen letztlich auch alle psychologischen Tatsachen und sein subjektives Gesetz zu ihrem Recht;

wobei man für die Würdigung dieser außerjuristischen Sachbereiche freilich Sachverständige benötigt, gegebenenfalls auch Psychotherapeuten. Aber dieser Weg bis zur endgültigen Rehabilitierung vor den Grundrechten wäre viel zu weit und zeitraubend, um darauf warten und schließlich nach Herstellung der rechtlichen Integrität mit Therapie beginnen zu können. Man muß erkennen, daß im Strafrecht immer schon ein Konflikt vorliegt, der durch die Anwendung von Strafrechtsbestimmungen nicht sogleich gelöst, sondern nur erst verdeutlicht, vielfach (zumindest im subjektiven Erleben des Betroffenen) erst noch verschärft wird. Die eigentliche Konfliktbearbeitung und Konfliktlösung ist oft erst nach Abschluß des Prozesses im Strafvollzug möglich. Und dann greifen nicht mehr die rechtlichen Mittel, sondern Sozio- und Psychotherapie vermittels Resozialisierungs- und Dekriminalisierungsprogrammen.
Was hier nur angedeutet werden kann, für unsere Überlegungen aber grundsätzliche Bedeutung hat, ist dies: weder machen Unrechtshandlungen krank, noch führt die juristische Behandlung einer Straftat zur Lösung psychischer Konflikte.
Eine gute Polizei relativiert die eigene Aufgabe und Wirkung, indem sie sich immer als ein Faktor in Konfliktsituationen versteht. Sie vermeidet es, sich unter Berufung auf absolute Rechtsnormen über die Bürger zu erheben. Eine derartige Norm (die auffallenderweise gern mit »Recht« verbunden wird) ist das Prinzip »Ordnung«. Aufgezwungene Ordnung hält nicht. Wo Unordnung wie bei den *Nowhere House*-Bewohnern den Rang eines Symptoms, dazu noch eines Symptoms von hohem Protestwert hat, kann sie nicht gut zum primum movens der Therapie werden. Die Vorstellung vom überragenden therapeutischen Nutzen einer an den Anfang aller Resozialisierungsbemühungen gestellten Ordnung im *Nowhere House*, wie sie bei einer offen geführten Diskussion mit Spitzen der Polizei von einem leitenden Beamten entwickelt worden ist, ist so treffend wie, sagen wir, die Forderung, *vor* einem unfallchirurgischen Eingriff auf jeden Fall erst einmal wieder normale anatomische Verhältnisse herzustellen.
Tatsächlich muß man, hier wie in zahlreichen anderen Zusammenhängen, vom anderen Ende her denken. In jener Gesprächsrunde konnte der praxiserfahrene Sozialarbeiter die Polizeiführung belehren: mit einer vorgesetzten Ordnung können die Leute gar nichts anfangen; sie müssen zuerst etwas zusammen machen und dabei erfahren, daß man dazu Ordnung braucht. Das schien verstanden worden zu sein, denn es wurde beifällig genickt. Aber – war das nicht eine Einsicht gegen Brauch und Logik polizeilichen Handelns und Denkens? Es hängt ja stets davon ab, welche Stufe der Verallgemeinerung bei der Beurteilung eines Problems gerade betre-

ten wird, ob man in solchen Einsichten übereinstimmt oder nicht. Das Gespräch mit der Polizei nahm sich am Anfang aus wie die Demonstration weitgehender Harmonie; *Nowhere House*-Team und Polizei wollen eigentlich dasselbe, ziehen eigentlich am gleichen Strang. Bei etwas schärferer Einstellung wurde aber deutlich, daß man zwar im Ziel übereinstimmt, aber ziemlich verschiedene Wege geht. Dabei gibt es grundsätzlich Hindernisse für Koordination und Zusammenarbeit. Vergegenwärtigt man sich die typischen Sachverhalte und die konkrete Praxis, so stellt sich heraus, daß auch die Ziele gründlich voneinander verschieden sind.

An ein und demselben Objekt, beispielsweise einem Fixer, haben *Nowhere House*-Team und Polizei grundsätzlich verschiedene Interessen. Die Polizei sieht im Fixer eine kriminelle Person, eingelassen in ein verzweigtes System krimineller Handlungen, vom illegalen Drogenhandel über Zuhälterei und Prostitution bis zu schwerem Raub. Dabei ist diese grundsätzliche Verdächtigung tatsächlich unwiderlegbar, denn ein Fixer muß es, um seinen Eigenbedarf finanzieren zu können, auf einen Umsatz von rund 20 000 DM monatlich bringen. Und das schafft mit absoluter Gewißheit keiner auf legale Art und Weise.

Das *Nowhere House*-Team hingegen sieht im Fixer einen Patienten, der schwersten inneren und dann auch (sekundär) äußeren Zwängen ausgesetzt ist. Unser Problem mit ihm ist nicht zuvorderst seine Straffälligkeit. Diese ist, bei genetischer Betrachtungsweise, in der Tat sekundär.

Natürlich ist auch uns bekannt, daß die Verstrickungen in die kriminelle Scene das Suchtverhalten nicht unerheblich beeinflussen, vielfach auch erst recht zu Fixierungen führen, jedenfalls zuvor schon angelegt gewesene Motivierungen zum Entzug wieder aufweichen und auflösen können. Dabei gilt unser Interesse nicht jenem Fixer, der für sich die Entdeckung gemacht hat, daß nur eines besser sei als Fixen, nämlich Dealen, und der dann dahin umsteigt.

Sicher ist in den letzten Jahren nicht nur nach außen die Kriminalität dieser Population (der Spritzgiftkonsumenten vor allem) gewachsen. Der Beschaffungszwang und die damit verbundene Abhängigkeit von bestimmten Handelspartnern auf einem geschrumpften Markt haben zunehmend Verhaltensstile und moralische Einstellungen hervorgebracht, die diesen neuen Konsumententypus in die Nähe des sogenannten »gemütlosen Psychopathen« (die von den Kriminologen so bezeichnete charakterologische Hauptvariante des Straftäters) gerückt haben.

So erklärt sich auch der Umstand, daß wesentlich öfter als in früherer Zeit Drogenabhängige das *Nowhere House* bewußt auch für kriminelle Zwecke funktionalisieren oder es zumindest versuchen. Hier hört selbstverständlich alle Toleranz auf. An solche von Kriminalität bestimmte Haltungen reicht so leicht auch keine Therapie heran. Hier richtet auch ein *Nowhere House* wenig aus. Die rechtzeitige Intervention der Polizei kann dann sogar befreiend wirken, wie das *Nowhere House* überhaupt den Schutz vor Gewalttätern braucht. Die Polizei kann so in der Tat einen entscheidend wichtigen Beitrag zum Schutz unserer Arbeit leisten, sofern sie rechtzeitig jenen auf die Spur kommt, die erpresserische Beziehungen zu Bewohnern installieren und das *Nowhere House* zum Umschlagplatz machen wollen.

In anderer Hinsicht besteht ein unauflösbarer Widerspruch. Wenn wir dem Drogenabhängigen helfen wollen, müssen wir nämlich mit unserer Motivierungsarbeit in der Vorentzugsphase beginnen und einen vorübergehenden weiteren Drogenkonsum hinnehmen. Dadurch setzen wir uns nach dem »Opiumgesetz« dem Vorwurf der »Duldung«, vielleicht sogar »Mittäterschaft« aus. Denn das Gesetz untersagt ja nicht nur Besitz und Handel, sondern auch Verbrauch von Verbotsstoffen.

Als Therapeuten müssen wir »konspirativ« arbeiten. Das bedeutet, wir müssen eine fortbestehende Gesetzwidrigkeit in Kauf nehmen, um mittel- oder längerfristig zum Erfolg zu kommen. Gerade das aber darf die Polizei nicht. Sie ist dem Legalitätsprinzip verpflichtet, d. h. sie ist anzeige- und ermittlungsverpflichtet, und zwar ohne zeitlichen Verzug, wenn sie entsprechende Erkenntnisse hat, die einen Gesetzesverstoß hinreichend wahrscheinlich machen. Dieser Automatismus macht die Polizei als Partner untauglich. Denn sie würde nach einer Festnahme oder Verhaftung eines Süchtigen gar keine andere Alternative haben als Zwangsunterbringung im regionalen psychiatrischen Landeskrankenhaus. Was wäre aber gewonnen, wenn dieser Süchtige nach einem Jahr (im Falle seiner Aburteilung um die Dauer der zu verbüßenden Haft entsprechend länger) als Rückfälliger ins *Nowhere House* zurückkehrt?

Uns kann der kriminalistisch-kriminologische Aspekt des Fixens nicht besonders interessieren. Uns geht es statt dessen um den sozialen, psychologischen und medizinischen (somatologischen) Aspekt. Da die hauptsächlichsten *Nowhere House*-Aktivitäten in der Vorentzugsphase liegen, bleibt die Unvereinbarkeit mit der Betäubungsmittelverschreibungsverordnung (BTMVV) und der Konflikt mit den Strafverfolgungsbehörden weiter bestehen.

Kapitel 10

Signale der Hoffnung, Theorie zum Nowhere House

In den vorangegangenen Kapiteln haben wir versucht, den Horizont aufzuzeigen, unter dem in alten Denktraditionen, unzeitgemäß also, Probleme unserer Zeit abgehandelt zu werden pflegen. Es ging darum, uns gegenüber Ansätzen kritisch abzugrenzen, die sich zwar progressiv und zeitgemäß geben, die es aber nicht sind. Was uns zu solcher Kritik befähigt und berechtigt, ist das *Nowhere House* und seine Praxis, die nun auf einer höheren begrifflichen Ebene dargestellt werden soll.

Dieser Versuch ist nicht unproblematisch. Denn wir wollen und können zu guter Letzt nicht doch noch das tun, was mehr als alles andere dem Unternehmen abträglich ist, nämlich es zu Theorie erstarren zu lassen. Theorie meint hier denn auch etwas anderes. Es handelt sich um die Summe der Erfahrungen mit einem im Grunde antitheoretischen Prinzip: mit dem Prinzip einer beweglichen Konzeption, der unablässigen Abwehr starrer Ordnungskategorien und dem Prinzip der stets neuen Suche nach einem Minimalkonsens unter den beteiligten Personen. Genaugenommen kämpften wir gegen die ständig lauernde Gefahr, in Gewohnheiten zu flüchten, die Praxis Routine werden zu lassen und schließlich so zu verfahren, wie es anderenorts die Formen des beratenden und therapeutischen Umgangs mit Menschen bestimmt, nämlich diese zu verwalten.

Wir glauben an nichts weniger als an einen methodischen Geist vom Rang eines Naturgesetzes. Methode darf nie etwas Letztes, nie etwas unverkürzt und ungewandelt auf weitere Gegenstände Übertragbares sein. Sie ist jeweils ad hoc aus den konkreten Bedingungen sich ergebendes Lösungsmodell.

So findet sich hier auch nicht die sonst übliche allgemeine und allgemeingültige Sicht, die in der Art eines lexikalischen Textes über die Kasuistik hinausweist und hinaushebt, keine Theorie, die überall angewandt und in Praxis rückverwandelt werden könnte.

Was aber soll dann Theorie überhaupt? – Sie soll bewußt machen, daß es hier, d.h. in einem extremen Erfahrungsbereich, ganz entscheidend um Engagement, Sich-Einlassen, um den beherzten Sprung ins Niemands-

land geht, d. h. um praktisches Handeln vor aller Theorie und vor aller begrifflichen Strukturierung. Erst danach, also sekundär, werden praxisunterstützende theoretische Hilfen formuliert. Diese veralten vielfach ebenso rasch, wie sie entstanden sind. Der Primat der praktischen Erfahrung vor der Theoriebildung ergibt sich aus dem Umstand, daß es sich um eine Praxis zwischenmenschlicher Kommunikation handelt, in der es keine apriorische Erkenntnis des Möglichen, sondern jeweils nur die situationsverstrickte *gemeinsame* Erfahrung geben kann.
Theorie im hier gebrauchten Sinne versteht sich demnach als kritische Besinnung auf den Mißbrauch von Theorie; Theorie wird mißbraucht, wenn sie als Mittel eingesetzt wird, sich vor einem störenden oder herausfordernden Gegenstand in die eigene Bequemlichkeit und Vorurteilshaftigkeit der Anschauung zu retten. Mehr als es hier in knappen Worten ausgeführt werden kann, liegt in der besonderen Fassung des Theorie-Praxis-Problems mit dem Primat des Handelns und einer stets situationsbezogenen Flexibilität der Methode die Voraussetzung dafür, daß vom *Nowhere House* Signale der Hoffnung ausgehen konnten.

1. Permanente Diskussion

Im Zuge der mehrjährigen Praxis hat sich herausgestellt, daß es nicht möglich war, eine beständige Konzeption fürs *Nowhere House* zu formulieren. Es war nicht mit dem Projekt zu vereinbaren, Ideen und Planungen durchsetzen zu wollen, die ja notwendigerweise veralten und die statt emotionell zu motivieren nur rational einleuchten. Hätte man bestimmte Vorstellungen trotzdem angewandt, hätte man die Praxis einem Ordnungs- und Organisationsschema geopfert, das nicht nur therapeutisch fragwürdig, sondern in seinen Wirkungen zusätzlich krankmachend gewesen wäre.
Man hat gelernt, sich über Formeln zu verständigen, die reichlich widersprüchlich sind und sich selbst aufheben, wie »geplante Planlosigkeit« oder »Konzeption der Konzeptionslosigkeit«. Solche Formeln hatten nur einen Nutzen, nämlich uns wach zu halten und für die Notwendigkeit zu sensibilisieren, sich immer von neuem auf Aufgaben einzustellen, sich nicht festzulegen, sondern offenzubleiben. Aus dieser Haltung erwuchs die Einrichtung einer alle vier Wochen stattfindenden Konzeptionssitzung.
An die Stelle einer Konzeption trat der permanente Prozeß der Konzep-

tualisierung in permanenter Diskussion. Das hat uns immer nahe beim Geschehen gehalten und sich gewiß um ein Vielfaches besser bewährt als eine feste Konzeption, Arbeitsordnung oder Methode. In der Konzeptionssitzung wurde jeweils die aktuelle Situation zur Anschauung gebracht und problematisiert. Die dargestellten Probleme wurden in kritischer Diskussion kollektiv überdacht. Dabei war man stets selbst als Person im Spiel. Man trug eigene Erfahrung bei, verglich diese mit der Erfahrung der anderen und leitete daraus einen gemeinsamen und konkreten Anspruch ab. In Zusammenfassung solcher mehrjähriger Erfahrung wurde Konzeption im *Nowhere House* schließlich so definiert: sich immer revidieren, nichts Dogma werden lassen, nichts verabsolutieren, nichts zur Tradition gerinnen lassen, sondern sich offenhalten für neue Entwicklungen und den Mut zu Ad-hoc-Strategien aufbringen. Die augenblickliche Strategie wird von der augenblicklichen Situation inspiriert.
Eine derart flexible Strategie fordert Ungewöhnliches vom Team der Mitarbeiter. Man muß immer wieder auf die ursprüngliche Absicht zurückgehen, d. h. sich Sinn und Zweck der Arbeit vergegenwärtigen. Auf stabile Verhaltens- und Handlungsanweisungen muß man verzichten, denn diese gibt es nicht. Dadurch entstehen neue Probleme, die ein reibungslos laufendes Unternehmen mit festem Programm, wie beispielsweise Kliniken und Behörden, nicht kennt.
Was gestern noch richtig war und der Orientierung diente, kann heute schon überholt sein und einer Neufassung bedürftig. Natürlich gibt es keine ganz und gar irrationalen Sprünge. Aber es handelt sich häufig um recht kurzzeitige Entwicklungen, um Sequenzen mit kritischem Ausgang und Umschwung. Trotzdem ist die Erinnerung ans Gestern wichtig; es kann mitunter angebracht sein, eine gestern formulierte Erwartung auch heute noch aufrechtzuerhalten (z. B. daß einer zu fixen aufhört), obwohl sie keine Realisierungschance mehr hat, weil so eine Spannung hergestellt wird, mit der man arbeiten will. Generell gilt aber, daß nichts festgeschrieben werden darf. Konzeptionssitzungen spiegeln eine fortwährende Denkbewegung. In diese Denkbewegung fließen zahlreiche Rückmeldungen seitens der *Nowhere House*-Bewohner, oft auch ehemaliger Bewohner, ein. Einbezogen werden auch die Reflexe und Stimmen der Öffentlichkeit.
Man kann mit Fug und Recht den Vergleich mit politischer Arbeit ziehen und die These aufstellen, daß es sich bei unserem Tun um Politik in einem echten, eigenen Sinne handelt. Denn wir suchen immer nach der besten Lösung in einem Konflikt von Interessen, Meinungen, Einsichten und Vermögen. Geschehen kann aber nur das, was in diesem besonderen Au-

genblick, in dieser besonderen Phase der Entwicklung und der sozialen Prozesse geschehen kann, wozu nicht zuletzt Betroffene und Beteiligte auch hinreichend motiviert sind. Auf die erste Frage »was ist?« folgt die Frage »was soll sein?«, dann erst die Fragen »was *kann* werden?« und »wie ist Wandel möglich?«. Nicht zu vergessen, »*wer* kann, soll, will?« und, »mit *wem*?«. Man kann nämlich nicht in bloß mechanischen Abfolgen eines Prozesses denken, sondern muß notgedrungen personalisieren. Alles muß erst einmal mitmenschlich verbindlich werden. Dann kann man Strategien entwerfen. Über papierene Appelle vermittelt sich nichts, sie überzeugen nicht.

Es geht um Fragen wie: warum liegt mir, dem Sozialarbeiter A, überhaupt etwas daran, daß der Fixer B einen Entzug macht? Natürlich ist es kaum möglich, sich einzeln in solche Verantwortung einzulassen. Man würde sich alsbald darin aufbrauchen. Hier ist entscheidend wichtig, daß ein Team, eine Gruppe, ein Kollektiv da ist, das in ständiger Diskussion am eigenen Selbstverständnis arbeitet und den Beteiligten nicht zuletzt auch die tröstliche Einsicht vermittelt, daß die eigenen negativen Erfahrungen, Leistungsgrenzen, Mißerfolge und Enttäuschungen zugleich überpersönlich objektive Probleme darstellen und für Resignation kein Grund vorliegt. Jeder einzelne *und* das Team als Gruppe müssen für sich den jeweils nächsten Schritt als konkret möglich erleben und von seiner Notwendigkeit überzeugt sein.

In den anschließenden Abschnitten wird unter Beschränkung auf das Wesentliche die Bewegung der fortlaufenden Konzeptualisierung nachgezeichnet. Dabei wird deutlich, daß es sich zum Teil um eine Kreisbewegung gehandelt hat, bei der bestimmte Positionen mehrmals durchlaufen worden sind. Darin ist freilich keine Selbstwiderlegung zu sehen; im Gegenteil spricht es für die Dynamik und gegen eine Verabsolutierung des Inhaltlichen. Wir haben es ja gerade nicht mit einer linearen Entwicklung zur schließlich reinen Erkenntnis und äußersten Klarheit zu tun.

2. Anspruch und Praxis

Wir haben oben die kühne Feststellung getroffen, bei unserer Praxis handle es sich um Politik, wenn auch besonderer Art; aber nur auf der Ebene einer Überlegung, wie konkret, engagiert und sachgerecht ein Handlungsansatz ist, trägt der Vergleich. Was man gemeinhin politischen Anspruch nennt, greift bekanntlich weit darüber hinaus und schließt, wo man zeitgemäß progressiv sein will, die Voraussetzung des kritischen Bewußtseins ein.

Ohne Zögern muß man feststellen, daß bei Drogenabhängigen hier eine totale Fehlanzeige vorliegt (vgl. Beispiel »Revolutionsrat«, Kap. 3,3). Bei den Mitarbeitern des Teams verhält es sich anders. Aber das ist hier nicht gefragt. Es interessiert, wie sich in der letztlich *gemeinsamen* Praxis des Wohnens und Interagierens im *Nowhere House* politischer Anspruch bezeugt bzw. wie weit Praxis und Anspruch auseinanderfallen. Auch anderenorts ist man zur Bescheidenheit zurückgekehrt und weiß heute, daß sich politische Einsicht nicht unvermittelt in Therapie ummünzen läßt. Politische Theorie ist weder universal praktikabel, noch hat sie nur den Stellenwert einer Hintergrundorientierung. Was an der jeweiligen Front geschieht und was von der Theorie her gefordert wird, muß miteinander vermittelt werden. Nur der unerfahrene politische Phantast mißt die Praxis unübersetzt am theoretisch formulierten politischen Anspruch. Die Ungeduld der politisch halbgebildeten Eiferer hat sich nicht bewährt. Sie haben den Armen, Schwachen, Kranken nichts anderes zu bieten gewußt als eine krude Anleitung im »rechten« Verständnis der Marxschen Politökonomie. Daraus, so meinten sie, könne jeder leicht den Zusammenhang zwischen seinem individuellen Leiden und den herrschenden gesellschaftlichen Verhältnissen erkennen. Gestützt auf diese Einsicht brauche sich keiner länger ausbeuten zu lassen, sondern könne am kritisch gewordenen Bewußtsein genesen. Dieses Rezept konnte nicht aufgehen. Statt den eigenen Ansatz zu überprüfen, hat man sich allerdings auf die Auffassung zurückgezogen, daß die »Revolution« nicht länger die Massenbasis voraussetze, sondern von einer Schar kritisch bewußter Intellektueller, also einer Elite, herbeigeführt werden müsse. Die armen Teufel, zumal die Drogenabhängigen als die letzten aller »kaputten Typen«, hat man schlicht fallengelassen. Sie haben sich als untaugliche Objekte erwiesen.

Wir haben beschrieben, wie auch im *Nowhere House* zu Anfang ein nachhaltig politisch motivierter Elan maßgebend war. Die spätere Praxis hat vieles davon überholt. Trotzdem ist manches gültig geblieben. Vor aller karitativen Absicht wollten wir einen Bereich konkreter politischer Arbeit erschließen, nämlich den Grenzbereich der Gesellschaft, wo Widersprüche besonders kraß in Erscheinung treten. Wenn ursprünglich auch die Bedürfnisse der Initiatoren nach sozialpolitischem Engagement maßgebend waren, so gelang es doch, mit der Zeit die Bedürfnisse der Betroffenen voll einzubeziehen.

In der unmittelbaren Auseinandersetzung stellt sich nach wie vor die Frage an die Teammitglieder: was wollen *wir*, was können *wir* tun? Aber es kommen kaum noch politische Antworten darauf. Es wird konkret danach gefragt, was wir vermögen. Dabei sieht man sich in den unmittelbaren Zusammenhang gestellt und es wird rückgefragt: was habe ich damit zu tun? Was kann ich beitragen? Was will ich tun? Was ist überhaupt mein Interesse dabei? Das geht nicht ohne Theorie ab. Die ersten Dokumente zum *Nowhere House* vom Sommer 1970 tragen deutlich die Signatur der großen Ideologiediskussionen jener Zeit. Noch gab es den politischen Straßenkampf, den offenen Protest, auch die großen Worte, dazu eine verblüffte und irritierte Öffentlichkeit; es gab noch die politische Wachheit einer engagierten Studentenschaft.

In dieser Situation entstand das erste Konzeptionspapier. Es unternimmt zunächst eine sozialpsychologische Ortung der Zielgruppe. Eine Verlagerung wird festgestellt »von der unmittelbaren Ausbeutung auf die Sphäre psychischen Terrors in Gestalt von Repression und Manipulation«. Das Projekt *Nowhere House* sollte dem Zweck dienen, ein »neues Realitätsprinzip« zu installieren, »d. h. die Schaffung eines Menschentyps, der das Leistungsprinzip (...) und dessen Resultat, den individuellen Erfolg über andere, ablehnt, der sich von der unserer Gesellschaft innewohnenden Aggressivität und Brutalität zu befreien bereit ist und eine klare Vorstellung von Freude, Lust und Arbeit an einer natürlichen und sozialen Umwelt (...) entwickelt«. In der Theorie gab es eindeutige Forderungen: »Wir müssen zu der bereits bestehenden ›neuen Sensibilität‹ ein adäquates Realitätsprinzip praktisch und theoretisch entwickeln, da sich hier die Konflikte der jugendlichen ›run-aways‹ entzünden, zu neurotischen Erscheinungen führen und den bedenkenlosen Rauschmittelkonsum, als Flucht vor der Realität, fördern.«

Emotional war man noch ganz bestimmt von der Welle einer zuvor nicht gekannten Begeisterung und eines zuvor nicht erreichten Bewußtseins von der »Machbarkeit der Revolution« hier und heute, die von der Pariser Mai-Revolution 68 ausgegangen war und sich zu jener Zeit (1970) noch nicht beruhigt hatte. Man war überzeugt, es gäbe nur die Alternative: »Blinder Gehorsam in den Fabriken oder revolutionäres Bewußtsein!« Dem Konsum war auf der ganzen Linie der Kampf angesagt, weil er die »revolutionäre Jugend« domestizieren und »in den flachsten Konformismus zurückfallen« lassen würde.

Die konkreten Widerstände erfuhr man beim nächsten Schritt, der zu den ersten Praxisversuchen führte. Das geschah in Form von Freizeiten (vgl. Kap. 2,7). Es stellte sich das Problem, wie man es anfangen könne, eine Institution zu schaffen, die gerade nichts weniger sein durfte als eine Institution, wenn das Ziel erreicht werden sollte. Es ging um die Ermöglichung

ven Bewußtseinsveränderung teil, um sich selbst zu verändern. Am Anfang steht die »stille Neurose«, die in eine pathologische Familiensituation eingelassen ist. Die Unerträglichkeit der von der Familie ausgehenden Pressionen stiftet das Motiv der Emanzipation. Freilich handelt es sich beim Ausbrechen aus dem Familienverband nur erst um eine Scheinemanzipation. Scene und Drogenkonsum, in denen der Entkommene landet, sind ja keineswegs frei von Zwängen. Der Konsument unterwirft sich der sozialen Moral der Scene. Damit erfährt er das Schicksal völliger Verobjektivierung.
Dem will das *Nowhere House* entgegenwirken, indem es Konflikte wieder zu personalisieren versucht. Die *Personalisierung* von Konflikten ist der erste Schritt, dem die *Kollektivierung* als zweiter Schritt und die *neuerliche Objektivierung* des Konfliktes als gesellschaftliches Problem im dritten Schritt folgen. Die Anonymität der Scene verhindert, daß Konflikte personalisiert werden. In dieser Anonymität, in der das Person-sein aktiv verleugnet wird, vollzieht sich der Verlust von Geschichte definitiv.
Erst wenn Konflikte wieder zwischen konkreten Personen ausgetragen werden können, ist ihre Bearbeitung und Lösung möglich. Das kann freilich nicht in der Form bloßer Problemdiskussion geschehen. Hier muß konkret interagiert und unmittelbare Erfahrung gemacht werden. Die Vermittlungen müssen ihrerseits mitweltlich-real sein und dürfen nicht aus diesem naiv-mitweltlichen Kontext herausgehoben und intellektuell verfremdet werden.
Immer wieder bestätigt sich, daß die kreativ-spielerischen Formen der Kommunikation, die den Vorzug sinnlicher Gewißheit und Unmittelbarkeit haben, jeder anderen Weise methodisch stilisierter Vermittlung überlegen sind. Dann stellt sich auch kaum das Problem, wie man von vergleichsweise leicht zu entwickelnder rationaler Einsicht zu nun auch »emotionaler Einsicht« mit anschließender Erlebnis- und Verhaltensänderung kommen kann. Bei der besonderen Population drogenabhängiger Jugendlicher fehlen erfahrungsgemäß die Voraussetzungen zu rationaler Einsichtsbildung. Sie zeichnet sich vielmehr durch einen Hang zum Illusionismus aus, der sich mit rationalen Einsichten zwar verträgt, aber auch dann keinen Zugang zu neuer Selbsterfahrung und gewandeltem Verhalten eröffnet oder zuläßt. Wenn angesichts dieser Tatsache jedoch, was ja unvermeidlich geschehen muß, die illusionistische Einstellung nur zerstört wird, ohne dem Süchtigen konkrete Möglichkeiten des Erlebens zu vermitteln, dann bleibt er uninteressiert, letzten Endes unbetroffen.
Es muß also gelingen, in einem Medium mehr spielerischer Kommunikation im Kollektiv die ahistorisch-illusionistischen Erlebnisstrukturen

des Unmöglichen, um die Schaffung einer Institution als Anti-Institution und umgekehrt. Diese Einrichtung mußte sich selbst stets negieren, um funktional zu bleiben.

3. Antitheorie

Die zu schaffende Anti-Institution stellte man sich als ein ständig in Bewegung befindliches System vor. Sie war nur virtuell gegeben. Als sich bewegendes System erreichte sie gewissermaßen nur jeweils im Durchschwingen eine Übereinstimmung mit sich selbst, um sich von Zeit zu Zeit der Grenzen zu vergewissern. Im übrigen ließ sie sich aber von der spontanen Dynamik über diese Grenzen hinaustragen und so wenig wie möglich festlegen. Auf einer sehr praktischen und dinghaften Ebene sollte Mitbestimmung nach dem Modell direkter Demokratie stattfinden. Hierarchisierung nach innen war zu vermeiden. Autorität, wo sie nicht überhaupt abgebaut oder vermieden werden konnte, mußte hinreichend transparent und für Kritik offen sein.

Wenn mittelbar die evangelische Kirche das gesamte Projekt auch erst möglich gemacht hatte, so schloß das Kritik an eben dieser Kirche keineswegs aus. Es konnte, wie man meinte, dieser Kirche nur zum Vorteil gereichen, wenn sie in praktische Bewährung gestellt und auf die Notwendigkeit unmittelbarer Seelsorge hingewiesen würde. Auch der Theologie konnte es im übrigen nicht schaden, wenn ihr gezeigt wurde, ob und wie sie taugte für das Werk der »Befreiung des Menschen« in gesellschaftlichen Bereichen und existentiellen Verfassungen, wo er den unbarmherzigsten Zwängen unterliegt und keinen Glauben mehr hat. Welche Konsequenzen unsere Erfahrung im *Nowhere House* für Theologie und Kirche hat, wird in einigen wesentlichen Aspekten in Kapitel 11 (»Seid nüchtern ...« – Die Sicht des Pfarrers) näher ausgeführt.

Auch auf die praktische Psychiatrie, bzw. auf das, was sie implizit an Theorien und Ideologien aufweist, wirkt sich die *Nowhere House*-Praxis modifizierend aus. Hierüber wurde all die Jahre hindurch projektbegleitend nachgedacht und diskutiert. Schon zu Anfang fragte es sich, ob denn die Basiswissenschaften Theologie und Psychiatrie/Psychotherapie außerhalb institutioneller Systeme sich einfach würden anwenden lassen. Es gab damals schon die Hypothese, daß beide von den überlieferten Manifestationen nicht abgelöst werden könnten, ohne an Zusammenhang und Geltung zu verlieren. Umgekehrt war zu erwarten, daß sich aus der Konzeption einer neuen Praxis psychischer Veränderung Einzelner im Kollektiv Erfahrungen ergeben würden, die einer zusammenhängenden Theorie bedürfen, um über den Augenblick hinaus vermittelt werden zu können. Diese Theorie aber konnte nur Anti-Theorie sein. (Vgl. Kap. 12 »Strategien des Überlebens – Die Sicht des Psychotherapeuten«.)

Der Pfarrer wie der Psychotherapeut mußten sich, um das Konzept zu verwirklichen, darauf einlassen, die gewohnte Rolle preiszugeben. Ein solcher Verzicht bringt mit sich, daß man sich einigermaßen unwissend in der neuen Situation bewegt, auch dann, wenn man von den Erwartungen der anderen her noch die herkömmliche Rolle hat. Trotzdem galt es herauszufinden, was der Drogenabhängige vom Mitmenschen erwartet. Demgegenüber interessierte weit weniger, was ihm an Wünschen einfiel angesichts eines rollenfixierten, gesellschaftlich integrierten Pfarrers oder Psychotherapeuten.

Wie Anti-Institution und Anti-Theorie nach dem Bewußtseinsstand der Mitarbeiter im Frühjahr 1971 begriffen wurden, dokumentiert ein programmatisches Papier:

»Die Konzeption eines Nowhere-House hat eine doppelte Funktion:
Einerseits dient sie der Zielprojektion, andererseits definiert sie Wege und Methoden, die zu diesem Ziel führen. In beiden Funktionen bleibt sie revidierbar, d. h. sie muß sich im geschichtlichen Prozeß konkretisieren und u. U. korrigieren lassen.
Als Zielprojektion ist sie utopisch und inhaltlich als kollektive Selbstbestimmung zu definieren.
Als Methode macht sie Utopie konkret, indem sie mit dem Mittel der ›Agitation‹ zur Solidarisierung der am kollektiven Prozeß Teilhabenden führt.
Agitation ist dialektisch als Kommunikation im Horizont der Zielprojektion zu verstehen. Sie hat sich historisch zu legitimieren.
Eine solche Legitimation ist nicht denkbar ohne Materialisation. Sie fordert bestimmte Techniken und Ordnungsprinzipien, die vom Kollektiv selbst zu entwickeln sind.
Techniken, die von außen eingebracht werden, müssen auf ihre Verwertbarkeit geprüft und u. U. im Sinne der jeweils gültigen Konzeption variiert werden können.
Diese Konzeption führt zum gegenwärtigen Zeitpunkt zu einer Strukturveränderung insofern, als das Gegenüber von Kollektiv und Team nicht länger durchzuhalten ist. Das Team muß als ›Gesamtheit der Funktionsträger‹ auswechselbar und beliebig ergänzbar sein. Es bedarf wie alle anderen Gruppen innerhalb des Kollektivs einer ständigen Methodenkontrolle (Agitation).
Die Techniken sind kommunikativ, antiautoritär und projektiv anzusetzen. Sie gehen daher von der Gruppe aus (Arbeitskreis, therapeutische Gruppen, kreative Gruppen) und bleiben einer ständigen Kontrolle durch eine eigens dafür zuständige Gruppe unterworfen. Die Ergebnisse der Kontrollgruppe müssen als agitatorisches Material wiederum dem Kollektiv übermittelt werden. Unerläßlich scheint die Schaffung gleicher Bedingungen für persönliche Agitationsbedürfnisse (Infokom-Wand).«

Dieses Papier war vervielfältigt und zur Diskussion gestellt worden. Es gehört mit zu den gültigen Erfahrungen im *Nowhere House*, daß die erstrebte inhaltliche Diskussion gar nicht zustande kam, und das keineswegs nur wegen der unverdaulichen Fremdwörter. Was wichtig war und seine Wirkung tat, war der Umstand, daß überhaupt wieder ein Konzept formuliert vorlag. Vorausgegangen war eine Phase, in der das Gefühl der Resignation vorherrschte. Das Projekt war als gescheitert empfunden worden. Man war in eine Sackgasse geraten. Jetzt gab es wieder Gedanken und Begriffe. Man erlebte sich wieder in einen größeren Zusammenhang gestellt, schöpfte wieder Hoffnung.

Was in der unmittelbar anschließenden Zeit dann doch inhaltlich geschah, war für die weitere Entwicklung ziemlich wichtig. Man hatte die Entthronung des Teams gefordert. Das Papier lieferte Argumente dazu und machte die fällige Auseinandersetzung rationaler. Es war im übrigen notwendig, daß es zu einer Umgewichtung kam, um eine gerade begonnene Initiative von Hausbewohnern zu stärken. Die Anerkennung dieser Gruppe mußte eben gerade so stark und die Schwächung eines dominierenden Teams gerade so milde sein, daß die einen sich aus der Passivität herauswagten und die anderen sich nicht sogleich gekränkt zurückzogen.

Solche Situationen gab es immer wieder. Sie sind sogar Strukturmerkmal der Zusammenarbeit von Team und Bewohnern im *Nowhere House*. Hier begegnen sich sozial Integrierte und »Ausgeflippte« und konstituieren zwangsläufig ein Herrschaftsverhältnis zwischen sich. Auch unter diesem Gesichtspunkt geht die Gesellschaft mitten durchs *Nowhere House*. Anti-Institution hatte sich unablässig darin zu bezeugen, daß dieser Tendenz, gesellschaftsübliche Rollendynamik und hierarchische Interaktionsformen im *Nowhere House* zu produzieren, entgegengewirkt wird. Zumindest mußte eine sich immer von neuem entfaltende Asymmetrie der Beziehungen zwischen Drogenabhängigen und Teamangehörigen transparent gemacht und kritisch hinterfragt werden. Trotzdem konnte nicht immer vermieden werden, daß das Team in seinen Absichten und Theorien undurchschaubar war und den Eindruck vermittelte, als hätte es unumschränkte Macht über die Bewohner. Solche Macht sollte sich jederzeit in Frage stellen lassen und in unmittelbarer Auseinandersetzung bewähren müssen.

Anti-Institution und Anti-Theorie standen für die unwiderlegbare Einsicht, daß im *Nowhere House* kein abstraktes Gelenk zwischen Team und Drogenabhängigen funktionieren kann. Kommunikation muß hier direkt und konkret sein. Genau dies drückte aber das Konzeptionspapier vom März 1971 aus.

4. Geplante Planlosigkeit

Die im vorigen Abschnitt skizzierte innere Widersprüchlichkeit und Spannung, die eine sich selbst negierende Institution hervorbringt, findet Ausdruck in der oben schon zitierten Formel der »geplanten Planlosigkeit«. Wie sehr sich auch gerade an diesem Punkt immer wieder heftige und leidenschaftlich ausgetragene kontroverse Diskussionen entzündet haben, so hat sich doch durch Erfahrung stets neu erwiesen, daß hier zum Nutzen der Sache der Versuchung einer bequemen und eleganten Lösung ausdauernd widerstanden werden mußte.

Das Thema ist so zentral und für das Selbstverständnis der hier dargestellten Praxis so bedeutsam, daß eine, wenn auch um wesentliche Nuancen verschiedene, sich wiederholende Behandlung gerechtfertigt erscheint.

Einen Antrag auf Bewilligung einer Förderung der Einrichtung *Nowhere House* aus öffentlichen Mitteln haben wir am 6. 7. 1971 wie folgt begründet:

»Das ›Nowhere House‹ ist ein Projekt, daß ausdrücklich der Entwicklung und praktischen Anwendung von Methoden dienen soll, drogenabhängige Jugendliche vom zwanghaften Rauschdrogenkonsum zu befreien.

Im einzelnen hat sich das ›Nowhere House‹ folgende *Aufgaben* gestellt:

1. Erarbeitung einer Prophylaxe für Drogen*gefährdete.*
2. Beratung gefährdeter Jugendlicher und deren Angehöriger.
3. Therapeutische Hilfen:
   a) Medizinische Sofortmaßnahmen (Notfalltherapie, Krisenintervention).
   b) Motivierung Süchtiger zur klinischen Entwöhnungskur in Gruppen- und Einzeltherapie.
   c) Wahrung und Förderung sozial-mitmenschlicher Bindungen auch während der klinischen Entzugsbehandlung (zur Vorbereitung der weitergehenden poststationären Therapie).
   d) Fortführung der Therapie im Kollektiv nach Abschluß der klinischen Entzugsbehandlung.
4. Supportive Hilfe bei eigenmotiviertem Drogenentzug.
5. Ermöglichung und Unterstützung der freiheitlichen Selbstbestimmung in der modernen Gesellschaft (Sozialisierung).
6. Schulung des Mitarbeiterkollektivs.

Die genannten Aufgaben können nach allen bisherigen Erfahrungen in Übereinstimmung mit literaturkundigen Berichten nur wahrgenommen werden, wenn ein möglichst intensiver *Kontakt zur jugendlichen Subkultur* hergestellt wird. Aus diesem Kontakt und der ursachenbezogenen Therapie des als symptomatisch anzusehenden Drogenmißbrauch resultiert *zwangsläufig* eine vorübergehende Duldung des Drogenkonsums. Es ist zu betonen, daß im ›Nowhere House‹ insoweit keinesfalls den Jugendlichen ›Gelegenheit gegeben wird, Haschisch zu rauchen‹.

Unter dem Anspruch einer wirkungsvollen therapeutischen Hilfe für Drogengefährdete muß im ›Nowhere House‹ der kriminalistisch-juristische Aspekt des Problems außer acht bleiben. Die Arbeit ist im Gegenteil von kriminalpolizeilichen und juristischen Einflußnahmen freizuhalten.

Es ist darauf hinzuweisen (was wiederholt vor Gutachterkommissionen des Landesjugendamtes bzw. des Sozialministeriums und auch in der Öffentlichkeit ausführlich dargestellt worden ist), daß wirkungsvolle therapeutische Hilfe im besonderen durch die im ›Nowhere House‹ entwickelte Methode der kollektiven Kreativität zu leisten ist. Diesbezüglich kann das ›Nowhere House‹ Modell-Charakter beanspruchen. Es wäre wünschenswert, daß die geplante wissenschaftliche Auswertung dieser modellhaften Arbeit auch von seiten des Sozialministeriums (respektive Kultusministeriums) materiell unterstützt wird.«

Dieses Papier wollte über unsere Arbeit aufklären. Es war für den praktischen Gebrauch gegenüber Behörden und Organisationen bestimmt, die wir um materielle Unterstützung des Projektes angegangen hatten. Diese Unterstützung ist zunächst freilich ausgeblieben. Man hat ein nicht unwesentliches Charakteristikum der Einrichtung als vorsätzlichen Verstoß gegen das Betäubungsmittelgesetz gedeutet. Wir erhielten die Auskunft, daß staatliche Stellen kein Projekt unterstützen könnten, in dem, und sei es auch nur vorübergehend, Drogenkonsum geduldet werde. Das *Nowhere House* brauchte demnach nur an diesem Punkt, wo wir uns ehrlich zu einem Sachzwang bekannt hatten, ein uneingeschränktes Konsumverbot zu setzen (wie das beispielsweise bei »Release« so gehandhabt worden ist), und dann wären die Gelder geflossen.
Ein entsprechendes Zugeständnis haben wir aber zu keiner Zeit gemacht. Es wäre nicht zu vereinbaren gewesen mit der Einsicht, daß therapeutische Hilfe nicht erst beim Drogenentwöhnten einsetzen darf, sondern – gerade weil diese notwendige Aufgabe von keiner anderen Einrichtung übernommen wird – in der Phase davor, und zwar in Gestalt der Motivierung zum klinischen Entzug, einsetzen muß.
Nach wie vor bestimmte sich die Arbeit im *Nowhere House* aus seiner Stellung in der Scene. Um Charakter und Ziel dieser Arbeit immer wieder bewußt zu machen, haben wir uns in Abständen von ein bis zwei Monaten wieder und wieder einer selbstkritischen Analyse unterzogen. Die notorisch wiederholte Standortbestimmung hat vermutlich am wirkungsvollsten verhindert, daß das *Nowhere House* eine (totale) Institution geworden ist. Es behielt seine »Brückenkopffunktion«, die auch der Beratungsstelle des Stadtjugendamtes einen Zugang zur Scene erschloß, uns aber zwang, auch in der Therapie gesellschaftspolitische Akzente zu setzen. So definiert ein Konzeptionspapier vom Mai 1973:

»Insofern die Scene eine extreme Ausformung der politischen Wirklichkeit unserer Gesellschaft darstellt, ist Therapie ... *politische Therapie.*
Wie alles politische Bemühen, so hat auch diese politische Therapie Hoffnung zu signalisieren und Zukunft zu verwirklichen.
Hoffnung entsteht in der Kommunikation, der Liberalität mitmenschlicher Beziehungen, der Solidarität mit Unterprivilegierten und im karitativen Engagement.«

Das *Nowhere House* hatte Signale der Hoffnung zu setzen, mochte es selbst auch von der Einlösung solcher Hoffnung weit entfernt sein. Man war sich stets darüber einig, daß die negative Spielart von Karitas, nämlich das Zudecken und Trösten ohne Perspektive, vermieden werden muß. Karitas konnte akzeptiert werden, wenn man sie als Hinwendung zum Menschen verstand, als Beziehung, und zwar auch dann, wenn keine akute Not vorliegt.

Es ging darum, aus Objekt-Objekt-Beziehungen Subjekt-Subjekt-Beziehungen zu machen. Bei diesem Vorgang der Verpersönlichung bleiben die meisten therapeutischen Teams vorzeitig stecken; sie machen in der Regel bei Subjekt-Objekt-Beziehungen halt. Dabei beanspruchen sie die Qualität des Subjekthaften für sich und teilen die Qualität des Objekthaften dem Patienten bzw. Klienten zu. Fraglos handelt es sich hierbei nicht um echte Solidarität mit der Person des Drogenabhängigen, sondern lediglich um ein Interesse an seinen Symptomen.

Wir haben weiter oben (Kap. 4) umrißhaft die typische Situation des Sozialarbeiters im *Nowhere House* beschrieben. Es wurde herausgestellt, daß der in der Rolle des Sozialarbeiters stehende therapeutische Mitarbeiter wie keiner sonst herausgefordert und strapaziert ist. Er neigt am ehesten dazu, sich durch den Rückzug auf ein Rollenschema zu schützen. Beispielhaft ist der Versuch eines Sozialarbeiters, seine (persönlichen) Schwierigkeiten dadurch zu überwinden, daß er dem *Nowhere House* im ganzen Struktur und Programm geben wollte. So forderte er klare Zielsetzungen und eine verbindliche, einheitliche Methode. In einem Statement, das er unter den schonenden Bedingungen eines vorübergehenden Krankenhausaufenthaltes abgefaßt hatte, lehnte er alle bisherige Improvisation kategorisch ab und setzte ein in sich geschlossenes technokratisches Therapiemodell an deren Stelle. Er gab dem *Nowhere House* die Aufgabe, auf dem kürzesten Weg mit allen Mitteln auf das Erreichen von Drogenfreiheit hinzuwirken. Dabei sollten auch Methoden erlaubt sein, die völlige Bevormundung des Patienten bedeuteten. Gesellschaftskritik hatte in diesem Katalog von Zielen und Methoden keinen Platz mehr. Selbstreflexion des therapeutischen Mitarbeiters war auch verzichtbar geworden. Es interessierte einzig noch, wie er seinerseits optimal in einer »therapeutischen Kette« funktionierte.

Die leidenschaftlich geführte Diskussion zu diesem Konzeptionsvorschlag eines Sozialarbeiters, der die »geplante Planlosigkeit« nicht mehr ertrug, führte zu der allgemeinen Einsicht, daß man durch methodische Disziplinierung und Reglementierung dem *Nowhere House* seinen besonderen Charakter nimmt. Es würde zu einer jener Institutionen gemacht, die im Dienst einer (scheinbar) politisch neutralen Fabrikation von Ge-

sundheit stehen. Zieldefinitionen wie »Selbstbestimmung« oder »Befreiung von Abhängigkeit, kritische Auseinandersetzung mit gesellschaftlichen Zwängen, kritische Anpassung« hatten in einem dermaßen eng gefaßten Therapieverständnis keinen praxisrelevanten Sinn mehr.
Daß wir gleichwohl die Planlosigkeit unter den Anspruch stellten, eine »geplante« zu sein, weist auf jenes nicht unbedeutende Quentchen zielorientierter planvoller Kontrolle hin, ohne das auch eine Anti-Institution nicht auskommt, wenn sie nicht zu einem ganz und gar richtungslosen chaotischen Laissez-faire verwildern will. Nur, was dieses Geplante eigentlich ausmachte, konnte sich nicht in der Formulierung einer durchgehenden Methodik niederschlagen, auch nicht in der Definition eines gleichbleibenden Rollenverhaltens und Rollenhandelns der therapeutischen Mitarbeiter. Dieses Geplante mußte immer von neuem in gemeinsamer Anstrengung, gemeinsamer Diskussion erarbeitet und bewußt gemacht werden. Es handelt sich genaugenommen um Bewußtseinsarbeit. Das so geschulte Bewußtsein wirkt dann als Regulans bei allen praktischen Aktivitäten und beeinflußt auch die Wahl des jeweiligen methodischen Ansatzes.
Wie schwer dieses mehrschichtige Verhältnis von Praxis (Rollenhandeln), Methodik, Theorie und Bewußtsein zu begreifen und zu handhaben ist, hat unter anderem auch der oben beschriebene Lösungs- und Klärungsversuch eines Sozialarbeiters deutlich gezeigt.

5. Timings und Ordnungsvorstellungen

Im *Nowhere House* lassen sich drei verschiedene »Zeiten«, Timings, unterscheiden. Das Team hat ein anderes Timing als die Bewohner, und diese ein anderes als die äußeren Bedingungen und Einflüsse, denen das Haus nolens volens auch unterliegt. Es hat sich herausgestellt, daß das Team eine Idee oder einen Plan kaum länger als eine Woche halten und erinnern kann. Danach ist nicht etwa alles vergessen, was vorher klar eingesehen und beschlossen war; was verlorengeht, ist die motivatorische Kraft. Der zunächst vorhandene Schuß Begeisterung und ein Gefühl von Identität mit dem gerade aktuellen Plan verflüchtigen sich in dem Maße, wie sich das Teammitglied auf die *Nowhere House*-Bewohner einläßt und in dieser unmittelbaren Berührung von dem spezifisch anderen Timing dort irritiert wird.
Die Bewohner aber haben im Grunde gar keine »Zeit«; das will sagen, daß

sie kein Gedächtnis oder höchstens ein Minutengedächtnis haben. Beispiele wie der »Revolutionsrat« beleuchten das recht gut. Man kann mühelos weitere typische Begebenheiten darstellen, um zu beweisen, daß es eigentlich nur augenblickliche Begeisterung, augenblickliche Einsicht und Entschlossenheit, entsprechend auch nur augenblicksweise Motivation gibt. Wie oft haben Fixer innerhalb einer oder zweier Stunden die grandiosesten Pläne entwickelt, nicht nur im unmittelbaren Zusammenhang mit dem eigenen Entzug, sondern diesen weit übersteigende Perspektiven, die gar nicht so irreal waren und die für lange Zeit und für das gesamte Kollektiv gelten sollten. Aber das hatte nie Bestand, sondern fiel wieder der Vergessenheit anheim. Nichts überdauert den Augenblick; Signum für den Verlust der Geschichte.

Diese Vergessenheit und Ungeschichtlichkeit kennzeichnen auch das Kollektiv. Aber hier ist die Chance der Erinnerung und des Gedankenhaltens sicher größer. Kollektive Motivation, Begeisterung und Einsicht sind vielfältiger verstrebt. Jedoch genügen nur äußerliche, kollektive Strukturen nicht, die zeitverlorenen einzelnen von selbst wieder in ein geschichtliches Leben zurückzuholen. Das Kollektiv ist keine Garantie, sondern nur eine Hoffnung. Die Erfahrung lehrt, daß kollektive Erinnerung eher gelingt. Ganz allmählich strukturiert sich die soziale Realität der geschichtslos lebenden Drogenabhängigen, so daß schließlich wieder Spuren von Geschichtlichkeit auftauchen. Es sieht so aus, daß der Verlust von Geschichte möglich ist, weil gleichzeitig mit der drogenbedingten Vereinzelung soziale Beziehung verlorengeht und der Betreffende aus allen Gruppenzusammenhängen herausfällt.

Freilich ist ein Kollektiv noch keine Gruppe, das heißt noch keine strukturierte soziale Einheit, in der die Vereinzelung ihrer Glieder automatisch aufgehoben würde. Um das zu erreichen, muß etwas hinzukommen. Die Beziehungen, die sich in einer Wohngruppe ergeben, können sogar so beschaffen sein, daß die Bildung einer solidarischen Gruppe geradezu vermieden wird. Damit ist die vielleicht schwierigste Aufgabe des Teams formuliert. Es gilt nämlich, geschichtslose Individuen, Drogenabhängige, über eine geschichtsfähige Gruppe zu geschichtlichem Leben zu erwecken. Das Problem ist schwer zu fassen. Die Versuche, es zu lösen, sind überwiegend zum Scheitern verurteilt. Man darf kein billiges Erfolgserlebnis erwarten. Statt dessen muß man ständig mit Frustrationen rechnen. Aber man darf nicht aufgeben. Trotz der unterschiedlichen Timings von Team und *Nowhere House*-Population muß es zu Vermittlungen kommen. Diese Aufgabe stellt sich als ständige Krise des Teams dar. Seine Planungen erweisen sich als nicht übertragbar, weil sie eine zeitliche Stufung und Perspektive vorsehen. Resignation ist der vorherrschende Affekt. Es scheint alles vergebens zu sein und in den Wind gesprochen. Dabei kommt es zu ermüdenden Wiederholungen. Das Problem muß immer von neuem dargestellt werden. Wenn Lösungsstrategien formuliert worden sind, kann es geschehen, daß das Problem selbst schon nicht mehr gewußt wird. Wenn die Ebene konkreter Praxis verlassen wird, die Ebene, auf der etwas sinnlich gewiß und erfahrbar ist, und wenn mit Problemdarstellung und Entwicklung von Lösungsstrategien eine Abstraktionsebene bestiegen wird, geht zumeist auch die Einsicht in das eigene Betroffensein verloren. Ergo: Man muß konkret bleiben.

Das Team kann nicht damit rechnen, in seinen methodischen Überlegungen auf kooperative Einstellung der Bewohner zu treffen. Durch Mitbestimmung und Kontrolle seitens der Betroffenen in dieser Phase kann Selbstaktivierung nicht erreicht werden. Als Metatherapie in den gesamttherapeutischen Vorgang einzubeziehende Methodenkritik ist im *Nowhere House* nicht möglich (vgl. das Heidelberger Therapie-Modell, dargestellt von Spazier und Bopp[36]). Das Team muß die Reflexion auf die Methode und ihre ständige kritische Revision und Modifikation selbst leisten. Es muß dabei zu Ergebnissen kommen, die im *Nowhere House* wieder konkrete Gestalt erlangen und konkret etwas bewirken. Das Problem der Asynchronizität in der Therapie stellt sich angesichts einer Population von jugendlichen Drogenabhängigen, die vorwiegend aus sozial unterprivilegierten Schichten der Bevölkerung kommen, weit radikaler als bei der studentischen Klientel des Heidelberger Modells. Hier ist nicht der Ort, um näher in eine vergleichende Betrachtung einzutreten. Man muß sich aber die Frage vorlegen, ob sich nicht im *Nowhere House* etwas zeigt, das in der therapeutischen Arbeit mit studentischen Patienten im Grunde auch da ist, aber akademisch-intellektuell überfremdet und kunstvoll verschleiert wird. Ein signifikanter Unterschied der miteinander verglichenen Population stellt freilich das hier vorhandene und dort fehlende Merkmal der Sucht dar.

Jedenfalls ist dem therapeutischen Mitarbeiter im *Nowhere House* die Zuflucht zu akademischen Glättungen verwehrt. Er muß auf ein mit seinem Klienten übereinstimmendes Timing verzichten. Was sonst in therapeutischen Situationen wichtige Voraussetzung ist, muß er als voranliegendes Therapieziel ins Auge fassen. Vor aller inhaltlichen Arbeit, d.h. vor der Problemlösung, muß die Grundlage für kollektives Leben, d.h. für Geschichtlichkeit, geschaffen werden. Darauf erst kann sich dann eine Konfliktpraxis aufbauen.

Das dritte Timing, das neben der Zeit als Planungskoordinate des Teams

und neben der Zeitlosigkeit des Süchtigen (als Ausdruck geschichtsverlorenen Rausches) relevant wird, ist die banal-objektive Zeit der Schulen, Fabriken, Ämter, der Straßen- und Eisenbahnfahrpläne. Dieses dritte Timing tritt allerdings im *Nowhere House,* d. h. im Bewußtsein der Drogenabhängigen dort, lediglich als Störgröße in Erscheinung. Wir halten es für reichlich praxisfremd, wenn, wie in fast allen sozialpsychiatrischen Rehabilitationsprogrammen, diese äußere Orientierungsgröße lediglich als Instrument der Disziplinierung in den Therapieablauf hineingenommen wird. Denn gerade dadurch geraten Rehabilitation und Sozialtherapie zur ahumanen Dressur. Wir schließen freilich nicht aus, daß zu einem späteren Zeitpunkt die äußere zeitliche Strukturierung des Tages- und Arbeitsablaufes ein Geländer wird, an dem der Rehabilitand sich festhält.
Fassen wir zusammen. Team und Drogenabhängige haben verschiedene Timings. Sie können daher nicht synchronisieren. Synchronizität aber ist therapeutisches Nahziel. Der Weg über Problemdarstellung und Entwicklung von Lösungsstrategien darf nicht von der unmittelbaren persönlichen Kooperation wegführen. Was das Teammitglied will, muß sich unverschlüsselt zeigen. Methodische Erwägungen, die exklusiv, d. h. nur im Team angestellt werden, müssen sich ebenfalls in der kollektiven Auseinandersetzung bewähren. Dabei geht sich-selbst-erfahrendes Handeln vor methodenkritische Diskussion. Die therapeutische Praxis wird zum »therapeutischen Theater« (vgl. Kap. 6, Kollektive Kreativität).
Der Therapeut hat in dieser Situation gar keine andere Wahl, als sich unmittelbar mitweltlich auf den Drogenabhängigen einzulassen, ohne Reservatio mentalis in Gestalt einer eigenen vorgefaßten Methodik oder Konzeption. So lebt er in einem ständigen persönlichen Konflikt. Er muß andauernd seine Glaubwürdigkeit beweisen, was fraglos sehr strapaziös ist, wenn man sich nicht hinter einen methodischen Wall zurückziehen und in eine stabile Rolle flüchten kann. Sich mit der Rolle des wie immer verstandenen Therapeuten zu identifizieren käme einer Strategie gleich, die einen zwar vor stärkerem Federnlassen bewahrt, dafür aber weitgehend ineffektiv macht. Man würde vielleicht die »eigene Haut retten«, kaum aber etwas für den Drogenabhängigen tun.
Nach aller Erfahrung hilft man den Drogenabhängigen am besten, wenn man mit ihnen lebt, was freilich nicht bedeutet, daß man bei ihnen wohnt. Methode benötigt man praktisch nur dazu, daß man nicht in abstrakte Methodik verfällt, sondern sich einen möglichst naiven Zugang zum Patienten offenhält, aber auch, um die Versuchung eines Rollenschematismus abzuwehren.
Neben dieser Inkongruenz zwischen Teammitgliedern und Hausbewoh-

nern unter dem Gesichtspunkt des Zeiterlebens und, damit zusammenhängend, der Beständigkeit von Motivation läßt sich eine weitere Diskrepanz aufzeigen, die als Inkongruenz der *Ordnungsvorstellungen* beschrieben werden kann.

Es ist eine durchschnittliche Erfahrung, daß ein Mitarbeiter angesichts der allgegenwärtigen Unordnung seine Aufgabe darin sieht, dem nahezu erdrückenden Chaos im *Nowhere House* um so vorbildlichere Ordnung entgegenzusetzen. Durch besondere Gleichmäßigkeit und Verläßlichkeit will er eine Norm anbieten und damit Orientierung geben. Er verwickelt sich aber in den Widerspruch, daß er für die Hausbewohner nur dann Orientierung sein kann, wenn er Eigenbewegung zeigt, Engagement, Begeisterung, Gestaltungswillen, Durchsetzungskraft, wenn er in diesem Sinne, wie es ausgedrückt worden ist, »angetörnt« ist. Wenn er hingegen nur rezeptiv eingestellt ist, verkehrt sich die Situation ins Gegenteil: statt selbst anregend zu sein, teilt er dem Patienten die Aufgabe zu, Anregung zu geben. Ein Beispiel war die Werkgruppe: der Sozialarbeiter gibt eine Anregung; d. h. er fängt an, etwas zu machen, nimmt sich dann aber zurück und hofft darauf, daß die Initiative nunmehr überspringt. Der Funkensprung bleibt aber in der Regel aus. Es stellt sich heraus, daß ein therapeutischer Mitarbeiter in dem Maße anregend, initiativ, mitreißend ist, wie er es vermag, mit seiner Arbeit identisch zu sein. Das, was er will, muß er auch tun; das, was er tut, muß er auch wollen. Es muß seine Sache werden, was er macht. Er wird in dem Maße anregend sein, wie er authentisch ist. Wenn ihm ein Einfall zu privat, egoistisch, jedenfalls unangebracht oder sogar verrückt erscheint, und wenn er sich dann auf ein rigides Rollenverhalten zurücknimmt, wird man ihn zwar kaum bemerken (weil er sich unauffällig gemacht hat), gerade darum aber wird er, was emotionelle Anregung betrifft, auch ineffizient werden.

Daraus folgt, daß sich der Therapeut auch mit einer »verrückten Idee« exponieren und durchsetzen muß. Was er tut, darf durchaus ausgefallen und verrückt sein, wesentlich ist nur, daß hierdurch überhaupt etwas in Gang kommt, daß Dynamik entsteht. Auch verrückte, auch »falsche« Initiativen treiben einen kollektiven Prozeß voran. Das Ungewohnte daran fordert gerade Reaktionen heraus und erleichtert es vielfach, Einstellungen zu formulieren.

In diesem Zusammenhang hat sich etwas gezeigt, das man als Regel ausgeben kann; die erste Aktion kann verrückt sein, die zweite ist schon nur noch merkwürdig, mit der dritten ist eine neue Gesetzmäßigkeit geschaffen. Zusammenhanglos und, wenn man so will, verrückt, ist immer nur der erste Klecks auf der Leinwand. Mit dem zweiten und dritten Pinsel-

strich entstehen bereits Komposition, Ordnung, Zuordnung, Rhythmus, Sinn.
Eine weitere Regel lautet: Fasse einen Plan nur dann, wenn du auch den Mut aufbringst, davon abzuweichen. Im übrigen braucht man gar keinen großartigen Plan oder Vorsatz. Es genügt schon, in einem vorgegebenen Rahmen überhaupt etwas zu *machen,* zu »ex-ponieren«. Gleichgültig ist, ob man zu Beginn das Gefühl hat, es richtig zu machen. Es ist auch gar nicht erforderlich, zu Anfang »angetörnt« zu sein, d.h. begeistert und voll überzeugt. Begeisterung, Engagement, »Angetörntsein« kommen bei der Arbeit. Das konnte oft genug erfahren werden u. a., als wir kollektiv Collagen machten, deutlicher noch beim *Collective Working*. Für den *Nowhere House*-Bewohner wie für das Teammitglied kommt es letzten Endes auf Selbstbewegung an. Was im Anfang beliebig, skurril oder gar verrückt erscheint, erfährt im Kollektiv zunehmend Sinn und Struktur. Man kann sagen, daß die erste Idee stets nur Material ist, an dem geformt, das modelliert wird, aber noch keinen Sinn hat. Der Sinn ergibt sich erst im kollektiven Prozeß.

6. Entwicklungen, Vermittlungen

Nicht unwesentlich war es, daß wir uns über Konzeptvorstellungen und konkrete Ansätze auf zwei verschiedenen Ebenen verständigt haben. Einmal wurde in vierwöchigem Rhythmus die Konzeptionssitzung abgehalten, an der das erweiterte Team und gelegentlich einige Bewohner des Hauses teilnahmen. Diese Sitzungen fanden in der Regel nicht im *Nowhere House* statt. Das hatte den Vorteil, daß die Teilnehmer sich von dem unmittelbaren Einfluß der Praxis für diesen Augenblick wenigstens befreien und eine Metaperspektive entwickeln konnten.
Dazu kamen mehr oder weniger regelmäßige Diskussionen zwischen den beiden Autoren, die ebenfalls die Konzeption zum Inhalt hatten. So konnte nicht nur für die Praxis notwendige Verständigung erzielt, sondern zugleich der seelsorgerische und psychotherapeutische Auftrag kritisch ausgelotet werden. Auf beiden Ebenen ergaben sich Kategorien, die die Drogenabhängigkeit in ihrer anthropologischen Dimension verstehen halfen. Es hat sich ein zweiphasiges Vorgehen bewährt. Einmal wurde immer wieder eine kritische Bestandsaufnahme (Analyse der Scene, aktuelle Vorgänge im *Nowhere House*) mit entsprechenden »diagnostischen« Schlußfolgerungen unternommen. Dann wurde der gewonnene Befund aber

auch auf seine grundsätzliche humanwissenschaftliche Bedeutung hin untersucht.
Wiederholt sind wir zu der negativen Feststellung gelang, daß es im *Nowhere House keine* Wertorientierung, *keine* Verantwortung und *keine* Perspektive gebe. Statt dessen sei alles konsumorientiert und damit hoffnungslos angepaßt. Diese totale Anpassung erschien uns immer eindeutiger als Signum ebenso totaler *Geschichtslosigkeit.*
Derartige Feststellungen machten, gerade weil sie negativ waren, deutlich, daß die Gesellschaft draußen keine Alternative sein konnte. Sie konnte es schon deshalb nicht, weil sie drinnen reproduziert war. Eine Zielbeschreibung mußte den *dritten Ort* ausfindig machen. Dorthin mußte denn auch das *Nowhere House* immer unterwegs sein. Es mußte die gesellschaftsimmanenten Strukturen so auf die Spitze treiben, daß es zum Umschlag, zum »Sprung in die neue Qualität« kommen mußte.
In der Konsequenz der im *Nowhere House* wieder und wieder gemachten Erfahrungen konnte es nicht liegen, gesellschaftlich bedingte Schäden zu reparieren. Es ging statt dessen – in einem »eschatologischen« Sinne – darum, »neue« Gesellschaft zu schaffen. Aus solcher Einsicht ergaben sich praktische Folgerungen für die konkreten methodischen Schritte und das strategische Gesamtkonzept. Gefordert waren also konkrete *Vermittlungsschritte.* Es konnte kein ideologisches Apriori geben, sondern immer nur konkrete Zielprojektion.
Vergegenwärtigt man sich die durchschnittliche Situation, so steht am Beginn des Weges eines *Nowhere House*-Bewohners das Symptom der Drogenabhängigkeit. Wie durch kaum eine andere krankhafte Veränderung zeigt sich in diesem Symptom Fremdbestimmtheit und Verlust von Geschichte. Das ist die Ausgangssituation. Das Ziel ist zu beschreiben als die Emanzipation zur Eigenbestimmtheit, zur Selbstbestimmung, zu einer Verfassung, in der das Subjekt wieder »Herr der eigenen Geschichte« ist. Zwischen Ausgang und Ziel liegt die Anti-Institution *Nowhere House.* Sie hat den Charakter einer Brücke mit Einwegrichtung und ist der Ort, an dem der »Prozeß der Vergeschichtlichung« stattfinden soll. Dabei geht es nicht darum, den Drogenabhängigen zu reparieren und zu resozialisieren, jedenfalls nicht im banalen Begriffsverständnis. Was geschichtlich tot ist, soll durch Befreiung des historischen Subjektes wieder zu lebendiger Geschichte werden. Theologisch gesprochen käme das einer »Wiedergeburt« des geschichtlosen Drogenabhängigen aus der Selbst- und Weltverlorenheit in geschichtliches Existieren gleich. Hier wachsen dem *Nowhere House*-Kollektiv mäeutische Funktionen zu.
In psychologischer Sicht nimmt der Drogenabhängige an einer kollekti-

überzuführen in geschichtlich lebensfähige. Solche Vermittlung leistet die Methode der »Kollektiven Kreativität« (vgl. Kap. 6).

Fünfter Teil

Jenseits von »clean« und »hook«
Perspektiven

Kapitel 11

»Seid nüchtern . . .« Die Sicht des Pfarrers

Eine Praxis, zu deren Hauptmerkmalen die institutionalisierte Dauerreflexion gehört, bietet genügend Anreize zu theologischer Durchdringung der Probleme. Jedenfalls sah die Öffentlichkeit – und nicht nur die kirchliche – im *Nowhere House* ein Modell kirchlicher Diakonie. Wir zweifeln nicht daran, daß es auch so etwas war und bis heute geblieben ist. Deshalb fand es wohl auch zu Recht den Weg auf die Kanzeln. In den Auflistungen »guter Taten« und notwendiger christlicher Hilfsmaßnahmen diente es öfters als Beispiel christlicher Solidarität. Dadurch wurde einer Randgruppe, nämlich der Subkultur jugendlicher Drogenkonsumenten, ein Signal bis in den kirchlichen Gemeindebetrieb hinein gesetzt.
Wir erinnern uns dankbar, daß zu Zeiten öffentlicher Befehdung in der Tagespresse die örtliche Pfarrerschaft auch zu ökumenischer Solidarität in der Lage war, und daß Presbyterien bereitwillig Gelder zur Verfügung stellten, als die Einrichtung finanziell am Ende zu sein schien. Wir schulden deshalb der Gemeinde Antwort auf die Frage, wie sich diese Arbeit in den Rahmen kirchlicher Diakonie einordnen läßt und wie theologisch vertretbar ist, was oft zum Ärgernis der Öffentlichkeit im *Nowhere House* geschah.

1. Kirchliche Diakonie und Nowhere House

Ob infolge der Überbeanspruchung oder der immer stärker ausgebauten monopolartigen Stellung kirchlicher Sozialhilfe mit ihrer grundsätzlichen Festlegung auf das Subsidiaritätsprinzip – es ist jedenfalls nicht zu übersehen, daß kirchlicher Diakonie heute eine gewisse bürokratische Lethargie eignet, die sich von derjenigen der öffentlichen Träger kaum mehr unterscheidet. Die Frage nach dem Proprium kirchlicher Sozialhilfe ist nur schwer noch mit dem Hinweis auf einen karitativen Impuls der Gemeinde und die seelsorgerische Ausrichtung der Diakonie zu beantworten. Es mehren sich die Stimmen, die heute im Interesse der Diakonie vom Subsi-

diaritätsprinzip zugunsten einer echten Partnerschaft Abstand nehmen möchten, weil darin die Fraglosigkeit gesetzlich garantierter Zuständigkeit aufgehoben und ein wirksamer Dialog mit allen Trägern sozialer Hilfeleistungen in Gang gesetzt würde.
Die verstärkte Rückbeziehung auf die Gemeinde und neue Lernprozesse dieser nicht unwesentlichen Gruppe unserer Gesellschaft wären notwendige Folge. Experiment und Aktion, Ausdruck dynamischer Strukturen der Diakonie, müßten dann wieder einen anderen Stellenwert erhalten, Improvisation und Phantasie die Kraft haben, eingefahrene Geleise in Frage zu stellen und neue Wege zu erschließen. Der fachliche Perfektionismus, der sich in einer immer größeren Zahl von Spezialisten ausdrückt und der eine Ursache für den wachsenden »Minderwertigkeitskomplex der Laien« ist, schließlich das Disengagement dieser Laien an der institutionalisierten Diakonie bedürfen dringend der Revision. Es muß auch hochqualifizierten Mitarbeitern der Diakonie zugemutet werden können, daß sie, wenn schon nicht das Evangelium, so doch wenigstens verstehen lernen, was Gemeinde ist und welche Chance gerade darin liegt, daß es in den Gemeinden noch eine große Schar engagierter und engagierbarer Glieder unserer Gesellschaft gibt.
Mit Worten wie »unkonventionell« und »mutig«, die man öfters zu hören bekommt, ist zwar nicht mehr ausgedrückt als das Bewußtsein, vielleicht auch die Sehnsucht, daß im allgemeinen wie im besonderen der bürokratischen Verwaltung sozialer Hilfeleistung zu wehren sei. Trotzdem zeigen sie die Richtung an, in der inhaltliche Fragen an die Diakonie herangetragen werden müssen.
Das *Nowhere House* hat solche Fragen verstärkt. Die Diakonie muß sich fragen lassen, wem zuliebe sie tätig wird, wem zum Nutzen und mit welchem Ziel. Erkennt sie im Notleidenden wirklich noch den Bruder, dem sie Solidarität schuldet, christliche Weggenossenschaft in extremen Situationen? Geht es ihr wirklich um Hilfe oder, wie in vielen Resozialisierungsprogrammen, nur um soziale Anpassung des Betroffenen? Ist sie von dem Bewußtsein getragen, daß sie weder die bestehende Gesellschaft noch sich selbst, sondern die zukünftige Gesellschaft als Zielprojektion ihres Einsatzes für den Menschen unserer Tage braucht? Ist Kirche nicht selbst dazu herausgefordert, utopisches Modell eschatologischer Sozialität zu werden? Und kann sie das anders als so, daß sie sich selbst als tägliches Experiment versteht und in ihrem Zugehen auf den Desintegrierten die tiefe Verwandtschaft begreift, die bei jenen eine Folge sozialer Probleme, bei ihr selbst aber ein Ausfluß der Hoffnung ist?
In der Nebeneinandernennung von Glaube und Liebe als Wurzeln der

Diakonie hat sich nur zu schnell eine Restriktion des karitativen Engagements auf individuelle Hilfeleistung herausgebildet. Wie aber, wenn Soziologen recht behalten und gewisse soziale Probleme sich zwar nach Art einer ansteckenden Krankheit ausbreiten, d. h. nicht nur in der Weise epidemisch sind, daß sie einzelne befallen, sondern auch im gesamten System einer Gesellschaft ihren Niederschlag finden, gewissermaßen global wirken? Wie stellt sich Diakonie auf jene Gruppen ein, die, mehr oder weniger strukturiert, sich als soziale Randgruppen, als Subkultur, als einander ablösende Bewegung in unserer sozialen Wirklichkeit ausprägen? Wird sie sich als goldener Mittelweg verstehen oder wirklich Kirche in der Welt und damit in der Subkultur, eben unter deren Bedingungen und in der offenen Agitation mit ihr sein? Und schließlich, wenn sie schon nicht darauf verzichten kann, Volkskirche zu sein, welche Ansätze bietet die Kirche, um jenen Gruppen mindestens eine partielle Identifikation mit ihr zu ermöglichen? Worauf könnten wir verzichten, weil wir auf sie nicht verzichten wollen, und wie wollen wir Kirche bleiben, wenn sie bei uns einbezogen sind?

Viele dieser Fragen enthalten schon die Antwort, die wir noch einmal am *Nowhere House* konkretisieren wollen.

Auch die Drogenszene wußte, daß es sich dabei um eine kirchliche Einrichtung handelte. Man akzeptierte das, indem man das Haus akzeptierte. Die Bedingungen der Subkultur waren mannigfach ausgeprägt sowohl im Stil der Einrichtung wie auch in der Ungesichertheit, in der dort gearbeitet werden mußte. Es waren nicht die Freaks, die uns unterschoben haben, wir wollten uns nur ein bestimmtes Image geben, um an die Leute heranzukommen. Das war und ist bis auf den heutigen Tag die Mißdeutung der öffentlichen Meinung. Wir haben ihr schon deshalb nicht widersprochen, weil sie innerhalb unserer Arbeit nicht zum Problem geworden ist. Im übrigen war damit öffentlich, wenn auch vordergründig, eine Rechtfertigung unseres Vorgehens gegeben. Der Verzicht auf eine Hausordnung, die Tatsache, daß alles im Gespräch mit dem einzelnen und mit Gruppen zur Disposition stand, hat den Weg für mögliche Entwicklungen und Annäherungen offengehalten. Freilich ist es zur Identifikation mit Kirche nur ansatzweise gekommen. Hier erinnern wir an die Diskussion um ein wöchentliches Abendessen, das kurzerhand als »Abendmahl« apostrophiert worden ist, dem wir aber keine entsprechende Gestalt und keinen angemessenen Rang haben geben können. Ein einmaliger Gottesdienstbesuch in der Kirche, zu deren Gemeindebezirk das *Nowhere House* gehörte, hatte eher negative Auswirkungen. Auch die Kasualpraxis im Zusammenhang mit der Beerdigung einer ehemaligen *Nowhere House-*

Bewohnerin war nicht dazu angetan, Kirche und Subkultur in engere Beziehung zu bringen. Eher war schon die Aktionspraxis der Evangelischen Jugend geeignet, die Kluft zu überbrücken und zu intensiver Mitarbeit anzuregen.
Es bleibt die wenig befriedigende Feststellung, daß Identifikation wohl in der sozialen Aktion, nicht aber in jenem Bereich möglich war, den die Mehrzahl der kirchlich engagierten Gemeindeglieder als zentral sieht: Verkündigung, Gottesdienst und Gebet. Das lag sicher auch daran, daß wir oft selbst nicht den Mut hatten, die deutlich spürbare Kluft zwischen Kirche und Subkultur auch in umgekehrter Richtung zu überwinden, vielleicht auch Zeit und Mitarbeiter fehlten, die das hätten auf sich nehmen und vollbringen können.
Anders als bei der Frage des politischen Engagements der Kirche gab es im Bereich der Drogensubkultur z. B. keine Werkstattarbeit und keine »politischen Nachtgebete«. Von den christlichen Gruppen, die als Partner in Frage kamen, war die Jesus People-Bewegung noch am ehesten engagierbar. Doch agierten sie vergleichsweise planlos und hatten den verdeckten Bruch mit der Kirche längst vollzogen. In der Subkultur konnten sie nur an den äußersten Rändern Fuß fassen, und auch nur für sehr begrenzte Zeit. Nach 1973 verschwanden die Jesus-Posters aus der Scene, und auch die Teestuben wurden nach und nach geschlossen. Man wagt kaum zu fragen, was aus jenen »Bekehrten« geworden ist. In der Kirche jedenfalls haben sie keinen Platz gefunden. Einschlägige Erfahrung begründet den Verdacht, daß mancher von ihnen zum »Guru« stieß und seinen Jesus-Trip im meditativen Spiritualismus fortsetzte, und zwar ohne den Christusglauben, der ihm ohnehin dabei hinderlich war, aber auch ohne die Kirche, die ihn wohlwollend, aber reglos gewähren ließ.
In einigen Fällen geben wir uns selbst die Schuld und sind mit Siirala[37] der Meinung, daß »Bruderschaft der Verrückten« sich nicht im Beweis von Solidarität erschöpfen kann und darf, sondern jene zentralen Bestandteile christlichen Glaubens wie Verkündigung, Gottesdienst, Gebet einschließen muß. Ansatzpunkte hierzu gab es in der Scene genügend. Sie zu nutzen war freilich nur selten und dann ungenügend möglich.

2. Verkündigung und Scene

Im Oktober 1972 wurde Ute C. in einer Wohnung in Mannheim tot aufgefunden. Sie war an einer Überdosis gestorben. Es wäre möglich gewesen, sie zu retten, wenn die dort versammelten Mitkonsumenten nicht panikartig das Weite gesucht hätten. Die Tote hatte im *Nowhere House* gewohnt. Sie war verschwunden, um, wie sich dann herausstellte, zu verheimlichen, daß sie weiterhin Heroin spritzte. – Die Beisetzung, eine Feuerbestattung, war für den Seelsorger im *Nowhere House* die erste offizielle Begegnung als beamteter Pfarrer mit der Scene. Trotz großer Anteilnahme in der Scene waren zur Trauerfeier nur wenige »Typen« erschienen. Daß der Großvater der Verstorbenen mit seinem Stock gegen die Freaks vorging, war für die, die ausgeblieben waren, freilich nur eine sehr äußerliche Rechtfertigung im nachhinein.

Die Predigt kann zwar nur als Momentaufnahme gewertet werden; sie ist auch dort, wo sie mehr grundsätzlich und allgemein erscheint, ganz auf den konkreten Fall bezogen und so wohl auch verstanden worden. Vielleicht vermittelt sie aber über den Kasus hinaus einen Eindruck vom emotionalen Charakter der Situation.

»Liebe Freunde,

ein armseliges Leben, über das wir heute nachdenken, und ein armseliger Tod. Ute C. hat es gelebt und ist diesen Tod gestorben, den sie doch ständig gewärtigen mußte, und der sie dann doch nahezu zufällig überkam. Oder gibt es keinen Zufall, wenn das Leben so armselig, so – entschuldigen Sie – ›beschissen‹ geworden ist?

Denn so ist es doch, wenn man umgeben ist von Freunden, die keine sind, von Eltern, die eingestehen müssen, daß sie ihrer Aufgabe nicht mehr gewachsen sind, und von einer Gesellschaft, die nicht weiß, was Menschenwürde ausmacht.

So war es – so armselig und ›beschissen‹, weil es auch bei ihr und für sie leer geworden war. Zu viele Hoffnungen sind ihr gestorben, zu viele Träume, Ideale und Ideen hat sie verschenkt und achtlos weggelegt. Alles angefangen, nichts vollendet. Übrig bleibt ein Torso, dem man nicht einmal mehr ansieht, daß daraus etwas hätte werden sollen, eher Bruch als Stückwerk.

Nein. Da kann der Tod kein Zufall sein.

Wenn und wo nichts war, kann wenig bleiben.

Kein Sinn in diesem Leben, der auch für uns Sinn ergibt. Kein Symbol in ihrem Tod, das uns beflügeln könnte zum Protest gegen Gesellschaft und Umwelt. Niemand hat mehr etwas von ihr, auch die Erinnerung scheint schon verblaßt. Anklage ist sinnlos, und die Klage wird nicht lange währen.

Wir haben im Nowhere House viel über sie gesprochen. Und einer hat versucht, ihr eine Art Denkmal zu setzen mit der Bemerkung: ›Sie war die einzige, die noch gelacht hat.‹

War wenigstens das etwas? In der todtraurigen Scene eine, die noch lachte, Stimmung machte, Aktivität entwickelte! Aber das war dann halt doch zu wenig. Ein Lachen in der Scene mag ein Alibi für Sklaven sein, aber es macht nicht frei. Vielleicht macht es auch Hoffnung, aber es bezwingt nicht die Sucht. Darum kann es auch genau anders herum gewesen sein. So nämlich, daß die lachende Ute eben doch ›echt keinen Durchblick‹ hatte, daß sie ›original ausgeflippt‹ war, wenn sie noch lachen konnte.
Denn: Wer fixt, hat nichts zu lachen.
Meine Freunde, es fällt gar nicht so schwer, wie es scheinen mag, mit dieser ganzen traurigen Geschichte eines Lebens Gott in Verbindung zu bringen. Ich bin sogar davon überzeugt, daß wir diese Verbindung brauchen, gerade heute, gerade der toten Ute gegenüber. Und ich halte es für gut, daß es über die Zeiten hinweg, über die vielen armseligen, unglücklichen, sinnlosen, ausgebeuteten, verachteten Leben hinweg bis zu uns hörbar wird:
Er – unser Gott – wird das zerstoßene Rohr nicht zerbrechen, und den glimmenden Docht wird er nicht auslöschen.
Das ist sie, die Alternative, nach der eine Ute gerufen hat, nach der viele heute rufen. Ein Gott für ›kaputte Typen‹. Eine Chance für die Angeschlagenen, die unansehnlichen Existenzen, für die vielen, die durch die mannigfachen Süchte unserer Zeit ›hook‹ sind.
Aber eine Alternative muß konkret sein, sonst ist es eine fixe Idee, eine Fixeridee, eine Utopie fürs Nirgendwo. Konkret aber müssen wir sie machen, auf der Scene, im Nowhere House, Release-Center, in unserer Gesellschaft. Es geht bei dem humanen Gott um die humane Gesellschaft. Gott will uns gewinnen, indem er uns die Alternative anbietet.
Und das ist sie:
Ein Leben aus Vertrauen, weil nämlich, auch wenn alle Anzeichen dagegen sind, wir in unserem Leben nicht ausgezogen sind, das Gruseln zu lernen. Weil nach Gottes Willen unser Leben kein Horrortrip, sondern zum Experiment des Vertrauens werden soll.
Ein Leben in Freiheit: denn dazu leben wir, die Abhängigkeiten zu überwinden, die Schuld auch, die uns vielleicht gerade heute belastet, abzulegen, weil sie uns niemand nachtragen darf.
Ein Leben gegen den Tod: den armseligen und den heroischen gleichermaßen. Ein Leben gesammelt zum Kampf gegen die Todbringer, die vielen Kriege- und Geschäftemacher, Ausbeuter, Ideologisten. Gegen den Tod und gegen das, was sie sterben ließ, gegen die Gleichgültigkeit in uns, die solchen Tod verschuldet. Dieser Kampf ist alternativ, er kann nicht gewaltsam geführt werden. Er muß selbst human sein.

Angesichts des Todes von Ute C. bleibt uns die Feststellung: Sie hat uns nichts mehr zu sagen. Aber Gott spricht und verweist uns auf eine Zukunft, an die zu hoffen und zu glauben viele schon aufgegeben haben. Wir aber haben sie, wir haben eine Zukunft. Amen.«

Verkündigung hat sich nicht in solcher Kasualpraxis erschöpft. Trotzdem zeigt diese Ansprache bei aller Zeitbedingtheit, wie wir Verkündigung verstehen. Wir waren nicht die ersten und sind nicht die einzigen, die erkannt haben, daß die Sinnfrage des Lebens für den jungen Menschen unbeantwortet geblieben ist. Verkündigung mußte davon Kenntnis nehmen und diese Frage in Verbindung mit der Frage nach der Hoffnung und der Frage nach der Zukunft ernst nehmen. Das konnte und kann im Grunde niemals anders geschehen, als daß der Mensch aufs Experiment seines Lebens in der Alternative verwiesen wird. Solche Alternativen zu ermöglichen und das Experiment in der Gruppe und im *Nowhere House* zuzulassen ohne äußere Beschränkung wurde zur Grundforderung erhoben. Wir sprachen in diesem Zusammenhang vom »kontrollierbaren Risiko«, eben davon, daß nicht alles verloren sei, wenn sich die Gruppe einmal verrannt hat, sondern daß man neu anfangen könne, sobald nur erst der mißlungene Versuch aufgearbeitet ist.

Die Gruppe aber hat Sinn zu vermitteln. Sie hat so etwas wie humane Gesellschaft zu verwirklichen. Gerade in ihr wird deutlich, wie lähmend und hinderlich der Drogenkonsum ist. Freiheit als Voraussetzung und Ziel der Dynamik menschlicher Existenz ist im Feedback der Gruppe ständig anzusprechen. Ein Leben schließlich, im Vertrauen gegründet, mußte als Gegenbild zu dem empfunden werden, das mit Mißtrauen und Enttäuschung beladen den Status quo der Scene markierte. Natürlich konnten wir die Augen vor den bruta facta der Fixerexistenz, der Heimatlosigkeit, der grassierenden Entwürdigung des Menschen in der Scene nicht verschließen. Allenthalben hat Verkündigung sicher auch die Aufgabe, die Wirklichkeit in ihrer Armseligkeit und Schwäche bewußt zu machen. Vielleicht wurde das gerade bei dieser Predigt übertrieben. Die Übertreibung aber wird verständlich, wenn man den Hang zu Mythologemen in der Scene und die Bereitschaft, Märtyrer zu kreieren, kennt. Verkündigung wird hier wie anderwärts sicher gegen die Verharmlosung menschlicher Unzulänglichkeit und allzu menschlicher Schwachheit zur Proklamation der Barmherzigkeit Gottes fortschreiten müssen.

Besonders wichtig aber ist, jenem Liberalismus, der träumend und »trippend« nur Illusionen nährt, die Wahrheit entgegenzusetzen. Gnosis, die rein geistige Schau, ist nicht der Weg zum Heil, auch wenn sie noch so sehr darum bemüht ist, den Menschen an den Realitäten der geschichtlichen

Existenz vorbei in die Zeit- und Körperlosigkeit hinein zu erlösen. So vor allem ist der breit angelegte Anfangsteil der Predigt zu verstehen.
Zum Vergleich sei hier eine andere Grabrede mitgeteilt. Sie wurde acht Jahre später gehalten. Eine der ersten Bewohnerinnen unserer Einrichtung, die mittlerweile eine ausgesprochene »Therapiekarriere« hinter sich gebracht hatte, wurde, nachdem sie, ihr Kind und ihren Freund aufgebend, irgendwo auf freiem Feld mit Schlaftabletten ihrem Leben ein Ende gesetzt hatte, unter großer Anteilnahme vieler Mitarbeiter und Bekannter aus der Scene bestattet. Der Ansprache lag ein Wort aus Psalm 38 Vers 10 zugrunde.
»Liebe Gemeinde,
A. G. ist tot. Sie war 26 Jahre alt und verzweifelt. Daß sie auf diese Weise von uns schied, ist eine große Enttäuschung für alle, die ihr das Leben wert machen wollten (folgt Aufzählung anwesender enger Freunde). Wir können freilich nicht sagen, daß uns ihr Tod völlig überraschend kommt. Wir spürten ihren Kampf, ihr Ringen darum, eine gute Mutter zu sein und vor allem selbst wer zu sein. Und wir wurden Zeuge davon, daß sie mehr und mehr unter der Erfahrung litt, ›nichts zu sein‹, ›nichts geben zu können‹ – jedenfalls sah sie es so. Das Ende ›traurig und allein in einem Acker liegend‹, war für sie die Konsequenz fruchtloser Bemühungen. Für uns aber zeigt es, daß vieles, was wir tun, kaum hilfreich sein kann, weil es nicht durchdringt, nicht ankommt, keine wirkliche Antwort geben kann auf die existentielle Suche eines Menschen. Dadurch gerät uns unter der Hand Lebenshilfe zur Sterbehilfe, und auch dabei hat sie uns dann nicht mehr in Anspruch nehmen wollen.
A. G. war süchtig. Aber wenn wir das so sagen, spüren wir auch, wie nichtssagend das ist. Weil wir sie gekannt haben, wissen wir, daß es nicht jene Automatik war, die sie süchtig werden ließ, die es vielleicht auch geben mag, daß einer erst durch das Mittel süchtig wird. Sie war so geworden durch eine verhängnisvolle soziale Konstellation. Diese zu ändern, zu durchbrechen ist uns und ihr nicht gelungen. Ein Elternhaus, das den Namen nicht verdient, Heimaufenthalte, psychiatrische Behandlungen und Diagnosen, Haft, Wohngemeinschaften, Gruppen und Grüppchen, Helfer und Hilflose. Immer blieb die Angst vor der eigenen Leere und Ungenügsamkeit, die sie dann gerade in den letzten Jahren nur mit der Droge glaubte aushalten zu können. Ihr Bemühen um eine andere Lösung war echt. Sie hat gekämpft, hat wirklich gekämpft. Um ihr Kind hat sie gekämpft, das vor allem – und wir haben Grund anzunehmen, daß sie sich gerade in diesem Kampf verbraucht hat, gerade hierbei ihre eigene Abhängigkeit und Unzulänglichkeit erfahren hat.

Mit 26 Jahren bleibt dieses Leben ein Torso. Bleiben ein paar Zeichen, die sie selbst gesetzt hat: Eine Kerze für Sandra in einer Hambacher Kirche, ab und an ein Blumenstrauß für Menschen, die ihr zugetan waren, ein Gedicht, das sie abschrieb und unter der Tür hindurchschob. Zeichen für eine nicht alltägliche Sensibilität. Aber nur Zeichen. Als letztes ihr Tod, ihre Art zu sterben.
Diesem letzten Zeichen müssen wir Sinn geben. Wir deuten es mit jenem Psalmwort:
›All mein Verlangen liegt offen vor dir, Herr,
und mein Seufzen ist dir nicht verborgen.‹
A. G. hat ihr Leben, ihre Fragen, ihre Traurigkeiten und Ängste Gott offengelegt. Denn kein anderer kann hier mehr zuständig sein. Das Unvollendete muß er vollenden, das Verlorene er finden, das Ungelöste Gott selbst erlösen.
Wir haben die Verheißung, daß uns Gott annimmt jenseits von Tod und Grab. Daß er uns auferwecken wird zu einem neuen Menschen. Ich habe Vertrauen genug: Der neue Mensch A. G. wird kein Torso sein, denn Gott heilt und vollendet, was wir zerstören oder abbrechen.
Die Sucht eines Menschen, sein rastloses Suchen, Verlangen und Seufzen läßt sich auf Dauer nicht abspeisen mit ›H‹ oder Mandrax. Am Ende finden wir uns auf dem Weg der Verheißung. Spätestens da aber stellen wir auch fest, daß unsere Hände leer sind und alles auf Gott ankommt.
Ihm befehlen wir A. G. und ihm auch uns. Amen.«
Wir haben damit Schwerpunkte genannt, die auch sonst die Verkündigung bestimmt haben. Sie sind zu ergänzen durch die vielfältigen Versuche, der *theologia gloriae,* wie sie vor allem von den Jesus People exzessiv vertreten worden ist, die *theologia crucis* anzudienen. Zwischen Visionen des himmlischen Jerusalem, im Sternenglanz strahlend und ertrinkend, angefüllt mit lichten Gestalten, in leuchtenden Farben emanierend, verbal oder gemalt, und der anfechtenden Wirklichkeit der Scene selbst besteht ein deutlicher Dissens. Wer ihn erlebt hat, wird sowohl den Ausdruck »Jesus-Trip« verstehen als auch unser Bemühen, jener Erdenschwere Ausdruck zu verleihen, die die Evangelien auszeichnet.
Verkündigung darf nicht darauf verzichten, den Menschen Zukunft anzusagen. Gerade weil die Scene in einer Vielzahl von Sozial- und Humanutopien schwelgt, sind wir aufgefordert, Utopien mindestens spielerisch konkret werden zu lassen. Im Spiel wird die eigene Situation in die Zukunft hinein transzendiert, Zukunft wird gegenwärtig, Geschichte konkrete Utopie. Solche Utopie entspringt der Dialektik von Jetzt und Dann, von Sein und Hoffnung. Sie ist Aktion, kreatives Spiel, Experiment der

Freiheit trotz deutlich hervortretender Abhängigkeit, sie ist kollektiv gegen jede individualistisch-subjektivistische Verengung im Rausch. Sie ist gerade deshalb nüchtern zu nennen, weil sie mit der Geschichtlichkeit menschlicher Existenz im Spannungsbogen zwischen Verheißung und Erfüllung Ernst macht.

Dem hier skizzierten Wesen christlicher Verkündigung wird man nur selten gerecht werden. Zu schnell verliert man das Kollektiv aus den Augen, um in einem jener zahlreichen Einzelgespräche zur Meditation über biblisches Gedankengut anzuregen. So etwa über Psalm 8 mit der Frage: »Was ist der Mensch, daß du seiner gedenkst...?« und dem Hinweis: »Mit Ehre und Ruhm hast du ihn gekrönt.« Der Vergleich mit der eigenen Wirklichkeit in Armseligkeit ohne Ehre und Ruhm, wie sie ist, kann schockierende Schlußfolgerungen provozieren. Das Christusbild des Neuen Testaments, das sich ohnehin schwer in die christlich-theologische Tradition fügen will, wird dabei zur »partiellen Identifikation« freigegeben unter dem Motto: Ihn dort zu lieben, wo er mir am nächsten ist. Denn von dort müssen auch die Anstöße zum »Experiment des eigenen Lebens«, zur konkreten Utopie herausfordern.

Den in der Jugendarbeit versierten Pfarrer verwunderte es, mit welchem Ernst und mit welcher Intensität und Selbstverständlichkeit biblisches Gedankengut ins Gespräch gebracht werden konnte. Die »Trip«-Generation war geradezu verliebt in Metaphysik und transzendentale Mystik. Wunder waren ihnen kreative Selbstverständlichkeit menschlichen Geistes, Religiosität die Grundstimmung bei der Frage nach dem Menschen. Von Kirche hielt man allerdings nichts und vom Pfarrer nur deshalb etwas, weil er für so schwerwiegende Fragen ein interessanter Gesprächspartner war. Vielleicht war er es deshalb, weil er in seiner Praxis nie so ernsthaft »Religion« erlebt hatte.

Aus der Erinnerung werden viele Gespräche, häufig »Trip«-Gespräche, wieder lebendig, in denen nach dem Schema des Dualismus die Seele zur unio mystica ansetzte und Humanität bis hin zur Sexualität im Reich der Ideen entschwand. Mitunter haben uns Eltern Aufzeichnungen ihrer Kinder überreicht, in denen sich ähnliche Strukturen fanden. Sie waren deutliches Indiz für Drogenerfahrung. »In mir ist das Göttliche«, »In mir ist etwas unendlich Ewiges«, »Ich bin Gott«, »Ich bin euer Gott« – solche Deklarationen, wie wir sie häufig hörten und lasen, waren weit davon entfernt, bewußter Protest gegen den Gottesglauben zu sein. Sie waren Religion und eng verwandt mit dem, was in der Religionskritik Karl Barths apostrophiert ist.[38]

Verkündigung hatte Kirche zu schaffen und zu deuten, d. h. das Kollek-

tiv, jene oft seltsam abstruse Sozialität im *Nowhere House* auf den Weg zu bringen und seine Wanderschaft zu deuten, sie auch als die Bedingung und Chance der Existenz jedes einzelnen erfahrbar zu machen. Das mußte aber sozusagen freihändig geschehen, ohne die Möglichkeit einer anderen kirchlichen Partnerschaft als die des Teams der Evangelischen Jugend, über dessen »Kirchlichkeit« allerdings vielerorts Zweifel laut wurden.
Es wird deutlich, daß mit der so beschriebenen Funktion von Verkündigung auch formale Abgrenzungen getroffen werden. Die Predigt, wie sie im Zentrum evangelischer Gottesdienste steht, schied ebenso aus wie jene Form evangelistischer Agitation, die zur gleichen Zeit bei den Jesus People üblich war. An ihre Stelle hatten das Gespräch, der sich entwickelnde offene Dialog und die aktuelle Deutung der Gruppensituation zu treten. Dazu kam als neue Form die Gruppenagitation, die die Gesamtheit der Gruppe in Bewegung versetzen sollte. Dank ihrer größeren Durchsichtigkeit und weil der einzelne sich eher auf sie einlassen konnte, waren jene Spielformen, die wir weiter vorne im Buch als Formen kollektiver Kreativität abgehandelt haben, für unseren Personenkreis noch besser als die Einzel- und Gruppenagitation. Die kollektive Kreativität brachte uns in die Nähe dessen, was man unter Liturgie im Gottesdienst verstehen kann.

3. Gottesdienst als Spiel von Zukunft

»Aktion Gottesdienst«, »Lernprozeß Gottesdienst« – unsere Verwandtschaft mit den unter solchen und ähnlichen Titeln veröffentlichten Gedanken ist nicht zu leugnen. Wir haben aber nichts Ähnliches zu bieten. Es sind keine neuen Gottesdienst-Modelle entstanden, nichts, was andernorts übernommen und fortgeführt werden könnte. Es ist auch nicht wahrscheinlich, daß die folgenden Gedanken zum Gottesdient, wie sie sich aus unserer Arbeit und Erfahrung im *Nowhere House* ableiten lassen, in absehbarer Zukunft im Leben der Kirchengemeinden Platz greifen könnten. Aber sie erscheinen uns wichtig genug und der Mitteilung wert, mag auch manch einer sie lediglich als Beitrag zur liturgiegeschichtlichen Kuriositätensammlung ansehen.
Ausgelöst wurden diese Gedanken von Beobachtungen in der Scene, speziell von dem, was, und sei es noch so rudimentär, im Drogenkonsum auf Kommunikation ausgerichtet ist. Wer die »Sessions« erlebt hat, die damit begannen, daß Filterzigaretten enthauptet, Papers vorsichtig aneinander-

geklebt und ebenso sorgfältig Tabak und Shit gemischt wurden, wer mit ansah, wie man sich spontan zur Runde ordnete, mit Bedacht den »Joint« nahm, durchzog und ihn weiterreichte, wie dann für einen Augenblick das Gespräch verstummte und langsam von neuem aufkam, um nach einiger Zeit dem gleichen, sich wiederholenden Ritual zu weichen, der konnte sich nicht des Eindrucks erwehren, daß hier Konsum zelebriert und Kommunikation ritualisiert wurde. In gleicher Weise wie zum »Joint« fand man sich zum »Trip« zusammen. Dabei war man allerdings wortkarger; die Musik wurde intensiver erlebt; man ging vielleicht zur Mitternachtsmesse oder zur Christmette nach Speyer in den Dom, pilgerte zu Open-Air-Festivals, wo immer sie in Europa stattfanden. Konstitutiv für diese Vorgänge war eine Kollektivität, die den einzelnen weitgehend frei ließ, andererseits aber auch Formen des Konsums hervorbrachte, die durch strenge Ritualisierung und Ausschaltung des Zeitfaktors spontane Kommunikation verhießen. Gerade zur Abschaffung der Zeit, zum »Zeitvertreib«, verhalf die Droge. Eine große Rolle spielten in diesem Ritual Musik und Beleuchtung. Sphärische Klänge und Kerzenbeleuchtung gehören schon traditionell zum Kult, auch zum religiösen Kult. Daß auch Kollektivität und über Rituale vermittelte Kommunikation dazu gehören, wird hier ebenso vorausgesetzt wie die Tatsache, daß Kult zeitlos ist und damit ungeschichtlich.

Gottesdienst aber müßte etwas anderes sein. Wie Verkündigung Religionskritik ist, so muß Gottesdienst der Verkultung kritisch gegenüberstehen. In Therapie und Gottesdienst geht es letztlich um die gleiche Aufgabe: Unter Beibehaltung der Kollektivität muß Kommunikation geschichtlich, d. h. in der Zeit verantwortet und auf die Zukunft hin transparent werden. Spontaneität im Kollektiv und kollektive Kreativität sind am ehesten geeignet, Gottesdienst vom Kult zu unterscheiden. Gelänge es, in die stark auf Kommunikation ausgerichteten religiösen Kulte diese Elemente tragend einzubauen, würde erreicht, was auch in der Therapie angestrebt ist. Umgekehrt könnten Kultelemente wie etwa Tänze und Begehungen wirkungsvoll in die Therapie der Drogenszene einbezogen werden.

Für den christlichen Gottesdienst läßt sich folgern:

1. Kollektivität ist ein unverzichtbarer Bestandteil des Gottesdienstes. Gottesdienst ist Zusammenkunft des Volkes Gottes.
2. Rituale sind daraufhin zu prüfen, ob und in welcher Weise sie Raum lassen für die persönliche Verantwortung in der Gemeinschaft und inwieweit sie Kommunikation ermöglichen, ohne sie zu ersetzen.
3. Gottesdienst hat eschatologische Qualität. Durch das Wort Gottes setzt er die Gemeinde frei für die Zukunft Gottes.

4. Der utopische Charakter wird durch die Gemeinde konkret gemacht, indem sie die Zukunft in ihre jeweilige geschichtliche Gegenwart hineinnimmt.
5. Das Hineinnehmen von Zukunft in die Gegenwart der Gemeinde ist ein kreativer Akt.
6. So ist Gottesdienst ein Spiel von Zukunft, das die Gemeinde modellhaft und stellvertretend für viele spielt.
7. Dieses Spiel von Zukunft schafft reale neue Erkenntnis, bringt Erfahrung und Bewegung, ist selbst ein Teil der Geschichte Gottes mit der Welt.
Insgesamt gilt die Forderung jenes holländischen Theologen, der anläßlich einer Kreativitätswoche sagte: »Die Kirche müßte mehr Zukunft spielen, so aber spielt sie nur sich selbst.«

4. Gebet

Um es vorweg zu sagen: wir haben im *Nowhere House* nie gebetet. War es Kleinglaube, war es Scheu? Hier ist nicht der Ort, sich zu entschuldigen. Tatsache ist, daß die »Freaks« eine ausgesprochen meditative Fähigkeit entwickelt haben, die leicht zu bestimmten Formen des Gebetes hätte führen können. Mit dem Verzicht darauf haben wir möglicherweie eine Chance religiöser Praxis ausgelassen. Sicher hätte man gerade aus der Werkstattarbeit politischer Nachtgebete eine Fülle von Anregungen beziehen können. Wir haben statt dessen die Bereitschaft und die Fähigkeit zur Meditation genutzt und, soweit möglich, kommunikabel gemacht. Eine Aufgabe, die sich in der gottesdienstlichen Gebetspraxis nicht weniger dringend stellt und die in vielen Gebetskreisen nur sehr verkrampft gelöst wird. Viele Gedichte, die im *Nowhere House* entstanden sind, sind Beweis für die meditative Kraft der Verfasser. Aber sie sind einsame Weisen und seltsam beziehungslos zu den Leuten im Haus. Gelegentlich finden sie aber den Weg zu Gott. So beispielsweise in folgendem Gedicht:

ich kann mich nicht erinnern
kann keine märchen träumen
muß ketten fühlen die in der unendlichkeit entschwinden
dunkle götter wachen über meinem herzen
ich höre musik so schön daß ich sie hasse.
autos fahren über eine klebrige straße
ich höre wie sich das rund der reifen

von einem punkt zum andern fortreißt
ich sitze da und weiß nicht was zu tun
ich möchte die alte welt vernichten
und eine neue aufbauen
dann seh ich meine kleinen hände
um mich menschen die mir zurufen
maskiere dich es ist maskenfest
eine aufrichtige stille tötet den lärm
ich höre nur noch
das röcheln eines zu tode verwundeten chaos
ich möchte mich besitzen
doch niemand ist weiter von mir entfernt als ich selbst
ich stehe vor staubigen vorhängen
schiebe sie beiseite
hoffe mich dahinter zu finden
doch seh ich nur unendlich viele neue verstecke
wo bin ich
mein gott wo bin ich

Oder:

wie lange stricke ich schon diesen pullover
unförmig bunt
wer hat den mut ihn zu tragen
ein unbändiges verlangen
meinen noch nicht geborenen kindern einen rat zu geben
beherrscht mich
tasten und suchen in der leere
ein blick in die augen eines psychisch toten
schwarze hosen
weißes hemd
tote unschuld
erinnerungen dringen in mein bewußtsein
ein schwarzer vorhang
ein stuhl der monatelang meine heimat war
vorweihnachtsfreude
eine tote welt schreit *CHRISTUS LEBT*

Schließlich:

es ist nacht
die zeit in der die götter mit uns sprechen

die zeit auf die wir den ganzen tag gewartet
doch die erinnerung an gestern zwingt uns
schon an morgen zu denken
die sekunden zwischen den geräuschen schenk ich euch
doch es ist schwer
am schwersten ist an gott zu glauben
nur gott weiß es
nur er kennt die qual einer andacht
nur er kann die gedanken fassen
die kein menschenherz versteht.

Nicht solche Gedichte zu deuten, sie stilistisch oder in ihrer Psychogrammatik zu analysieren war unsere Aufgabe. Uns ging es vielmehr darum, bei der Entstehung solcher Gedichte kommunizieren zu können, dabeizusein und mit dem Dichter wirklich zu sein im Unterschied zu den vielen, die hier namenlos angesprochen werden. Daß es tatsächlich gelang, solche Gedichte auch gemeinsam zu schaffen, bei einem zeilenweisen Wechsel und in freier Assoziation, hatte zumindest im einen oder anderen Falle auch eine befreiende, aus der Einsamkeit erlösende Qualität. Die Voraussetzung ist freilich eine hohe Sensibilisierung für den Mitmenschen. Diese könnte auch der gottesdienstlichen Gebetspraxis förderlich sein.

5. Religion – Rausch – Gesellschaft

Mögen manche die Behauptung, daß »Religion Opium fürs Volk« sei, als böswillige Vereinfachung eines kirchenfeindlichen Kritikers ansehen, so kann doch die Umkehrung dieser These kaum bestritten werden: Für eine breite Schicht der Gesellschaft ist »Opium« zur Religion geworden. Dazu haben Gesellschaft wie Kirche ihren Teil beigetragen. Das war – hierin ist der Religionskritik des frühindustriellen Zeitalters recht zu geben – im Religionsbegriff der Neuzeit angelegt. Eingezwängt zwischen Produktion und Konsum hat Religion in der modernen Gesellschaft nur noch marginale Bedeutung. Sie ist Bestandteil der Freizeitgestaltung geworden, der »Reproduktionssphäre« zugeordnet. Aus Religion ist im Laufe des 19. Jahrhunderts, wie Jürgen Moltmann nachweist, die »Religiosität des Individuums, Privatheit, Innerlichkeit, Erbaulichkeit« geworden. Sie hat die Aufgabe der »Rettung und Wahrung personaler, individueller und privater Humanität« erhalten.[39] Diese »Sanitätsfunktion« in der Identitätskrise des modernen Menschen wird der Religion aber bestritten; sie kann sie erst recht dann nicht bewahren, wenn sie sich nur zögernd und halbherzig dieser Aufgabe unterzieht.

Der kirchlich verfaßten Religion kann wohl vorgeworfen werden, sie sei zu kultisch, zu sehr ritualisiert, zu stark institutionalisiert, zu abstrakt, zu esoterisch, zu stark arkanisiert und bürokratisiert. Handlich werden solche Vorwürfe freilich erst, wenn sie in einem doppelten Kontext gesehen werden: *Erstens* entspricht die Kirche damit der Funktionalität dieser Gesellschaft, die ihr so und nicht anders Raum zubilligt, ihr lediglich diese Segmentierung mit beschränkter Zuständigkeit fürs Subjekt und dessen Innerlichkeit beläßt. Die von Moltmann beschriebene Form der »Verkultung« wird zum Index der nur noch partiellen politischen und sozialen Integration. *Zweitens* ist Religion, nicht zuletzt gerade durch diese gesellschaftlich bedingte Einschränkung und Verflachung, selbst in die Krise geraten. »Einmal aus der sozialen Notwendigkeit entlassen, drohen (Religion und Kultur) zum Spiel der Beliebigkeit und zum Tummelfeld unwirksamer und unwirklicher Glaubens- und Meinungsvariationen zu werden.«[40]

Eine solche Variation stellt auch der Drogenkult und die ihm zugehörige Drogenkultur dar, von der in diesem Buch als Subkultur die Rede ist. Dabei erscheint wenig hilfreich, was Georg Siegmund in seiner Schrift »Religion und Rausch« anbietet. Wo Tausch und Ersatz Selbstverständlichkeiten sind, nützt es wenig zu dekretieren, daß Rausch mit jeder, nicht nur der christlichen Religion unvereinbar sei, da das Wesen der wahren Religion in der persönlich getätigten Rückbindung an Gott bestehe.[41] In der »Zerrissenheit in die rationale Verdinglichung seines Lebens einerseits und die freigesetzte, unendlich variabel gewordene Subjektivität andererseits«[42] stellt Siegmund höchstens für letztere Stabilisierung in Aussicht. Den krankmachenden Riß, der neben der Identitätskrise des modernen Menschen auch die Krise der Religion, zuvorderst der christlichen, markiert, kann er damit nicht überwinden. Natürlich hat Wilfried Kroll recht, wenn er ausführt: »Die Seele des Menschen ist in Gefahr, auf der Strecke zu bleiben. Das Herz des Menschen verkümmert oder erstarrt. Wo beide – oftmals durchaus irrational – gegen dieses Zeitschicksal aufbegehren, wo der Überlebensdrang doch noch durchbricht, da suchen sich die vitalen und spirituellen Bedürfnisse notfalls Ersatzbefriedigungen, falls ihnen von Christus her keine Antwort wird.«[43]

Die Antwort aber, die von Christus kommt, führt den Menschen nicht in noch größere und noch tiefere Innerlichkeit, ohne ihm gleichzeitig Orientierung zu vermitteln, wie er denn dem »Zeitschicksal« wehren könne.

Die Kirche allerdings hat diese Antwort nur ungenügend gegeben. Was sie der Abdrift des Menschen in persönliche Vereinsamung und Vereinzelung entgegenzusetzen hat, ist wenig genug. Trieb sie in der ersten Hälfte dieses Jahrhunderts den suchenden Menschen den Sekten in die Arme, so überantwortete sie ihn in der zweiten jenen neuen Jugendreligionen der »Kinder Gottes«, der »Divine Light Mission«, der »Sea-Org« und der »Krishna-Bewegung«. Vor allem aber hatte sie jener Flucht in die Innerlichkeit nichts entgegenzusetzen, die sich im wachsenden Drogenkonsum der jungen Generation ankündigte und die heute für den Großteil der Unter-Fünfzigjährigen in unserer Gesellschaft, vor allem auch der Frauen, typisch ist.
Angesichts dieses Versagens ist die Arroganz kirchlicher Kreise hinsichtlich der »Jesus-Bewegung« nur schwer verständlich. Vielleicht ist sie ohnehin nur zu begreifen auf dem Hintergrund einer Kirche, die das Reich Gottes als Einmannbetrieb versteht und infolgedessen sich leisten kann, in gesellschaftspolitischer Askese zu überleben. Dabei hat es einer entpolitisierten Kirche anscheinend wenig ausgemacht, sich dem Verdacht auszusetzen, die herrschende Klasse und mit ihr das herrschende und krankmachende System zu stützen. So ungerührt und antwortlos, wie man den Protest der studentischen Linken in den ausgehenden sechziger Jahren hat über sich ergehen lassen, so unbeeindruckt war man auch von der »Jesus-Revolution«, von jenem »O Mann, Jesus liebt dich«, wie es von Kalifornien und North-Carolina, wie es von San Francisco und Los Angeles über den Atlantik nach Europa schallte. Die Jesus-Bewegung hat die Kirche nicht gut aussehen lassen! Eigentlich müßte der Verdacht: »Wenn diese Bewegung nicht vorangeht, wird man sagen müssen: ›Die Kirchen haben sie zerstört‹!« (Richard Hogue, 24, Evangelist) schon bitter für sie sein. Inzwischen allerdings, nachdem diese Bewegung zum Stillstand gekommen ist und zusehends abbröckelt, wird man nicht nur der Kirche die Schuld am Scheitern geben können. Immerhin bleibt, auch bei sorgfältiger Analyse, daß es sich um eine großartige Provokation des kirchlichen Christentums handelt. Es wurde einmal mehr verdeutlicht, daß die Kirchen zu angemessener Aktion und Reaktion nicht in der Lage waren. Mit jahrhundertealter Routine befolgen sie den »Rat des Gamaliel«, erst einmal abzuwarten. In der Tat erledigt sich dann manches von selbst, in erster Linie derartige Bewegungen, die über den nur persönlichen Bereich hinaus auf eine Veränderung der Gesellschaft angelegt sind. Wir würden es uns im nachhinein zu einfach machen, wollten wir das, was als Jesus-Bewegung und »Jesus-Revolution« durch die Welt ging, einfach als »Jesus-Trip« abwerten. Denn die Jesus-Bewegung brach unter einer Ge-

neration auf, der die unbefangene, naive Fortschrittsgläubigkeit, die in kirchlichen Kreisen noch häufig vertreten wird, längst abhanden gekommen war. »Der Niedergang, den junge Leute heute beobachten, Drogen, Dämonen, Armut, Langeweile, Hochmut, Diskriminierung, Krieg, Umweltverschmutzung – all das hat die junge Generation auf eine verzweifelte Suche geschickt«, so liest man in einem Jesus-People-Report. »Bis sie schließlich Jesus fanden. Nun sagen sie: Er ist der einzige Weg!, heben ihren Zeigefinger nach oben, zum Himmel, um es besonders zu betonen.« Deshalb beurteilt Walker L. Knight die Jesus-Bewegung als »erregend, verwegen, vital, atemberaubend lebendig, eine begeisternde Verheißung von Erneuerung und Erweckung – aber auch als Warnung...«.[44] Es war angebracht, vor allem vor der ungeheueren Emotionalisierung der Bewegung zu warnen, auch vor der zunehmenden Spiritualisierung und einem sich ausbreitenden Pfingstlertum. Aber die »Jesus-Süchtigkeit« war nicht alles. Gewarnt werden mußte auch vor einer ins Apokalyptische hinein entgeschichtlichten Eschatologie. Dennoch ist nicht jeder auf diese Weise an Jesus »ausgeflippt«. Es blieb genug Erregendes, Atemberaubendes, Verwegenes, Vitales, was auch einem Kirchenchristen das Herz hätte höher schlagen lassen müssen.

Das Erleben aktiver Gemeinschaft im Namen Jesu, die neuen Lebensformen christlicher Kommunen, das außergewöhnliche soziale Engagement der Bewegung, der freiheitliche Non-Konformismus und der leidenschaftliche Versuch, Zukunft zu verwirklichen in so etwas wie neuer Gesellschaft, in der Liebe und Glück, Verständnis und Solidarität keine Fremdworte mehr sein würden, war das nicht genug?

Wir haben dieses Kapitel der theologischen Folgerungen aus der *Nowhere House*-Praxis mit jener frühkirchlichen Ermahnung »seid nüchtern...« überschrieben. Das mag verwundern. Vielleicht ist es auch mißverständlich. Widerspricht es nicht dem Augenschein, daß wir im Rahmen dieser Ermahnung zu einer so positiven Beurteilung der Jesus-Bewegung kommen?

Wir sehen freilich den Begriff »Nüchternheit«, wie er im ersten Petrusbrief verwendet wird, nicht so sehr als Abwehr von Emotionalität und Rausch in einem vordergründigen Sinn, sondern vielmehr als Mahnung zu Offenheit und Bereitschaft für die Zukunft. Wenn Bauernfeind erläutert, daß Nüchternheit »in der Anerkennung der mit Gottes Offenbarung gegebenen Wirklichkeit besteht sowie in der Ausübung des sich daraus ergebenden Dienstes durch Anbetung, Hoffnung, Liebe und Kampf«[45], so überläßt er es uns zu verdeutlichen, daß es sich um ein Kapitel christlicher Eschatologie handelt, das mit solchem Begriff eingeleitet wird. Deshalb wird 1. Ptr. 4,7f auf die Nähe des Endes hingewiesen. Schließlich verweist auch die Exodusanalogie in 1. Ptr. 1,13f auf die Christen als das endzeitliche Gottesvolk, das seine Geschichte als Geschichte Gottes mit der Welt erlebt und seine Zukunft im Vertrauen auf die göttliche Verheißung und Zusage in Christus ergreift.

Daß der Drogensüchtige »zu« ist, trifft nicht nur im übertragenen Sinn auf das Gegenteil von Nüchternheit zu. Der Rausch verdeckt nicht nur das Terrain, auf dem die Zukunft wachsen muß, er verdeckt auch die Zukunft selbst. So verhindert er, daß utopisches Material in der geschichtlichen Wirklichkeit konkret gemacht werden kann. Statt dessen schließt er den Menschen stets aufs neue in das geschichtliche Nirgendwo kultischer, rauschhafter, bloß der Innerlichkeit zugewandter Existenz ein.

Was es demgegenüber deutlich zu machen und zu vermitteln gilt, ist Geschichte als konkrete Mitmenschlichkeit in ihrem auf Zukunft gerichteten Sinn. Begegnung mit Freaks und Mitarbeitern im *Nowhere House* mußte die Frage nach Zukunft aufwerfen, entsprechend auch zu modellhaften, nicht mehr nur utopischen Entwürfen von Zukunft führen. Unter dem Stichwort »kollektive Kreativität« galt es, Nüchternheit dieser Art zu praktizieren. Dabei konnte nicht ausbleiben, daß weniger »Resozialisierung« und mehr die Motivation zu zukunftsorientierter Desintegration mit Konzipierung eigener Möglichkeiten und Chancen die therapeutische Arbeit bestimmt haben.

Therapie wird zur politischen Propädeutik, Theologie zu einem für Zukunft und Mitmensch sensibilisierenden Denken. Kultisch rituelle Formen ohne Transparenz entziehen sich der Begehung im kollektiven Spiel. Sie werden nicht kommunikabel und bleiben damit auch geschichtslos. Wieviel mehr weisen jene Massentaufen im Pazifik, wie sie die Jesus-People geübt haben, auf die Qualität der neuen Gemeinschaft der Christen mit Christus hin, als das bei der hierzulande praktizierten sterilen Form der Kindertaufe der Fall ist! Wie aber, so bleibt zu fragen, wäre auch die Kindertaufe als Spiel von Zukunft zu begehen, oder die kirchliche Trauung, oder das Abendmahl oder vieles andere, was die Kirche tut, wenn sie nicht nur redet und predigt? Nüchternheit verlangt nicht nur praktische Predigten. Sie fordert auch predigende Praxis und zwingt um der neuen Identität willen dazu, den ganzen Menschen und die ganze soziale und politische Wirklichkeit zu wollen. An dieser Stelle sei nochmals Richard Hogue, der 24jährige Leiter von »Spireno«, einer Jesus-Bewegung des amerikanischen Mittelwestens, zitiert: »Die Gemeinde ist nur noch ein Ort des Gottesdienstes, aber nicht mehr das Leben selbst. Häufig wird die Gemeinde selbst zu einer Art Gott, und die Mitglieder versuchen nur noch, ein möglichst gutes Programm abzuwickeln.«

So gern man ihr widersprechen möchte, diese Kritik wird durch die Erfahrung im Jugend- wie im Gemeindepfarramt bestätigt. Ob es möglich sein wird, die Gruppen und Kreise der Kirche zu Bürgerinitiativen, zu action-groups umzuwandeln bzw. weiterzuentwickeln, ob die Kirche selbst zur infrastrukturellen Klammer einer auseinanderklaffenden, in Arbeit und Freizeit, in Rationalität und Subjektivität zerrissenen Wirklichkeit des modernen Menschen und der modernen Gesellschaft werden kann, das sind Fragen, die für den Gemeindepfarrer bedrängend bleiben, um so mehr, als er sich durch die Praxis im *Nowhere House* in Frage gestellt weiß.

Auf der anderen Seite bleibt aber die Hoffnung, daß nach den Prozessionen die Demonstrationen, nach den Monologen der Dialog, nach der Meditation die Agitation kommen und daß es, gerade auch in der säkularen Welt, viele Spielformen von Zukunft gibt, die die Kirche im Namen Jesu Christi aufnehmen, in seinem Namen auch kritisch verwerten und unter seiner Verheißung für die Zukunft bereitstellen kann. Dies gilt um so mehr, als die bedrängenden Themen der Welt um Christi willen auch ihre Themen sind. Die Drogensucht ist nur eines. Andere Themen sind Kernenergie, Grenzen des Wachstums, Umweltschutz, Entwicklung neuer Wohn- und Lebensformen, soziale Gerechtigkeit, Freiheit, Frieden, Ausbeutung der Dritten Welt, Rassendiskriminierung. Davon weiß die junge Generation mehr als die Kirche. Sie hat sie seit langem zu ihren eigenen Themen gemacht, wenn sie auch mittlerweile resigniert haben sollte.

Kapitel 12

Strategien des Überlebens
Die Sicht des Psychotherapeuten

Nachdem zuvor der Pfarrer wesentliche Aspekte kritisch zusammengefaßt hat, die sich im Widerschein des Experiments *Nowhere House* für den Bereich Theologie/Kirche/Glaube ergeben, sollen jetzt tradierte wissenschaftliche Auffassung und Institution der Psychiatrie aufgrund der Erfahrungen im beratenden und behandelnden Umgang mit Drogenabhängigen in ein kritisches Licht gerückt werden.

Dieses Resümee kann nicht in einer bloßen mosaikartigen Aneinanderreihung all der Einzelstücke bestehen, die in den vorangegangenen Abschnitten bereits beschrieben worden sind. Es geht vielmehr um die Kennzeichnung und kritische Durchdringung essentieller Widersprüche zwischen hergebrachtem Erkenntnisstand und neuer, nicht subsumierbarer Erfahrung. Ähnlich wie im Bereich Theologie/Kirche/Glaube muß gefragt werden, was eine etablierte und vor allem in weitgehend fixen Formen institutionalisierte Wissenschaft vor einem Gegenstand leistet, den sie traditionsgemäß in ihre engere Zuständigkeit rechnet: Sucht und Drogenabhängigkeit.

Das entscheidend Neue, das überhaupt erst dazu führt und dazu auffordert, den Gesamtbestand der Lehrinhalte kritisch zu überprüfen, ist die *Standortverlagerung,* salopp gesprochen, von der »Etappe« an die Front. Daraus ergibt sich notwendig eine grundlegend andere Perspektive.

Es spricht einiges dafür, daß die von konkreten Erfahrungen im Umgang mit Drogenabhängigen ausgehende Kritik im Blick auf einen solchen *Wechsel der Perspektive* sich nicht auf Einzelbereiche beschränken kann. Trotzdem soll der Versuchung widerstanden werden, hier mit derartig fundamentaler Kritik aufzuwarten.

Man muß feststellen, daß sich die herkömmliche Psychiatrie scheinbar ganz folgerichtig zu einer Organisations- und Institutionsform entwickelt hat, in der technische, administrative, ökonomische, nicht zuletzt ordnungsrechtliche (medizinpolizeiliche) Richtwerte die mit Abstand führenden und bestimmenden Kriterien sind. Demgegenüber werden Bedürfnisse und Interesse des psychisch Kranken nicht entfernt in solchem Maße berücksichtigt. Oft werden sie überhaupt nicht bedacht und wie selbstverständlich dem Primat des Technischen, Ökonomischen, Administrativen und Ordnungsrechtlichen geopfert.

Dadurch sind Kunstsituationen geschaffen worden. Mehr noch: Die in zentralen Kliniken und Bewahranstalten gewonnenen Erfahrungen bilden auch die theoretische Grundlage von Psychopathologie und Therapeutik. Hier wird Wissenschaft durch institutionelle Begrenzung zur *regionalen Wissenschaft,* gesteht es sich aber nicht ein. Ihre Ergebnisse beziehen sich auf ein Kunstprodukt, also auf einen »Gegenstand«, der sich in der »Natur« so nicht vorfindet.

Ein sich auf solche Weise selbst begrenzender Sachverstand muß spätestens dort in Frage gestellt und abgelehnt werden, wo es seiner eigenen Begrenztheit und Künstlichkeit zuzuschreiben ist, daß therapeutische Erfolge ausbleiben. Das aber ist ausgesprochen der Fall im Bereich Drogenabhängigkeit. Hier hat, wenn von pharmakologisch definierten Suchtformen einmal abgesehen wird, nur ein anthropologisches Verständnis mit entsprechenden Umsetzungen in eine geeignete psychotherapeutische Praxis eine Chance, Wandel zu schaffen. Es muß eine therapeutische »Technik« Raum greifen, die sich nicht einseitig einer vorgegebenen Theorie verpflichtet. Sie muß an der unmittelbar erfahrenen, konkreten Situation ansetzen, um sich im Verstrickt-Sein mit ihr die theoretischen Begriffe erst zu bilden. Diese bestimmen den nächstfolgenden praktischen Schritt usw. So findet ein ständiger Wechsel von Theorie und Praxis statt, wobei der Psychotherapeut als »Mediator« fungiert. Seine persönliche Beteiligung und Betroffenheit verhindern ebenso die Verabsolutierung von Theorie wie das Absinken in dumpfe Praxis.

Was hier skizziert wird, stellt die methodische Grundlage einer »kommunikativen Wissenschaft« dar.[46]

In den folgenden Abschnitten werden Scheinalternativen aufgezeigt und in Orientierung an Leitbegriffen wie (1) Menschenbild, (2) Menschenbehandlung, (3) Lebensformen, (4) Therapieziele und schließlich (5) Überleben kritische Lichter gesetzt.

1. Krankheit oder kranker Mensch (Menschenbild)

In ihrer vergleichsweise kurzen Geschichte hat die Psychiatrie sich nur unter Opfern zu einer wissenschaftlichen Disziplin entwickelt. Wie jede Realwissenschaft braucht sie ihren spezifischen Gegenstand. Dieser ist die

auf System gebrachte Vielfalt psychischer Krankheiten, die vom Menschen, der sie erleidet, aber getrennt gesehen werden. Man unterstellt ihnen organische Ätiologie und naturwissenschaftliche Erklärbarkeit.
Das Opfer dabei ist vor allem der leidende Mensch, der Patient. Nicht nur, daß er seiner Krankheit nicht zugedacht wird, er muß sich darüber hinaus, da sich seine Störung naturwissenschaftlicher Ausdeutung nicht fügen will, gefallen lassen, selbst als Störer gebrandmarkt zu werden. In diesem Zusammenhang sei die aufschlußreiche Äußerung eines Psychoepidemiologen zitiert: »Wir werden halt immer wieder durch Patienten in unserer Arbeit gestört!«
Im ehrgeizigen Ringen um das Prestige, als wissenschaftliche Disziplin zu gelten, wurde die Körpermedizin zum Vorbild genommen. Hier ist bekanntlich (auch seinerzeit für Sigmund Freud) der Chirurg zur Leitfigur geworden. Was defekt ist, wird entfernt oder, neuerdings, zunehmend auch wie ein Maschinenteil ausgetauscht. Kein Gedanke daran, daß Krankheit eine Lebensäußerung des Menschen sein und ganz andere Not signalisieren könnte. Im Gegenteil, sie wird ausdrücklich in Abstraktion von ihm gesehen. Erst in der Therapie kommt der Mensch als »notwendiges Übel« wieder hinzu. Als Krankheitsträger aber wird er mitsamt der Krankheit zum Objekt gemacht.
Immer mehr versteht sich Psychiatrie als seelische Reparaturkunde. Krankheit erscheint als Tribut, den der Mensch zahlen muß, weil er in einem vergänglichen Körper steckt. Der Körper wird aber als Maschine gedacht.
Auf diese Weise wird uns Krankheit noch fremder gemacht. Ist sie schon symbolhaft verschlüsselte Botschaft und Hilferuf (z. B. der unterdrückten »Triebperson«), so werden wir durch solche objektivierende Verdinglichung vollends von ihr getrennt; sie wird enteignet.
Das Wesen des Menschen wird um das Wesen des Leidens verkürzt und auf etwas nebulos Ideelles zurückgestuft. Man wird freilich entgegenhalten, daß doch längst schon das Patientensubjekt eingeführt und eine biographische Medizin begründet worden sei und daß vor allem die Psychoanalyse typische Persönlichkeitsstrukturen und auch spezifische Anlaß- und Auslösesituationen untersucht und beschrieben habe.
Aber auch das ist nicht der Durchbruch zum kranken Menschen. Der Ehrgeiz, der unter Umständen magenkrank macht, wird als Faktor isoliert, um lediglich mit anderen sogenannten Risikofaktoren ins Kalkül aufgenommen zu werden. Dieses Kalkül jedoch ist nach wie vor naturwissenschaftlich-kausalistisch.
Die Trennung des Menschen von seiner Krankheit kennzeichnet ein Men-

schenbild, durch das der Mensch sich selbst immer unzugänglicher und unverständlicher geworden ist. Krankheit ist ein »Was«, das ihn befällt (wie eine fremde Macht), das er bestenfalls »hat« (wenn es nicht vielmehr ihn »hat«!), kurz eine lästige und sinnlose Sache.
So ist es nur konsequent, wenn beispielsweise die »Anonymen Alkoholiker« eifrig die Ideologie propagieren, Alkoholismus sei eine Krankheit, und diese sei als Feind vorzustellen, den man gemeinsam energisch bekämpfen müsse. Vorausgesetzt wird, daß bei den Kranken solche Einsicht bereits besteht. Die Psychoanalyse nennt die Taktik, etwas in unverbindliche Anonymität abzuschieben und aus der eigenen Verantwortlichkeit hinauszubugsieren, Rationalisierung. Sie sieht darin eine bevorzugte Weise des Widerstandes *gegen* die fällige Einsicht (in das Symptom als Ausdruck eines verdrängten Konfliktes). Daß es dann die Psychoanalyse selbst ist, die einmal mehr den Menschen (als Triebmechanismus) versachlicht und in ihrem therapeutischen Arrangement durchaus objektivistisch am kranken Organismus herumschneidet, ist allerdings ebenso wahr. Der kranke Mensch wird, als Kompositum aus Erinnerung (an den unbewältigten früheren Konflikt), Krankheitsanamnese, Symptomträger und schließlich tendenziell reagierender und interpretierender Patient, *als Ganzes zum Objekt* der Analyse gemacht. In dem vom Analytiker initiierten und geförderten Selbstumgang macht sich der Analysand ein weiteres Mal – wohlgemerkt dieses Mal er sich selbst – zum Objekt. In der Optik des Analytikers wird demzufolge aus dem kranken Menschen ein Objekt, das sich selber ein weiteres Mal objektiviert.
So falsch es sicher war, in der Süchtigkeit nur ein moralisches Versagen willensschwacher und haltloser psychopathischer Persönlichkeiten zu sehen, so verhängnisvoll ist auch die Abspaltung der Sucht vom Subjekt des Süchtigen. Gerade der suchtverfallene Mensch ist nämlich beispielhaft für die Weise, die existentielle Befindlichkeit in eigener Regie und aus eigener Vollmacht zu verändern. Dieses mit dem Zweck, aus quälender Verzweiflung dadurch herauszukommen, daß man sich ganz aus der Realität und der (konflikthaften) Auseinandersetzung mit ihr entfernt.
Um so mehr muß der kranke Mensch und nicht eine (pharmakologisch definierte) abstrakte Krankheit interessieren. Denn im süchtigen Verhalten drückt sich aus, daß der Mensch sein Leiden nicht mehr ertragen kann. In diesem Zusammenhang ist es sicher nicht falsch, die Sucht als einen (freilich untauglichen und notwendig scheiternden) Selbstheilungsversuch zu deuten.

2. Technische Hilfe oder Mitmenschlichkeit (Menschenbehandlung)

Der Psychiatrie (verstanden als *Hilfe* für den Menschen) mangelt es an nichts so sehr als an einer dem Menschen adäquaten Therapeutik. Die notwendige *Humanisierung der Zwischenmenschlichkeit* wird teilweise durch Interessen und Zwänge verhindert, denen man Priorität einräumt, obwohl sie eigentlich sekundär sind. Genannt ist schon die Abspaltung des Subjekts (des Krankheitsträgers) von seiner Krankheit. Die solchermaßen vom Menschen abgelöste, pointiert ausgedrückt, entmenschlichte Krankheit ist zum Ding geworden, mit dem füglich technisch umzugehen ist.

Therapie versteht sich als Dienstleitung, die sich vom krankheitsbeschwerten Menschen in Anspruch nehmen läßt. So weit, daß geklärt werden könnte, was dem Menschen vielleicht grundlegend existentiell fehlt, kommt es nicht. Erst recht kann bei soviel Oberflächlichkeit und Äußerlichkeit ein unter Umständen falsches Welt- und Menschenbild nicht aufgedeckt werden.

Jeder Mensch, denkt man, ist auch autonomes Individuum und sein eigener Kosmos. Nach diesem Menschenbild braucht er zu seiner Verwirklichung nur sich selbst, vielleicht noch beruflichen Erfolg. Nicht notwendig erscheint der andere Mensch. Krank wird er ohne ihn. Und ohne den Mitmenschen hat er auch wieder gesund zu werden.

Wie aber, wenn seelische Krankheit daher rührt, daß mitmenschliches Leben ausbleibt oder verfehlt wird? Wenn nur in Partnerschaft der Mensch zu sich selbst finden und sich verwirklichen kann, während Vereinzelung und Verbesonderung ihn krank machen?

Der allgemeine Hinweis auf die Bedeutung der Technik in der gegenwärtigen Welt erklärt nur teilweise, warum der Mensch den Menschen immer unmenschlicher behandelt.

Der Mensch ist auf der Flucht. Wer es geschafft hat, sozialer Diskriminierung durch Armut und Krankheit zu entkommen, fürchtet sich vor der Möglichkeit, wieder ins Nichts abzustürzen, erst recht, wenn sie ihm in Gestalt des kranken Mitmenschen gelegentlich begegnet. Man kennt die Angst vorm Verrücktwerden (z. B. bei jungen Psychiatern) angesichts der Konfrontation mit einem Verrückten. Und man weiß, daß nichts soviel Schutz vor diesem Tremendum gewährt wie eine Theorie, die den anderen zum Phänomen macht, zur Konkretion einer theoretisch geforderten Spezies mit errechenbarer Wahrscheinlichkeit der Inzidenz. Dadurch wird der andere Mensch distanziert und zum überschaubaren »Fall« gemacht. Er, der andere, hat *seine* Schizophrenie und ich – Gott sei Dank! – habe

die Theorie dazu . . .! Berührungspunkte zwischen ihm und mir darf es nicht geben. So ist Menschenbehandlung von einem Tabu geprägt.
Der Blick in den eigenen Abgrund und die Angst davor sind der wohl stärkste Beweggrund, in der Therapie einer bloß technischen Hilfe den Vorzug vor mitmenschlichem Engagement zu geben. Hier entsteht wohl auch der Affekt, der der pharmakopsychiatrischen Behandlung der Psychosen, aber auch der Sucht soviel Kredit einräumt.
Nun hat sich gezeigt, daß mit nur klinischem Entzug, der »Entgiftung«, noch kaum etwas erreicht ist. Mit der Entwöhnung des Organismus ist noch nicht die Motivation gestiftet, künftig auf Rauschdrogen zu verzichten. Der Terminus »Psychische Drogenabhängigkeit«, wie ihn die WHO definiert, weist darauf hin, daß das größere Problem weiterbesteht, ohne daß man ihm mit physikalischen oder chemischen Behandlungsmaßnahmen beikommen könnte. Mitmenschlichkeit ist die einzige probate »Droge«, die Erfolg verspricht. Aus Fremd- muß Eigenmotivation, aus meiner und deiner muß unsere *gemeinsame* Motivation werden. Der Drogenabhängige muß Mitmenschlichkeit wieder erfahren können, der Therapeut sich entsprechend exponieren und zur Verfügung halten. Es kommt entscheidend auf Glaubwürdigkeit an, bei der auch der Therapeut als Person und nicht in steriler Funktion anwesend sein muß, wenn er am Überleben des Drogenabhängigen interessiert ist.
Aus eigener Kraft schafft es ein Fixer nicht. Es wäre wirklichkeitsfremd, von ihm Münchhauseniaden zu erwarten. Gerade das erwarten aber jene Einrichtungen, die beim schon drogenfreien und entzugsmotivierten Klienten überhaupt erst ansetzen.
Die gesamte Psychiatrie/Psychotherapie wird sich, wenn es ihr um den Menschen zu tun ist, und zwar um den Menschen nicht nur als einem wissenschaftlichen Objekt zum Experimentieren, sondern um ihn als Leidenden, darauf besinnen müssen, daß es nur dann einen Ausweg aus jener »anthropologischen Grundgestalt von Not und Hilfe«[47] gibt, wenn in der Therapie auch und dezidiert Mitmenschlichkeit praktiziert wird. Es steht diesen Disziplinen besser an, für dieses Ziel »Opfer« zu bringen, statt damit fortzufahren, den Menschen nur aus wissenschaftlicher Distanz zu betrachten und ihn nach Wesen und Auftrag zu verunstalten. Psychotherapie hat die Chance, Wegweiser in die Zukunft zu sein und durch Mitmenschlichkeit den Menschen zu befreien. Sie darf dann aber nicht in die Zwangsjacke jener Ideologien schlüpfen, die sich zum Stabilisator der gesellschaftlichen Verhältnisse berufen fühlen. Im Interesse des kranken wie des gesunden Menschen müssen technische Hilfen auf das beschränkt bleiben, was vor dem Anspruch der Mitmenschlichkeit bestehen kann.

3. Der einzelne, die vielen oder das Kollektiv (Lebensformen)

Vieles schmückt sich mit der Vorsilbe »Sozial«, um sich progressiv zu geben. Näheres Hinsehen macht deutlich, daß trotzdem keine Wendung zum Sozialen erfolgt ist. Denn das »Soziale« ist meistens nicht die Gesellschaft. Man hat keine Theorie von ihr, geschweige denn eine kritische. So bleibt sie unscharf und unheimlich. »Sozial« meint dann nur noch die zufällige Gesamtheit von willkürlich ausgewählten Faktoren, die Entwicklung und gegenwärtige Verfassung eines Individuums *mit*-bestimmt haben. Die Auswahl der Faktoren muß willkürlich sein, weil eine zusammenhängende (kritische) Gesellschaftstheorie fehlt. Diese Willkür schafft gleichwohl keinen neutralen Raum. Man kann mühelos ideologische Absicht dahinter erkennen. Es wird erfaßt und untersucht, was schon durch den eindeutigen und keiner zweifelnden Hinterfragung oder gar In-Frage-Stellung zugänglichen Primat des Individualismus als *exogen* präjudiziert ist.
Eine solche Sozialmedizin stellt sich ihren Gegenstand in gebrochener und vermittelter Weise vor. Sie verharrt im Entweder-Oder. *Entweder* sie denkt sich ihn als das Ergebnis individuellen Handelns, bzw. als Summenwirkung aller der vielen individuellen Handlungen, *oder* als vom jeweiligen Zustand des sozio-kulturellen Umfeldes ausgehende Wirkung auf das Individuum. Beide Male aber bleibt der Glaube ans Individuum ungebrochen. Mit ihm geht man um wie mit einer Naturkonstanten. Dem entspricht zwangsläufig, daß auch Gesellschaft tabuisiert und nicht mehr als historisch gewordene menchliche Konstruktion gesehen und gedacht wird.
Nowhere und unsere Erfahrung damit ist eindringliche Konkretion dieses Grundsatzproblems. Wer sich ihm entzieht, verstellt sich den Blick auf die Tatsache, daß die Gesellschaft spezifische Lebensformen hervorbringt und konserviert, die uns krank machen. Er findet auch keine Strategie der Errettung aus dem pathogenen Irrgarten, so sehr ihm dies auch als Ziel seiner Therapie vorschweben mag. Blind zu sein für die *dialektische Wechselbeziehung* von einzelnem und Gesellschaft hat konkrete Auswirkungen. Individualistische Theorieansätze sind notgedrungen blind für die Aufklärung überindividueller pathologischer Zusammenhänge.
Selbst Therapiekonzepte, die den Mitmenschen einbeziehen, sind nicht notwendig auch eine Überwindung des Individualismus. Kommunikation wird überwiegend immer noch gedacht als ein Interagieren vieler einzelner. Entsprechend pflegt die Leistung einer Gruppe gern danach bemessen zu werden, was sie dem *einzelnen* Teilnehmer »bringt«. Auf ihn, den

individuellen Patienten, wird auch alles bezogen und interpretiert, was sich in typischen Gruppenprozessen beobachten läßt.
Als Therapieziel wird, bisweilen geradezu plump, gefordert, daß der einzelne in der Gruppe lernen möge, sich besser *gegen* die anderen durchzusetzen. Man findet das oft in den wissenschaftlichen Begriff der »Ich-Stärkung« gekleidet und als Therapieziel propagiert. So beispielsweise in der sogenannten »Casriel-Therapie«.
Allgemein ist in der Psychiatrie das Prinzip der »therapeutischen Gemeinschaft« (Maxwell Jones) seit geraumer Zeit eingeführt. Aber es wäre euphemistisch, wollte man darin den Durchbruch zum Kollektiv erblicken. Wofern überhaupt nicht schon die »totale Institution« der psychiatrischen Klinik es technisch verhindert, ist offenbar Vorsorge dagegen getroffen, daß aus solchen kollektiven Formen nennenswertes kritisches Potential entsteht. Die Vorteile auf seiten der Institution überwiegen: mehr Frieden auf den Abteilungen, denn sich selbst regulierende und disziplinierende Gruppen sind müheloser zu handhaben.
Die Psychopathologie, d.h. die theoretische Grundlage der klinischen Psychiatrie, ist unverändert Individuum-zentriert. Das ist die entscheidende Prämisse für alles, was in diesem Bereich geschieht. In der Krankheit – so denkt man es und so handhabt man es auch – ist jeder allein. In der Erfahrung eigener Defizienz wächst der angstvoll erlebte Abstand zur Mitwelt um ein weiteres, denn der vereinzelte Patient weiß in aller Regel nicht, daß es anderen ebenso geht. Er glaubt die Ausnahme, der schlechthin Abwegige zu sein. Um so größer schätzt er das Maß der eigenen Verantwortung ein. Um so größer auch empfindet er Scham und Hemmung, sich zu äußern.
Eine Psychiatrie, die durch ihr institutionelles Gebaren diese Ängste nicht nur nicht abbaut, sondern durch bestätigende Betonung noch steigert, arbeitet auf das (falsche) Bewußtsein hin, daß die Menschen alle voneinander verschieden und getrennt seien und daß es keine gemeinsame, geschweige denn alle gleichermaßen belastende oder gar krank machende Gesellschaft gebe.
Die Gesellschaft wird, wenn überhaupt, nur neutral gedacht, als das gleichsam naturhaft Umgreifende, das die vielen Einzelnen alle in sich aufnimmt. Das zahlreich Verschiedene der Meinungen, Begabungen, Reaktionen, Leistungen, Geschmacksausrichtungen etc., das alles zusammen macht die Gesellschaft aus. Aber was so als demokratische Gesellschaft ausgegeben wird, ist doch nichts anderes als eine Art »Manchester-Psychiatrie«, in der jeder bekommt, was er anscheinend verdient oder will, und wo sich jeder den eigenen Himmel oder die eigene Hölle schafft,

mit seinem eigenen Gott nach seiner eigenen Façon selig oder krank werden kann.

Und doch werden *Normen* festgelegt und – bemerkenswerterweise! – auf all die verschiedenen Einzelnen verbindlich angewendet. Die demokratische Gesellschaft ist gar nicht so tolerant. Sie definiert die Abweichler und setzt damit das Maß für Pathologisches. Die in dieser Gesellschaft geübte Diagnostik ist direkt bestimmt von der Qualität der Anpassung an die Gesellschaft. Hier sind zweifellos Widersprüche installiert, nicht zufällige, sondern solche, von denen die Gesellschaft lebt. Ihre abstrakten Normen funktionieren nur bei vielen einzelnen, die keinen Konsens untereinander herstellen können.

Die Psychotherapie kommt insofern in eine Gefahrenzone, als sie sich zunehmend von einer Pragmatik leiten läßt, die das Instrument der Gruppe, überhaupt alle Varianten kollektiver Therapie, als besonders effizient erkannt hat.

Die »Gefahr« besteht darin, daß hier auch kritische Potentiale gefördert werden. Daß vor allem die gängigen (a-kommunikativen) Lebens- und Verkehrsformen in dieser Gesellschaft allmählich unterlaufen und empirisch widerlegt werden. Inwieweit sich hier einige Grundstrukturen, und sei es einstweilen noch so schemenhaft, abzeichnen, die therapeutische Erfahrung zu einem Gesichtspunkt, wenn nicht gar Leitgedanken auch politischen Bewußtseins und Handelns werden lassen, mag an dieser Stelle als Frage stehen bleiben. Festzuhalten ist, daß es einfach nicht richtig ist, den Menschen in der Gefahr des Krankwerdens und in der Krankheit selbst als nur einzelnen zu sehen. Sosehr er in der Krankheit vereinzelt und verbesondert ist, so sehr setzt doch das Verständnis der von ihm gelebten und gelittenen Krankheit voraus, daß seine mitmenschliche Umwelt in die diagnostischen Überlegungen einbezogen wird. Dabei geht es schlicht um die realistische Einsicht, daß jeder Mensch unausgesetzt in Gesellschaft anderer Menschen lebt, auch wenn er von ihnen getrennt, auch wenn er gegen *die* Gesellschaft eingestellt ist. Ebenso falsch ist es, wenn Therapie nur auf den einzelnen Kranken fokussiert. Auch dabei wird ein geschichtlich längst überholtes anachronistisches Menschenbild unterlegt, das die Wirklichkeit zwischenmenschlicher Lebensformen nicht zur Kenntnis nehmen will.

Es ist eine Tatsache, daß in unserer Zeit und in unserer Gesellschaft Vereinzelung und Vermassung einen Grad erreicht haben, die nicht einmal im oft genug militanten Konflikt das Kollektivische kenntlich machen. Auch wenn es trotz notorisch mißglückender kollektiver Formen des Zusammenlebens menschlicher Eitelkeit offensichtlich schmeichelt, sich als un-

abhängiges Individuum und in einem vermessenen Sinne als Partner Gottes vorzustellen, lautet die nüchterne Bilanz:
1. Es gibt keinen Ausweg aus dem Kollektiv.
2. Das Kollektiv *ist* der Ausweg.
Anders ausgedrückt: Die Krankheit des einzelnen ist symptomatisch für die Krankheit der Gemeinschaft. Die individuelle Krankheit weist auf etwas hin, das der Gemeinschaft fehlt, zugleich aber auch auf eine Verfehlung der Gemeinschaft. Individuelle Not muß zu kollektiver Hilfe, zugleich aber auch zur Erkenntnis kollektiver Not führen, um schließlich im kollektiven Leiden die Mittel zu finden, die zur Rettung führen können.

4. Wiederherstellung oder befreiender Neubeginn (Therapieziele)

Neben Menschenbild, daraus erwachsenden Grundformen der Menschenbehandlung und soziologischen Prämissen stehen dezidierte Vorstellungen vom Ziel der Therapie. Zweifellos sind schon bindende Vorentscheidungen getroffen, wenn der Mensch und *die* Krankheit als getrennte Phänomene begriffen werden. Auch ist schon nicht mehr jedes Ziel therapeutischer Veränderung möglich, wenn man sich in Konsequenz des rein naturwissenschaftlichen Krankheitsbebegriffs auf technische Behandlungsmaßnahmen beschränkt. Schließlich hat mit der Option für den (gesunden wie kranken) Menschen als eines individuellen Kosmos, d. h. mit der Absage an das Kollektiv, eine Festlegung auf bestimmte Therapieziele stattgefunden, noch bevor diese Frage überhaupt ins Bewußtsein steigt, und sei es nur als methodisches Problem.
Solange Krankheit äußerlich und der Mensch in seinem Wesenskern als gegen äußere Traumatisierung immun gedacht wird, kann auch die Frage seiner Selbstverwirklichung in der Therapie nicht thematisch werden. Therapie bleibt dann ebenso äußerlich und gerät zu individueller Kosmetik. Daraus folgt, daß sie nur *Wiederherstellung* äußerer Integrität sein kann. Die sozio-kulturellen Faktoren werden mit physiko-chemischen Lebensbedingungen gleichgestellt. Resozialisierung und berufliche Rehabilitation rechnen bekanntlich zu den zentralen Zielsetzungen der Wiederherstellungsmedizin. Wiederhergestellt wird der Status des Angepaßtseins an vorgegebene Gesellschaftsstrukturen. »Vollwertiges« Glied der Gesellschaft ist der Mensch, wenn er beispielsweise (wieder) als Arbeitskraft verfügbar wird.
Die Gesellschaft bleibt normierende Bedingung. Sie bleibt konstant und

wird zusätzlich seitens der gängigen medizinisch-therapeutischen Praxis stabilisiert. Uns erscheint wesentlich festzustellen, daß der Mensch schon vor seiner Einbeziehung in ein prozeßhaft ablaufendes Therapieprogramm als Mensch ausgeklammert ist. Das, was eben noch – obgleich konfliktträchtig – explizit auf den vitalen bzw. letalen Zusammenhang mit der Gesellschaft hingewiesen hat, seine Krankheit nämlich, wird ihm genommen, für natural und damit zugleich neutral erklärt. Krankheit wird enteignet.

Man kann sagen, daß durch Therapie jener prämorbide Zustand wiederhergestellt wird, in dem der Mensch kein Mittel der Gegenwehr, der Flucht oder des (verschlüsselten) Protestes gegen ihn belastende, ihn an der Entfaltung hindernde Verhältnisse der gesellschaftlichen Umwelt gefunden hatte. Er wird zurückgestuft auf ein prä-pathisches Stadium und muß nun den Leidensweg von vorn beginnen. Wie gelegentlich in radikaler Zuspitzung formuliert wurde, wird dem Menschen mit der Krankheit eine Waffe weggenommen.

Krank ist der Mensch, weil er bedrückt, unterdrückt, daran gehindert ist, zu sich selbst zu finden; statt dessen wird er ständig sich selbst, den anderen Menschen und der Arbeit entfremdet. Therapie, die ihn lediglich rückanpaßt an gleichgebliebene Verhältnisse (durchaus im nächstliegenden Sinne von Familienverband, Berufswelt, Arbeitsplatz, Wohnumwelt etc.), heilt ihn nicht, sondern setzt ihn neuerlich weitgehend ungeschützt den krankmachenden Bedingungen aus.

Bei der *Nowhere House*-Population stellt sich das Problem der Rehabilitation von vornherein anders. Ein Zurück in die prämorbide Situation scheidet schon deshalb aus, weil das die Rückkehr in Fürsorge-Erziehung und Heime, im übrigen Rückkehr in die Asozialität schlechthin, auf die Straße, ins Gefängnis bedeuten würde. In die Familie zurück zu müssen wäre für die wenigen, bei denen sich dieses Wort überhaupt noch mit konkretem Inhalt füllen läßt, auch nicht besser als (in den »Knast«) »einzufahren«.

Es liegt auf der Hand, daß es hier nur darum gehen kann, einen neuen Start zu schaffen, und zwar in eine Zukunft, die nicht wieder die alten Zwänge und Pressionen beschert. Es geht um den *befreienden Neubeginn.* Wiederherstellung wäre Rekonstruktion von Bevormundung, Unterdrückung, Mißhandlung, Gewalt, eben all dessen, was die gesellschaftliche Voraussetzung der Flucht in den Rausch mit der Folge schwerer Drogenabhängigkeit war.

Die Ziele der Therapie können nicht im vorhinein bestimmt werden. Sie sind durch die Therapie selbst als die Möglichkeit der Befreiung, als die (bessere) Alternative zu entwickeln, die zu engagiertem Leben in der Gemeinschaft zu motivieren vermag. Solche Therapie kommt nicht ohne Phantasie aus. Sie muß *kreativ* sein. Sie kann nicht mechanisch, nicht schematisch, nicht bloß angewandte sterile Methode sein. Sie muß das Kollektiv einerseits voraussetzen, andererseits zum Ziel haben. Von Anfang an steht sie unter der Bedingung kollektiver Strukturen. Das läßt nicht mehr zu, aus Patienten Ich-starke Einzelkämpfer zu machen, die sich (gegen die Mitmenschen) durchsetzen können.

Kollektive Kreativität ist keine zufällige oder gar romantische Variante von Therapie. Sie ist notwendige Konsequenz eines Konzepts und eines Anspruchs, die den kranken Menschen von eben den Zwängen befreien wollen, die Bedingung ihres Krankseins sind.

Die Frage nach den Therapiezielen erweist sich als geeigneter Maßstab dafür, worin sich progressive, und das ist emanzipatorische, Therapie vom traditionellen Therapieverständnis unterscheidet. Die Erfahrung, was der (kranke) Mensch um seiner und unser aller Menschlichkeit willen wirklich braucht, ist nicht zu trennen von jener Erfahrung der Not wie der Hilfe in mitmenschlicher Kommunikation. Sie ist nur »vor Ort«, draußen im Revier, an den Schauplätzen, kurz, in den Lebenszusammenhängen des kranken Menschen zu gewinnen.

Diese Erfahrung schließt auch eine Verwandlung des Therapeuten ein. Auch für sich selbst kann der Therapeut nicht an einem abstrakten Ideal oder Fluchtpunkt festhalten. Auch er kann, wenn er sich einmal eingelassen und für die Not geöffnet hat, nicht einfach wieder zum Ausgang zurückkehren, als wäre nichts geschehen. Auch er selbst braucht den befreienden Neubeginn, auch er selbst kann sich nicht in einem Rollenverständnis fixieren.

Zieht man ein kritisches Fazit, so erweist sich im Grunde »Wiederherstellung« als ein mit Therapie unvereinbares Anliegen.

5. *Psychotherapeutische Erfahrung als Beitrag zur Gesellschaftskritik* (Das Überleben)

Psychotherapie dringt von der Peripherie in die Tiefe menschlicher Seelenverfassung vor. Sie kann sich nicht mit dem Schein und auch nicht mit den Erscheinungen (Symptomen) zufriedengeben. Was sie in Erfahrung bringt, ist essentielle Not und auch dasjenige, was solche Not hervorbringt und fördert.

Der Mensch lebt in einer Welt, die ihn krank macht. Er scheitert an einer Gesellschaft, die ihm die Erfüllung seiner Bedürfnisse verwehrt, ihn darüber hinaus in vielen Hinsichten rigoros einschränkt und unterdrückt. Frustration, Restriktion und Repression sind herausragende Kennzeichen dieser Gesellschaft.

Man kann zur Bedeutung sogenannter sozio-kultureller Faktoren in Ätiologie und Pathogenese seelischer und psychosomatischer Krankheiten stehen wie man will, es ist ernsthaft nicht zu bestreiten, daß sie Verhalten und Befinden des Menschen entscheidend beeinflussen.

Psychotherapie deckt diese Zusammenhänge unweigerlich auf. Entsprechend gelangt sie auch zu Feststellungen und Einsichten darüber, was der konkrete Mensch, was eine konkrete Gruppe, schließlich was eine ganze Population braucht, um konfliktärmer und angstfreier, mit einem Wort um überhaupt freier zu werden. Über Darstellung und Ausleuchtung der persönlichen kommen auch die gesellschaftlichen Verhältnisse in den Blick. Psychotherapie ist ein durch tatsächliches Leiden unmittelbar legitimiertes Instrument der Differenzierung. Nirgends sonst ist Gesellschaftskritik so empirisch und diese Empirie so eindringlich. Sie macht grundlegende Erfordernisse menschlicher Existenz bestimmbar und zeigt deren Abstand zur Wirklichkeit auf. Vor allem sensibilisiert sie für jene Grenze, wo Leiden aufhört, »heilsame Krise« zu sein, durch die der Mensch zu sich selbst findet, und wo es anfängt, zerstörerisch zu wirken.

Es geht demnach nicht nur um Einsicht in die inneren Zusammenhänge, sondern ausdrücklich auch und gerade um die Erkenntnis der äußeren Bedingungen, d.h. um die gesellschaftlichen Verhältnisse. Psychotherapie gelangt auf empirischem Weg zu Diagnose bio- und sozio-negativer Bedingungen. Hier wird Gesellschaftskritik nicht theoretisch hergeleitet, sondern unmittelbar aus der Erfahrung des einzelnen Kranken oder einer Gruppe Kranker.

Die Umstände und Widerstände, die den Menschen an seiner Entfaltung hindern, sind freilich nicht auch deshalb schon behoben, weil man sie erkennt und über sie nachdenkt.

Sie können auch gar nicht ohne weiteres gemildert oder gar abgeschafft werden. In den meisten Fällen wäre es therapeutisch jedenfalls kaum zu vertreten, die Patienten zu entsprechenden, gewissermaßen »revolutionären« Handlungen zu bewegen. Sie würden sich damit nur exponieren und Aggressionen auf sich ziehen und erst recht zum Objekt gesellschaftlicher Sanktionen werden. Dagegen hat die Einsicht, daß das, was einen bedrückt und was einem fehlt, nicht allein der Tiefe der eigenen Seele, sondern entscheidend auch der Gesellschaft und ihren Agenturen entspringt, eine klärende Funktion.

Was der einzelne Kranke der Gesellschaft anlastet, könnte noch Projektion sein unter dem inneren Zwang der Sinnentnahme. Was hingegen eine ganze Gruppe nach klärender Auseinandersetzung als kollektives Leiden an der Gesellschaft ermittelt, ist gegen solchen Irrtum weitgehend abgesichert. Hier können die überindividuellen, Angst und Hemmung hervorrufenden Wirkungen der Gesellschaft ausgelotet und dingfest gemacht und hinreichend sicher von bloß individuellen Spielarten des Reagierens unterschieden werden. Eine Angst kann nicht mehr als subjektive Fehlreaktion einzelner interpretiert werden, wenn alle sie haben. Sie nur individuell zu bearbeiten und nur als Unvermögen eines konkret einzelnen zu deuten hätte mit Therapie nichts zu tun; es wäre im Gegenteil die Verstärkung eines pathologischen Prozesses, bestenfalls pathologische Anpassung an widrige Lebensverhältnisse und würde den Blick auf übergreifende gesellschaftliche Strukturen verstellen.
Die Gruppe ist gegen solche Manipulationen und Fehldeutungen stärker gefeit als der einzelne. Sie ist nicht nur ein bevorzugter Weg empirisch fundierter Gesellschaftskritik, sondern darüber hinaus ein kritisches Potential, das durch ständige multilaterale Rückbindung an Erfahrung auch voreilige »revolutionäre« Lösungsversuche abfängt. Geht es doch um die Entfaltung alternativer Formen zwischenmenschlicher Beziehung und nicht um die davon losgelöste Durchsetzung abstrakter revolutionärer Ziele und Ideen. So ist Gruppe Weg und Ziel der Therapie, um neue Formen des Zusammenlebens und der Zusammenarbeit zu entwickeln und zu erproben.
Der Beitrag, den psychotherapeutische Erfahrung zur Gesellschaftskritik leisten kann, ist ganz und gar pragmatisch. Politische Programme und Theorien müssen sich gefallen lassen, an den praktischen Erfordernissen und Ergebnissen der Therapie gemessen zu werden. Nicht umgekehrt mißt sich therapeutische Arbeit daran, ob sie eine vorgegebene politische und Gesellschaftstheorie zu stützen geeignet ist.
Eine Psychotherapie, die sich selbst nicht transparent ist, läuft allerdings Gefahr, von Herrschaftsinteressen genutzt und einer politischen Ideologie subsumiert zu werden. Das geschieht überall da, wo Gesellschaft mit Natur verwechselt und unkritische Anpassung an gegebene Verhältnisse betrieben wird. Damit wird dann gewiß nicht zur Gesellschaftskritik beigetragen, sondern zur Festigung und Verewigung gerade jener Verhältnisse, an denen wir leiden und die deshalb unser radikal kritisches Interesse verdienen.
Wie in kaum einem anderen Bereich zeigt sich in der Psychotherapie, daß die gesellschaftlichen Bedingungen unseres Lebens alles andere als belie-

big sind. Es ist für das psychische Überleben, zunehmend auch für den Bestand unserer psychischen Existenz entscheidend wichtig, ob es gelingt, innere Kräfte zu mobilisieren, die zu Zeiten am richtigen Ort und in geeigneter Weise kollektive äußere Anstrengungen motivieren können, um das gemeinsame Überleben zu sichern. Damit wird Psychotherapie freilich noch nicht politische Arbeit. Wohl aber erweist sie sich im eigentlichen Sinn als *politische Propädeutik*.

Das Problem des Verhältnisses von Psychotherapie zu Gesellschaft macht noch eine weitere Reflexion erforderlich. In gesellschaftskritischer Einstellung wird uns Gesellschaft vielfach als etwas Äußerliches vermittelt. In Wahrheit ist sie uns viel näher. So steht auch Psychotherapie keineswegs außerhalb der Gesellschaft. Sie ist in ihr. Und auch die Gesellschaft ist in der Psychotherapie.

Überhaupt gilt: wir sind nicht nur einseitig gesellschaftlich gemacht, sondern wir machen unsererseits auch die Gesellschaft, wir machen Gesellschaft aus. Die begegnenden Zwänge sind Formalien. Die inhaltliche Füllung, so unfrei wir dabei auch sein mögen, besorgen wir, einzeln und im Kollektiv.

Was die Abhängigkeit von der Gesellschaft betrifft, so stehen wir in einem dialektisch-wechselseitigen Verhältnis von Machen und Gemachtwerden. Dabei ist es völlig unproduktiv, letzten Endes absurd, allenfalls boshaft-querulatorisch, die Gesellschaft als Abstraktum zu fassen, sich als ihr entgegengesetzt zu begreifen und sie zu denunzieren, alles verschuldet zu haben. Ein derartig abstrakt-politökonomischer Gesellschaftsbegriff begünstigt ein Mißverständnis und ein Versäumnis mit weitreichenden Konsequenzen. Konkrete Gesellschaft entsteht zwischen uns. Im Feld zwischenmenschlichen Verkehrs nämlich ereignet sich das beklagte Fatum einer uns in repressive und phantasielose Fesseln schlagenden Gesellschaft. So gesehen, kapitulieren wir vor den Zwängen und dem normierenden Druck des jedermann aufgehalsten und von jedermann nachgebildeten uniformen Einerlei. Dann machen wir die Gesellschaft, indem wir uns einlassen, nachgeben, geschehen lassen, im Strom der Geschichte geschichtslos Treibende sind. Es zeichnete aber gerade Geschichtlichkeit aus, nicht nur Erleidende, sondern auch Handelnde zu sein.

Es kommt auf die inspirierende Kraft der Kleingruppe an. Eine »dynamische Gruppe« als erste Stufe gesellschaftlicher Konkretion kann kreativ sein, Phantasien und Utopien entwickeln, die nicht nur von den gesellschaftlichen Verhältnissen bestimmt sind, sondern zugleich auf sie zurückwirken und sie schließlich verändern.

Es ist ein noch kaum angemessen gewürdigter bedeutsamer Aspekt, daß wir Gesellschaft schaffen können. Darin, daß wir diese unsere geschichtliche Potenz (und Verantwortung) entfalten und fördern, liegt die *Chance des Überlebens.* Es muß uns gelingen, der Gesellschaft nicht als etwas fatal Zufälligem wehrlos ausgeliefert zu sein. Wir müssen lernen, die Gruppe als dynamische Gesellschaft zu verstehen. Die Gesamtgesellschaft ist im Vergleich dazu bestenfalls statistisch-statuarisch, d. h. starr, abstrakt, zuständlich. Sie ist uns anscheinend weit über die Köpfe gewachsen und in solcher Distanz dem Denken gerade noch zugänglich. Emotionalen Zugang finden wir nur da, wo Gesellschaft dynamisch, sozusagen noch in statu nascendi ist: in den konkreten zwischenmenschlichen Situationen, in denen allein wir kommunizieren, agieren, hoffen und leben können.

Kapitel 13

Seelsorge und Psychotherapie in gemeinsamer Praxis Eine Synopse

Nach kritischen Schlußfolgerungen innerhalb ihrer Bereichsgrenzen sind Theologie/Seelsorge und Psychiatrie/Psychotherapie gefragt, was sie angesichts gemeinsamer Praxis, vor allem angesichts derart essentieller Herausforderung, einander ähnlich macht bzw. noch voneinander trennt. Was ist ihr Proprium, was ihre spezifische Differenz?

Die verbreitete Auffassung, daß längst schon der Psychotherapeut den Pfarrer abgelöst habe, daß nicht mehr der Beichtstuhl, sondern die Couch des Psychoanalytikers der Ort sei, seelische Last und Qual loszuwerden, bezeichnet die Situation zu ungenau. Unsere Erfahrungen aus der gemeinsamen Praxis im *Nowhere House* ergeben ein Bild, das eine so einseitige Verschiebung zur Psychiatrie nicht bestätigen kann. Der kritisch vergleichende Blick erschließt im Gegenteil häufig Ansätze in der kirchlichen Tradition, die sich zur Übernahme in die psychiatrische Praxis empfehlen.

Eine an Empirie und konkreten Menschen orientierte Psychiatrie kann ihrerseits die Kirche zu der Sache rufen, von der diese oft nur noch die Erinnerung tradiert.

Seelsorge und Psychotherapie sind zunächst einander ähnlich im Verfehlen ihrer Aufgaben und Ziele, im Scheitern also. Wenn diese negative Bundesgenossenschaft kritisch durchschaut wird, birgt sie zugleich die Chance eines Neuanfangs für beide.

Die Kirche ist keine emotionelle Heimat mehr. Sie ist nicht mehr imstande, Zukunft zu vermitteln. Vor allem aber taugt sie nicht mehr dazu, Gemeinde zu erleben.

Zwar hatte die Psychiatrie nie eine vergleichbare Funktion in der Gesellschaft. Trotzdem hat sie in der relativ kurzen Zeit ihres Bestehens eine Institutionalisierung erfahren, die sie ähnlich untauglich werden läßt, den wirklichen Interessen und Bedürfnissen des einzelnen Kranken gerecht zu werden. Sie hat Normen ausgebildet und Traditionen, die sie zum gesellschaftlichen Subsystem, damit zugleich zum Büttel der Gesellschaft gemacht haben.

Macht, Einfluß und Ansehen haben Kirche wie Psychiatrie nur, wenn und soweit sie sich innerhalb der Grenzen der Institution bewegen. Es ist aber grundsätzlich etwas anderes, ob sich Seelsorge auf Kirche und Psychotherapie auf Klinik beschränken oder sich als Auftrag und notwendige Praxis auch außerhalb dieser Grenzen verstehen und die schützenden Mauern verlassen, um den Bedürftigen an seinem sozialen Ort, in seinem Lebensfeld aufzusuchen und zu erreichen.

Die Loslösung vom unmittelbaren Hoheitsbereich der Institution bringt es mit sich, daß überhaupt erst der prägende Einfluß der Institution erkannt werden kann. Bei einem Vergleich von Kirche mit Psychiatrie angesichts der *Nowhere House*-Praxis stellt sich heraus, daß beide Disziplinen von dem Umstand profitieren, daß sie ihre institutionellen Fesseln wenn auch nicht abwerfen, so doch lockern müssen, um überhaupt zum Zug zu kommen. Die Bewegung von der Institution weg an den Ort des bedürftigen Menschen rechtfertigt die Erwartung auf ein sachgerechteres Verständnis von Seelsorge und Psychotherapie. Erst in dieser Bewegung wird der Bedürftige als konkreter Mensch ohne institutionelle Raster begreifbar, d. h. ohne die Scheuklappen einer ideologisch-dogmatischen Anthropologie. Statt derart allgegenwärtig die Gesellschaft zu durchwirken und jederzeit und überall den Menschen in ihr zu erreichen, hat sich Kirche zur starren *gesellschaftlichen Institution* entwickelt. Sie gehört jenem strukturierten und zementierten Sediment der Gesellschaft an, in dem sich auch die institutionalisierte Psychiatrie befindet.

Beide haben sich zurückgezogen auf bloße Verwaltungsaufgaben, die ihnen die politischen Instanzen der Gesellschaft delegieren. Vielfach handelt es sich nur noch um Exekutivfunktionen. Das ist besonders deutlich bei der Psychiatrie. In ihre Verliese wird verbannt, wer nicht mehr gesellschaftlich funktioniert, die »misfits«, die dissozial entgleist sind.

Wo aber der Mensch mit seinesgleichen lebt und leidet, reichen institutionalisierte Kirche und Psychiatrie nicht hin. Erst recht halten sie für gewöhnlich weiten Abstand von jener Randzone mit dem geringsten Grad an Struktur und Ordnung. Dort aber ist der bevorzugte Ort für menschlich-allzumenschliches Scheitern. Dort wird offenbar der Preis für die perfekte gesellschaftliche Ordnung und Sicherheit am entgegengesetzten Ende – zu Nutz und Frommen der Etablierten, Arrivierten, Sekurierten und Sanierten – gezahlt.

In dieser Grenzzone und jenseits davon, also bereits extra-sozietär, eben im »nowhere« (= nirgendwo), kann nichts mehr kompensiert und vornehm überspielt werden. Hier ist alles brutal offen und öffentlich.

Dorthin müßten sich Kirche und Psychiatrie begeben. Nicht um den Weg abzukürzen, sondern um überhaupt die Elenden und Hilfsbedürftigen zu erreichen. Haben sie die seelsorgerlichen und psychotherapeutischen Hilfen, die wir ihnen in ihr Lebensfeld bringen, nicht, gehen sie ohne Trost und Hilfe zugrunde.

Kirche und Psychiatrie müssen die gleiche Konsequenz ziehen; beide müssen ihre Festung verlassen und »ins Feld« gehen. »Feld-Arbeit« kennzeichnet die wünschenswerte extramurale Praxis. Auch »außerhalb des Tors« (Hebr. 13, 12–14) müssen sie »überleben«. Oft sind sie nicht einmal gefragt. Ungefragt, unerwünscht, sogar abgelehnt und verhöhnt zu agieren läßt keinen Rückzug in ein wie auch immer geartetes Ritual zu. So müssen sie sich selbst legitimieren, ohne auf Amt und Auftrag der Institution verweisen zu können.

Dieser Legitimierungszwang stellt den Pfarrer wie den Psychotherapeuten (selbstredend auch den Psychologen und Sozialarbeiter) vor ein schwieriges grundsätzliches Problem. In dieser Situation *kann* nur bei der faktisch vorhandenen existentiellen Not und den unmittelbar zutage liegenden Bedürfnissen der konkreten Menschen angesetzt werden. Am konkret notleidenden Menschen, der auf die Kulturen von Kirche und Psychiatrie durch entsprechende Sozialisation nicht vorbereitet ist, der deren Sprachen auch gar nicht kennt und spricht, müssen sich Kirche und Psychiatrie in bezug auf ihr elementares Daseinsrecht beweisen.

Besseres Selbstverständnis, aber auch mehr Glaubwürdigkeit und Vertrauen wären das Ergebnis. Sicher besteht auch hier die Gefahr, daß man sich an der gewohnten institutionellen Rolle orientiert, damit zur Karikatur entartet und handlungsunfähig wird.

Kirche und Psychiatrie können sich als Wege zur Erlangung von Eigentlichkeit und Fülle in geschichtlicher Existenz, als Wege zur Befreiung des Menschen zum Menschen hin nur bewahren, wenn sie im Interesse eben dieser ihrer Ziele sich auch der Kritik öffnen. So haben Anti-Theologie und Anti-Psychiatrie eine konstruktive Funktion.

Die Kirche, so wurde festgestellt, muß von einer bürokratisierten Diakonie abkommen, die in ihrem fachlichen Perfektionismus dem notleidenden Bruder die geschuldete christliche Weggenossenschaft auch und gerade in extremen Situationen verweigert. Hier hat man es mit einer durchaus anologen Struktur zu tun, denn auch die konventionelle Psychiatrie sieht nicht den Mitmenschen, sondern an seiner Stelle bloß einen Gegenstand, der wieder sozial angepaßt werden soll.

Die Kirche, so hörten wir, ist herausgefordert, utopisches Modell eschatologischer Sozialität zu werden, d. h. sich selbst als tägliches Experiment zu verstehen. Mithin tritt neben die Forderung der Entbürokratisierung diejenige der Entritualisierung und Antiverkultung. In gleicher Weise muß sich die Psychiatrie die Anklage gefallen lassen, längst erstarrte Arbeitshypothesen zu tradieren und in den Rang indiskutabler Normen und Wahrheiten erhoben zu haben. Sie diagnostiziert, urteilt, verurteilt, klassifiziert und deklassiert zugleich, oft genug bricht sie über ihren Patienten den moralischen Stab, statt sich auf das Experiment unvoreingenommener naiv-mitmenschlicher Kommunikation einzulassen.

Diakonie, so wurde gesagt, steht vor dem Problem, entweder weiterhin individuelle Hilfeleistung zu bleiben oder aber sich auf eine Hilfe für Gruppen einzurichten, was so etwas wie Kirche in der Subkultur bedeuten würde. Es zeigt sich, daß die Kirche von Kollektiv keinen rechten Begriff hat, bzw. ihn nicht mehr hat. In diesem Punkt ist für die Psychiatrie festzustellen, daß für sie der Begriff der Gemeinde nie konstitutiv war. Auch die neueren Konzeptionen einer »Gemeindepsychiatrie« wetzen diese Scharte nicht aus. Psychiatrie, ebenso Psychotherapie, versteht sich unverändert als individuelle Hilfeleistung und wehrt sich energisch gegen die als tödliche Gefahr empfundene drohende Überflutung durch systemstörende oder gar -zerstörende kollektive Denk-, Empfindungs-, Interpretations- und Handlungsstrukturen. Die Psychiatrie ist von einer Volkspsychiatrie weiter entfernt als die Kirche von einer »Volkskirche«. Sosehr sich im *Nowhere House* Pfarrer und Psychotherapeut, der eine tendenziell auf der Operationsbasis einer »Feldkirche«, der andere tendenziell auf der Operationsbasis einer »Feldpsychiatrie«, einander genähert und die Hand gereicht haben, so wenig besteht doch Hoffnung, daß diese und gleichartige andere regionale Erfahrungen an der jeweiligen institutionellen Wirklichkeit in absehbarer Zeit etwas ändern können.

Verkündigung, so resümiert der Seelsorger, hat auch die Aufgabe, die Wirklichkeit in ihrer Armseligkeit und Schwäche zu realisieren. Sie hat die Kirche zu schaffen und zu deuten, und dieses sozusagen freihändig, ohne die Möglichkeit einer institutionellen Partnerschaft. An die Stelle der Predigt hatte das Gespräch, der offene Dialog, die Beziehungsklärung, die aktuelle Deutung von Gruppensituationen zu treten. Nicht gottesdienstähnliche Liturgie, sondern kollektive Kreativität ebnet den Weg zu den Elenden. Das Ziel muß sein, mit den anderen zusammen auf die Höhe der Zeit zu kommen, miteinander Gleichzeitige zu werden. Denn das wahre Elend liegt im Unvermögen und Mißlingen solcher kollektiver Gleichzeitigkeiten begründet. Die Elenden im Nowhere, das sind die Parias, die Ausgeschlossenen, Ausgewiesenen, Vertriebenen, sie müssen repatriiert, wiedervergemeindet (rekommunalisiert) werden.

Es zeigt sich, daß die Krise der Kirche darin besteht, daß sie offenbar kein

Mittel hat, den gefallenen und von ihr abgefallenen Menschen draußen zu erreichen. Im *Nowhere House* wurde der Schritt getan, das Christusbild des Neuen Testamentes zur partiellen Identifikation freizugeben, unter dem Motto: ihn dort zu lieben, wo er mir am nächsten ist. – Auch hier besteht große Ähnlichkeit mit der Situationsanalyse des Psychiaters/Psychotherapeuten. Man darf schlicht den völligen Mangel einer extramuralen psychiatrischen Praxis konstatieren und das völlige Fehlen auch der geringsten Bemühung, nach Voraussetzungen einer sprachlichen oder gar vorsprachlichen Kommunikation mit den ungebildeten und unterprivilegierten und doch auch kranken und hilfsbedürftigen Menschen »draußen vor dem Tor« zu suchen. Eine gebildete Privilegiertensprache begrenzt die Zahl derjenigen, die auf Hilfe hoffen dürfen, auf eine elitäre kleine Gruppe und läßt die große Masse unversorgt.

»Wie Verkündigung Religionskritik ist, so müßte Gottesdienst kritisch der Verkultung gegenüberstehen . . . Rituale sind nur zulässig, wenn sie Kommunikation ermöglichen, ohne sie zu ersetzen.« Die Erfahrung im *Nowhere House* bietet sehr gewichtige und überzeugende Argumente dafür, Gottesdienst als Spiel von Zukunft zu verstehen, das »reale neue Erkenntnis schafft und Teil der Geschichte Gottes mit der Welt ist«. Eine Kirche, die nicht Zukunft spielt, in der nicht durch die Gemeinde Utopie konkret gemacht und Zukunft in die jeweilige geschichtliche Gegenwart hineingenommen wird, spielt nur sich selbst.

Die Wirklichkeit der Gemeinde ist für Zukunft offen. Dieser prospektive Charakter hat das Signum der Hoffnung, läßt Auswege offen, macht Perspektive möglich und läßt Rettung zu. – Psychiatrie/Psychotherapie dagegen sträubt sich hartnäckig gegen solche Systemöffnung und Infragestellung. Sie verschreibt sich dem reakionären »Zurück«. In ihrem programmatischen »Re-« bezeugt sie erbärmliche Phantasielosigkeit mit Unterwerfung unter die herrschenden gesellschaftlichen Interessen. Sie verhilft nicht zum neuen Menschen, sie verhilft nicht zu Zukunft und damit Rettung, sondern sie pfeift zurück, zwingt in abgetragene, zu eng gewordene Kleider, verpflichtet auf Gehorsam und bestraft jedes Abweichlertum. Der feldpsychiatrisch geschulte Beobachter weiß freilich nichts so sicher wie das, daß Therapie nur dann erfolgreich ist, wenn sie den leidenden Menschen wieder geschichtlich werden läßt, d. h. zur Zukunft hin befreit; aber er darf nicht hoffen, seine Zunft und die Institution Psychiatrie von derlei Einsichten in die Notwendigkeit zu überzeugen. Statt dessen muß er, seinerseits ohne Rückendeckung und freihändig, feldpsychiatrisch improvisieren.

Die Kirche hätte gute Voraussetzungen, gewachsene soziale Formationen

und Verknüpfungen aufzunehmen und sich als *dynamische Gruppe* in der Gesellschaft zu erweisen. Die Gruppen der Psychiatrie tragen immer den Makel des Synthetischen, d. h. des eigens zum Zweck der Therapie Hergerichteten und Ausstaffierten. Ihre aufs Pathologische begrenzte Kompetenz zwingt sie, beim Aufbau von Gruppen die Transportwege und die Informations- und Kontaktmöglichkeiten zu nutzen, die das Gemeinwesen ausgebildet hat. Das führt in der Regel dazu, daß diese Sozialpsychiatrie einmal mehr in die Bestimmungssphäre und unter das Diktat der herrschenden gesellschaftlichen Kräfte gerät. Daher wird es ihr kaum gelingen, gesellschaftskritisch oder sogar »subversiv« (im Sinne der geforderten »politischen Propädeutik«) zu arbeiten.
Im Verbund mit einer offenen, dem Menschen und der Zukunft zugewandten Kirche hingegen könnte auch sie zum Vorteil der psychisch Kranken ihre Dynamik entfalten. Wenn aber die Herstellung solidarischer Gemeinschaft nicht gelingt, führen Psychotherapie und Seelsorge aus dem Elend, das die Ausgestoßenen und Ausgeschlossenen leiden, nicht hinaus. Wenn sie gar ihrerseits die Verherrlichung des einzelnen betreiben und ihre Aufgabe in der Wiederherstellung oder Stärkung individueller Autonomie erblicken, vergrößern sie das Elend noch. Denn aus Notleidenden und Helfern können dann nie Brüder in gemeinsamer geschichtlicher Existenz und Verantwortung werden.

Anmerkungen

Kapitel 1

1 Die Bezeichnung »Nowhere House« geht zurück auf den Titel »Nowhere Man« der Beatles.
2 KONKRET Hamburg 1972 (»Sucht ist Flucht«).
3 Thomas Morus, *Utopia.* Reclam Universal-Bibliothek 513/14 Stuttgart 1964.

Kapitel 2

4 Mannheimer Morgen, Dezember 1970 (Rainer Klein).
5 Ernst Bloch, *Das Prinzip Hoffnung,* Frankfurt (M) 1959, Bd. I, S. 1.
6 Paolo Freire, *Pädagogik der Unterdrückten. Bildung als Praxis der Freiheit,* Reinbek 1973.
7 Ebd., S. 73 f.

Kapitel 3

8 Werner Helbig, *Das Nowhere House. Experiment und Rahmen einer unkonventionellen Zusammenarbeit mit drogengefährdeten und drogenabhängigen Jugendlichen.* Zul.-Arbeit am Inst. f. Sonderpädagogik, Reutlingen 1972.
9 *Der rechte und der linke Teil der Fessel* (Anonym) Ludwigshafen/Mannheim 1973, S. 28.
10 Niels Pörksen, *Kommunale Psychiatrie. Das Mannheimer Modell,* Reinbek 1974, S. 153 f.
11 *Stadtjugendplan der Stadt Ludwigshafen a. Rhein,* Ludwigshafen 1973. S. 74 f.

Kapitel 4

12 Helmut Dahmer, *Libido und Gesellschaft. Studien über Freud und die Freudsche Linke.* Frankfurt (M) 1973, S. 192.
13 Das Problem wurde untersucht von Eckehard Kunkel, *Die Problematik institutionalisierter Sozialarbeit bei der Resozialisierung Drogenabhängiger.* Abschlußarbeit an der Fachhochschule für Sozialwesen, Mannheim 1974.

Kapitel 6

14 Dieter Spazier u. Jörg Bopp, *Grenzübergänge. Psychotherapie als kollektive Praxis.* Frankfurt (M) 1975. Vgl. dort die Bildung von »Symptomgemeinschaften«.
15 Paul Christian, »Leistungsphysiologische Analyse einer typischen handwerklichen Zusammenarbeit«, in: *Wesen und Formen der Bipersonalität,* Stuttgart 1949.
16 Werner Helbig, a. a. O., S. 75.
17 J. L. Moreno, *Gruppenpsychotherapie und Psychodrama. Einleitung in die Theorie und Praxis,* Stuttgart 1959.

Kapitel 7

18 *Der rechte und der linke Teil der Fessel,* a. a. O.
19 Ebd.
20 D. Spazier, J. Bopp, a. a. O.
21 Ebd., S. 296 ff.

Kapitel 8

22 Paul Kielholz, Raymond Battegay und Dieter Ladewig, »Drogenabhängigkeiten«, in: *Psychiatrie der Gegenwart. Forschung und Praxis.* Band II/2 Klinische Psychiatrie II. Berlin, Heidelberg, New York 1972[2]. S. 497–564.
23 O. Schrappe, »Gewöhnung und Süchte«, *Nervenarzt* 39, 337 (1968).
24 H. Bürger-Prinz, »Über den Zwang«, *Nervenarzt* 17, 1 (1944).
25 Zit. bei P. Kielholz u. a., a. a. O.
26 P. H. Blachly, *Seduction, a conceptual model in the drug dependencies and other contagious ills.* Springfield, Ill. 1970.
27 O. Fenichel, *The Psychoanalytic Theory of Neurosis,* London 1946.
28 Kielholz u. a., a. a. O.
29 Ebd.
30 Karl Jaspers, *Allgemeine Psychopathologie,* Berlin, Göttingen, Heidelberg 1948[5].
31 V. E. von Gebsattel, *Prolegomena einer medizinischen Anthropologie,* Berlin, Göttingen, Heidelberg 1954.
32 Walter Bräutigam und Dieter Spazier, »Die Suchtkranken in psychotherapeutischer und soziologischer Sicht«, in: *Der Krankenhausarzt* 38, 74–79, 1965.
33 Max Stirner, *Der Einzige und sein Eigentum,* 2. Aufl., Stuttgart (Reclam 341)
34 Ludwig Binswanger, *Grundformen und Erkenntnis menschlichen Daseins,* München, Basel 1962[3], S. 476.
35 Ernst Bloch, *Erbschaft dieser Zeit,* Zürich 1935 (Frankfurt/M 1963).

Kapitel 10

36 D. Spazier, J. Bopp, a. a. O., S. 115 ff.

Kapitel 11

37 Martti Siirala, *Die Schizophrenie des Einzelnen und der Allgemeinheit,* Göttingen 1961.
38 Karl Barth, *Kirchliche Dogmatik I,* 2, Zürich 1975[6].
39 Jürgen Moltmann, *Theologie der Hoffnung,* München 1973, S. 286 f.
40 Ebd., S. 285.
41 Georg Siegmund, *Rausch und Religion,* Hamm (Westf.) o. J.
42 Jürgen Moltmann, a. a. O.
43 Wilfried Kroll, *Jesus kommt,* Wuppertal 1971, S. 87.
44 Walker L. Knight, *Jesus People Report,* Wuppertal 1971.
45 Otto Bauernfeind, *Theologisches Wörterbuch* 4, 938, Sp. 2.

Kapitel 12

46 D. Spazier, J. Bopp, a. a. O., S. 17 ff.
47 V. E. von Gebsattel, »Not und Hilfe. Prolegomena zu einer Wesenslehre der geistig-seelischen Hilfe«, in: *Christentum und Humanismus,* Stuttgart 1947.

192 S., Kt., DM 18,— ISBN 3-8108-0129-1

Jörg Bopp
Theorien, Therapien, Politik

»**Bopp** zeigt Bedingungen auf, denen eine politisch bewußte Psychiatrie genügen muß. »Bopps politisches Ziel ist es, über eine gelungene Therapie dem Patienten Einsicht in gesellschaftliche Zusammenhänge zu ermöglichen. Die bisherigen antipsychiatrischen Versuche bieten diese Möglichkeiten. Bopp hat die Dimensionen bezeichnet, in denen sich ein solcher Versuch zu bewegen hätte.« *Hans Bosse* – Das **Handbuch** »enthält den bisher umfassendsten Entwurf alternativer Psychiatrie ... Für jene, die sich den Belastungen der täglichen psychiatrischen Arbeit stellen wollen, gibt es wichtige Orientierungen. Mit seiner – in der kritischen Psychiatrie bisher einmaligen – Verbindung von radikaler Kritik und reformerischem Pragmatismus unterstützt es jene, die sich gegen die Anpassung ebenso wenden wie gegen die Resignation – *SOZIALMAGAZIN* – Kritische **Aktionsforschung** hat es sich zum Ziel gesetzt, den Objektstatus der Menschen und der ganzen Gesellschaft in der empirischen Sozialforschung aufzubrechen. Sie will die stets virulente Angst des Forschers beim Forschen nicht mehr bloß abwehren, sondern selbst zum Ausgangspunkt und Instrument von Erkenntnis machen. – »Mit diesem Buch von **Schülein** ist der Syndikat Verlag zum Sachwalter von Autoren und Lesern geworden, die die Subjektivität im Wissenschaftsprozeß nicht missen wollen.« *– WDR –*

425 S., Sonderausgabe, Kt., DM 28,— ISBN 3-8108-0043-0

Giovanni Jervis
Kritisches Handbuch
der Psychiatrie

428 S., Kt., DM 18,— ISBN 3-8108-0094-5

Klaus Horn (Hrsg.)
Aktionsforschung:
Balanceakt ohne Netz?
Methodische Kommentare.

181 S., Kt., DM 12,— ISBN 3-8108-0003-1

Johann August Schülein
Psychotechnik als Politik

Savignystraße 61–63 **Syndikat** Autoren- und Verlagsgesellschaft 6000 Frankfurt am Main

152 S., Kt., DM 18,— ISBN 3-8108-0066-x

Fritz Morgenthaler
Technik
Zur Dialektik der psychoanalytischen Praxis.

»**Morgenthalers** Studie – die über weite Strecken ein Lehrstück genialer psychoanalytischer Deutung ist – (eröffnet) exemplarische Möglichkeiten für eine substantielle Erörterung ... heute meist in Vorurteilen verspielte(r) Fragen. – *BASELER ZEITUNG* – »Ich halte die vorliegende Untersuchung von **Dannecker** für die bedeutsamste und weiterführendste, die jemals zum Thema Homosexualität und Homosexuelle gemacht worden ist.« – *Prof. Dr. V. Sigusch, Uni Ffm.* – »Es ist bedauerlich, daß für die deutsche Ausgabe ein reißerischer Titel gewählt wurde, der dem hohen Niveau von **Mannonis** Auseinandersetzung – auch in Form der Beschreibung eines Gegenmodells – mit der herkömmlichen Erziehung und ihrer Institutionen nicht entspricht und eher irreführend ist (...) Für M. ist Psychoanalyse keine begrenzte Behandlungstechnik, sondern ein wissenschaftliches Medium, das gerade auch im pädagogischen Feld Handlungsperspektiven erschließt und einen befreienden Dialog ermöglicht.« – »In dieser aussichtsarmen bildungstheoretischen Landschaft erscheint die Neuausgabe der Werke des Frankfurter Bildungsphilosophen Heinz-Joachim **Heydorn** wie ein Lichtblick. Schon wenige Monate nach seinem Tode im Dezember 1974 waren seine Schriften fast ausnahmslos vergriffen und seither kaum noch verfügbar. Leider sank Heydorns Werk damit auf den Maßstab eines wissenschaftlichen »Geheimtips«, praktisch nur noch unter Insidern von Bedeutung.« *– NDR –*

122 S., Kt., DM 10,— ISBN 3-8108-0067-8

Martin Dannecker
Der Homosexuelle und die Homosexualität

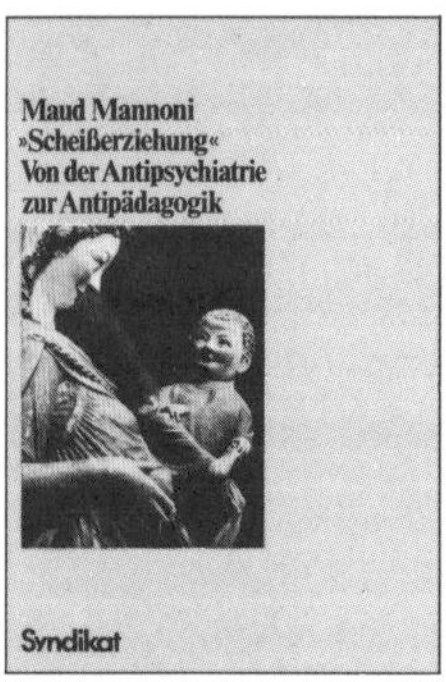

256 S., Sonderausgabe DM 19,80 ISBN 3-8108-0001-5

Maud Mannoni
»Scheißerziehung«
Von der Antipsychiatrie zur Antipädagogik

Bd. 1: Kt., DM 38,— Bd. 2: DM 28,— Bd. 3: DM 28,— ISBN 3-8108-0164-x 0127-5 0137-2

Heinz J. Heydorn, Bildungstheoretische Schriften 1–3

Savignystraße 61–63 **Syndikat** Autoren- und Verlagsgesellschaft 6000 Frankfurt am Main